천하와 천조의 중국사

단조 히로시 지음 | 권용철 옮김

AK

일러두기

1. 이 책에 나오는 외국 지명과 외국인 인명은 국립국어원 외래어 표기법에 따랐다.

2. 본문 중에서 '역주'로 표기된 것 외에는 모두 저자의 주석이다.

3. 서적 제목은 겹낫표(『 』)로 표기하였으며, 그 외 강조, 생각 등은 작은따옴표를, 인용의 경우 작은따옴표와 큰따옴표를 같이 사용하였다.
   예) 어느 날 어전에서 열린 강의에서 한인 학자가 『논어』를 강론했는데, 공자의 유명한 말인 "이적의 군주가 있으니 제하諸夏가 (군주가) 없는 것과는 같지 않다"라는 구절에 이르렀다.

목차

프롤로그   9

제1장 넓은 하늘 아래 왕의 땅이 아닌 곳이 없다
- 춘추·전국시대   17

천조와 중국   18
천하란?   20
중국인에게 있어서의 천하   23
하夏에서 제화諸華로   25
화하족의 동류의식同類意識   28
중국의 확대   30
중화中華의 탄생   33
융戎은 금수禽獸이다   35
중심과 주변   37
오복도五服圖가 말한다   39
포개진 모양의 천하   41

제2장 천조 체제의 구조 - 진·한   45

교사郊祀와 종묘사宗廟祀   46
교묘 제도의 시작   48
유교의 국교화   51
황제 지배의 정당화   53
황제 육새皇帝六璽   56
황제와 천자 사이의 본질적 모순   58

대동大同의 세世　　　　　　　　　　　　　　　60

소강小康의 세世　　　　　　　　　　　　　　　62

천하일가의 바뀐 해석　　　　　　　　　　　　65

다양한 천하일가 관념　　　　　　　　　　　　68

넓은 의미의 천하일가 관념　　　　　　　　　　70

제3장 북쪽의 천하, 남쪽의 천하 - 한·위진남북조(1)　73

화이를 구별하는 세 가지 유형　　　　　　　　74

중국으로 나아가면 그것을 중국으로 여겼다　　77

호와 한이 잡거雜居하는 중국　　　　　　　　　80

우리 족류族類가 아니라면, 그 마음도 반드시 다르다　83

황제黃帝의 후예들　　　　　　　　　　　　　　86

부견符堅의 화이 관념　　　　　　　　　　　　88

육합일가六合一家　　　　　　　　　　　　　　89

부견이 꿈꾸었던 천하　　　　　　　　　　　　92

북위北魏의 화북 통일　　　　　　　　　　　　95

국사國史의 옥獄　　　　　　　　　　　　　　　96

효문제의 화화 정책　　　　　　　　　　　　　98

화화華化와 한화漢化의 사이　　　　　　　　　102

중화와 남하南夏　　　　　　　　　　　　　　104

남벌南伐의 행방　　　　　　　　　　　　　　106

제4장 천하와 천하 질서 - 한·위진남북조(2)　　109

천하와 구주九州　　　　　　　　　　　　　　110

천하로서의 구주　　　　　　　　　　　　　　112

관료제적 질서와 작제적爵制的 질서　　　　　115

외신外臣의 책봉　　　　　　　　　　　　　　118

왕작과 인수印綬　　　　　　　　　　　　　　122

왜노국은 왜국倭國인가?　　　　　　　　　　124

관위와 작위의 수여 127

히미코[卑彌呼]의 책봉 130

외신에서 내신으로 132

번왕의 내신화 135

왜 오왕五王의 등장 137

제5장 중국의 대천하大天下와 왜국의 소천하小天下
- 남조, 수, 당 141

치천하대왕治天下大王 142

왜왕 무의 천하 144

한반도 여러 국가들의 천하 148

하늘의 동생, 해의 형 150

해가 뜨는 곳의 천자 153

번왕과 천자의 이중 잣대 155

동이의 소제국小帝國 157

천조를 칭했던 것 160

두 가지 소천하 162

제6장 동아시아의 천하 시스템 - 당 165

천가한天可汗 166

기미주羈縻州의 확대 167

천가한의 화이관 170

세 가지 층위의 천하 173

천조의 전성기 176

원회의례 178

군신 질서와 종법 질서 180

천하일가의 가시화 182

동아시아의 소천하 185

천하와 천하의 경합競合 188

천하 시스템의 완성 191
천조 체제와 천조의 논리 194
교역의 의례화 197

제7장 천조의 행방 - 오대십국, 송, 요, 금 203

거란과 사타沙陀 204
군신의 예에서 가인家人의 예로 207
요의 중원 지배 210
후주의 세종과 송의 태조 213
전연澶淵의 맹 215
맹약의 시대 218
두 개의 천하, 두 개의 천조 220
송과 요의 화이관 223
요의 중국화 225
금과 남송 229
해릉왕海陵王의 야망 232
천도와 남벌 235
소요순小堯舜의 세상 237
남북의 화이관 240

제8장 천하일가의 완성 - 원 245

쿠빌라이의 한지 지배 246
원조사元朝史와 몽골사 249
중화 왕조라는 겉모습 251
원은 언제 성립했는가? 253
중화개통中華開統 256
하늘의 법칙 260
천조의 수도 262
크구나, 건원이여 264

대원의 천하 267
남북의 통일 271
무한대의 천하 274
홍건의 난 277
대원의 황혼 279
천하의 종언 281

제9장 천하일가에서 화이일가로 - 명 285

원·명 혁명의 정당화 286
중화의 부흥 289
대명의 천하일가 293
공포정치 296
장성長城과 해금海禁 299
화이의 군주이다 302
홍무에서 영락으로 306
화이일가를 목표로 309
쿠빌라이를 뛰어넘어 312
영락제의 전성기 315
화이일가의 실체화 317
화이일가의 붕괴 321
중국 침입 324
대천하의 위기 326

제10장 화이변태와 중외일가 - 청 331

청의 흥기와 화이변태華夷變態 332
중하中夏의 주인 335
만한일가滿漢一家 338
만한일가에서 중외일가中外一家로 341
증정曾靜 사건 344

옹정제의 화이일가 346

십전노인十全老人의 천하 350

황청皇淸의 중하中夏 352

중화와 외이 356

조선의 소중화사상小中華思想 358

일본형 화이 질서 361

남쪽의 중화 364

천조의 동요 368

제11장 중화민족의 대가정 - 근현대 373

무술변법戊戌變法 374

화이의 구별과 대일통 377

신해혁명 379

중국과 중화민족 382

쑨원의 중화민족론 386

중외일가의 동요 389

중국공산당의 민족 정책 392

중화민족의 다원일체구조 395

천하관이 남긴 영향 398

새로운 천하의 창설 400

에필로그 405

참고문헌 409

옮긴이 후기 420

프롤로그

최근 일본의 매스미디어에서 중국 관련 뉴스가 올라오지 않는 날은 없다고 해도 과언이 아니다. 신문, TV는 물론이고 잡지와 인터넷에서도 중국에 대한 정보가 넘쳐나고 세간의 이목을 집중시키고 있다. 21세기에 접어든 이때에 중국의 대두는 눈부시다고 할 수 있는데, 그 동향에 완전히 무관심하는 것이 불가능해졌기 때문이다.

GDP(국내총생산)에서 일본을 추월하여 세계 제2위의 경제 대국이 되었던 것이 2010년이다. 그때부터 불과 5~6년 정도밖에 지나지 않았는데 지금의 GDP는 일본의 2배 이상이다. 제1위인 미국을 대체하는 것도 시간문제라고 일컬어지고 있다. 1970년대 말의 개혁·개방정책이 시작되었던 당초에는 지금의 중국을 예상했던 사람이 전반적으로 얼마나 있었을까? 일찍이 경제 대국으로서의 이름을 마구 썼던 일본도 어느새 주역의 자리에서 내려와 조연의 지위에 만족하고 있는 것이 현실이다.

경제적인 측면에서의 대국화大國化와 병행하여 정치

적, 군사적인 측면에서도 중국의 존재감이 대단히 커지고 있다. 그중에서도 군사적 측면은 근래 중국의 적극적인 해양 진출과 맞물리면서 주변의 여러 국가들에 대한 군사적 위협이 야기된 것이 오래되었다. 일본과의 센카쿠[尖閣] 문제를 시작으로, 베트남 및 필리핀과도 서사(西沙, 파라셀), 남사(南沙, 스프래틀리)에 있는 여러 섬들의 영유권을 둘러싸고 분쟁이 그칠 기미가 조금도 보이지 않는다. 2013년 11월에는 동중국해 상공에 일방적인 방공식별권을 억지로 설정해 주변 여러 국가들을 아연실색하게 만들었다. 도서 지역의 보호라는 입장에서 최근에는 베트남전쟁 당시의 '구단선'九段線까지 해상식별권을 설정하려고 계획하는 것 같다.

이러한 중국의 움직임에 대해 이미 2014년도판 일본의 방위백서는 "현상을 일방적으로 변경하고, 사태를 증폭시켜서 예측할 수 없는 사태를 초래할 수도 있는 아주 위험한 것"이라는 우려를 표명했다. 또한 적극적인 해양 진출을 "국제법 질서와는 양립하지 않는 독자적인 주장에 기반하여 힘을 배경으로 현상을 변경하려는 시도"라고 논단하고 경계심과 불쾌감을 숨기지 않고 있다. '독자적인 주장'에 관해서는 중국 측의 의견도 있겠지만, 확실하게 국제법에 비추어보면 중국의 주장이 독자적으로 보이는 것도 사실이다.

실은 중국의 해양 진출이 이제 와서 시작되었던 것은 아니고, 그 방향성은 이미 10여 년 전부터 명확하게 드러나고 있었다.

2005년 4월, '정화鄭和의 서양 진출'(일본에서는 '정화의 남해 원정'이라고 한다) 600주년을 기념하여 중국 정부는 7월 11일을 중국의 '항해일'로 결정했다. 명대의 환관 정화는 황제의 명령을 받아 1405년부터 1433년까지 28년 동안 27,000여 명의 병사와 60여 척의 전함을 이끌고 동남아시아에서부터 인도양, 그리고 아라비아와 아프리카 동해안에 이르는 대항해를 전후 7번에 걸쳐 실시했다.

7월 11일이 항해일이 되었던 이유는 정화의 1차 항해가 출항했던 때가 바로 그날이었기 때문이다. 600주년에 해당하는 2005년에는 정화와 관계된 학회가 각지에서 성대하게 개최되어 그의 항해 사업이 현창되었다. 이때에 '정화의 서양 진출' 날짜를 따서 중국 정부가 임의로 항해일을 제정했던 것은 중국의 해양에 대한 관심을 있는 그대로 살펴볼 수 있게 한다는 점에서 아주 흥미롭다.

정화는 방문국에 도착하면 그 국가의 왕에게 많은 증여품을 하사하고, 이것과는 반대로 명으로의 입공入貢을 요구했다. 이 요구를 받은 아시아, 아프리카의 30여 개 국가(내륙의 여러 국가들을 포함하면 60여 개 국가)들이 사절단을 파견하여 명과의 사이에 조공 관계가 성립되었다.

이 결과, 15세기 전반에 명을 중심으로 하는 세계 질서가 완성되었고 명은 종주국으로서 조공국에 일정한 영향력을 끼쳤다. 근래에 중국이 아시아, 아프리카의 여러 국가들에 대규모 경제적 지원 및 기술협력을 행하는 한편, 자국의 정치적 영향력도 확고하게 확대시키는 교묘한 외교 전략과 어느 정도 상통하는 것도 있다. 2015년 12월에 요란하게 설립되었던 아시아인프라투자은행에서도 그러한 중국의 대국으로서의 생각을 간파해낼 수 있을 것이다.

항해일을 제정한 의도가 과연 어디에 있을까에 대해서는 일단 제쳐놓더라도, 현대 중국의 해양을 향한 높은 관심이 그 근저에 있다는 것은 의심할 여지가 없다. '서양 진출'에 대한 중국 정부의 공식 견해는 중국과 아시아, 아프리카의 여러 국가들과 정치, 경제, 문화적 우호 관계를 구축하는 데에 크게 공헌하겠다는 것이다. 실제로 분명하게 그러한 측면이 있다는 것은 사실이라고 보인다. 다만, 중국 정부의 공식 견해에 찬물을 끼얹으려는 것은 아니지만, 우호와 친목 때문에 정화의 함대가 파견되었다고는 도저히 생각할 수 없다.

무엇보다도 정화는 가는 곳마다 그 국가에 조공을 독촉하고 있었고, 결단코 대등한 국교를 맺으려고 했던 것이 아니었다. 명과 해당 국가와의 사이에는 군신 관계를 설정했고, 이를 통해 안정된 국제 질서를 확립하려고 했던 것이었다. 그래서 명의 요청을 거절하고 적대적인 태도를 보이는 국가에게는 무력을 사용해서 국왕을 교체하는 것조차 서슴지 않았다. 평화 외교는 겉으로 보이는 것이었고, 그 이면에는 명의 본색이 숨어 있었다는 것을 알 필요가 있다.

중국 측의 고압적인 태도는 특히 명대에만 독특하게 존재했던 것은 아니었고, 고대부터 중화 제국이 주변 여러 국가들에 대해 취하는 하나의 행동 패턴이었다.

물론, 이를 현대 중국의 해양 진출 문제와 직접적으로 연결시킬 수는 없다. 다만, 중화 제국의 DNA가 지금의 중국에 전혀 계승되지 않은 것일까라고 말한다면, 일괄적으로 부정할 수도 없을 것이다. 오히려 현대 중국의 행동을 이해하기 위해서라도 전통적 중화 제국의 행동 원리를 추적하고 탐구하여 명확하게 할 필요가 있지 않을까? 이를 '천하天下'와 '천조天朝'라고 하는 키워드를 통해 역사적으로 독해해보는 것이 이 책의 목표이다.

본문 안에서 상세히 서술하겠지만, 여기에서 말하는 천조라는 것은 천명天命을 받아 천하를 통치하는 천자天子의 조정을 의미한다. 중화 제국은 유교가 국교화된 한나라 이후, 전시대에 걸쳐 자타가 모두 당시의 왕조를 천조라고 호칭했다. 유가 사상에서는 덕을 갖춘 어떤 천자가 조정을 맡게 되면서 중화 제국은 천하 통치의 근거를 얻게 된다. 이 논리에 의하면, 천조가 다스리는 천하의 영역은 천자가 덕을 갖춘 정도에 부응하여 저절로 변화하기 때문에 중화 제국의 영역이 확장된다면 그것은 천자의 덕이 높다는 것을 보여주는 증거로 여겨졌다.

요컨대 거꾸로 말하면, 중화 제국의 행동은 천조의 논리에 따르기만 한다면 모두 정당화되었던 것이었고 역대의 왕조들은 그 논리를 어떻게든 현실 정치에 적용하고자 기를 쓰지 않을 수 없었다. 때로는 일시적으로 논리 조작을 행하는 것으로 천하 통치의 정당화를 도모했다.

이러한 상황이 2,000년 가까이에 걸쳐 존속해왔다는 것이므로, 중화 제국의 천조로서의 DNA가 현대 중국에 계승되고 있다는 것도 불가사의한 일이 아니다. 아니, 오히려 그 행동 양식과 사고방식은 전통적인 중화 제국의 그것에서 변하지 않았다고 보는 것이 타당할지도 모르겠다.

이 책은 고대부터 현대에 이르는 중국의 역사를 천하와 천조의 역사로 다시 파악하는 것을 목적으로 한다. 다만 먼저 양해를 얻고자 하는 바가 있다. 앞에서 서술했던, 중국이라고 하는 말을 어떠한 설명도 없이 사용하고 있는데, 실은 현재 우리의 이미지에 새겨져 있는 중국이라고 하는 국가, 혹은 그 영토를 확정하는 것은 겨우 20세기가 되고나서부터이다. 그때까지 중국이라고 하는 국가는 없었고 이른바 중국 대륙에서 흥하고 망했던 한, 당, 송, 명 등의 여러 왕조를 현대로부터 거슬러 올려서 중국이라고 가칭假稱하고 있는 것에 불과하다.

뒤에서 서술하듯이 중국이라고 하는 말이 의미하는 장소와 그 지리적 범위는 시대에 따라 완전히 달라지고 있다. 본래 중국이라는 것은 다양한 개념을 가지고 있는데, 왕조 그 자체와 반드시 중첩되어서는 안 된다. 그렇지만 여러 왕조의 총칭으로서 중국을 대신하는 적당한 말이 보이지 않기 때문에 이 책에서는 편의상 중국이라고 하는 용어를 그대로 사용한다. 그러므로 이 책 안에서는 현대적인 의미에서의 중국과, 엄밀한 의미에서의 중국이라고 하는 두 가지 양태의 호칭을 사용하는 방법을 취한 것이니, 이 점에 대해서는 충분히 주의해주시기를 바란다.

제 1 장

넓은 하늘 아래
왕의 땅이 아닌 곳이 없다

― 춘추·전국시대

천조와 중국

먼저 이 책의 키워드인 천조天朝라는 말에 대해서 다시 설명해두자.

천조라는 것은 글자에서 읽히는 것과 같이 '천자天子의 조정'을 가리킨다. 동아시아의 중심 국가였던 중국은 전통적으로 스스로를 높이는 의미를 집어넣어 자국을 그렇게 불렀다. 이 단어 자체는 역사 용어인데, 아마도 기원전후의 한나라 때에 생겨난 것으로 여겨진다. 그 이후 역대 왕조에서도 보편적으로 사용되어 최후의 왕조인 청나라 시대에 서구 열강의 침략이 활발해진 이후에도 청은 천조대국天朝大國으로서의 긍지를 완강하게 계속 지켜나갔다.

천조 혹은 천자가 통치하는 공간이 천하天下이다. 일찍이 중국인의 마음속에는 하늘의 관념이 있었는데, 이에 따르면 우주를 주재主宰하는 하늘은 형상이 없기 때문에 천하를 통치할 대행자를 덕이 있는 사람 중에서 선택하여 그에게 천명天命을 내려 하늘의 아들, 즉 천자에 임명하는 것이라고 한다.

천자란 하늘의 위임을 받아 천하를 통치하는 덕을 갖춘 사람인데, 천자가 덕을 잃어 천의(天意, 실제로는 백성의 뜻이다)에 반하여 멋대로 행동을 하게 되면 하늘은 분노하여 다른 사람에게 천명을 내리게 된다. 이른바 혁명革命이다. 옛날부터 새로운 왕조의 창설자는 이전 왕조가 덕을 상실했기 때문에 새롭게 자신이 천명을 받았다고 하는 천명사상으로 자신의 왕조를 정당화하려는 것이 일상적이었다.

진秦의 시황제가 중국을 통일한 이래, 적어도 유교가 국교화되었던 한대漢代 이후는 황제가 천자로서 천하를 통치하는 구도가 확립된다. 황제는 천자의 역할을 맡는 것으로 그 지위가 보장되었고, 천하를 통치할 권한을 부여받았다. 천조라는 것은 본래 천명을 받아 천하를 통치하는 덕을 갖춘 천자의 조정을 가리키지만, 현실에서는 황제가 천자를 가탁假託하는 것이었고 현재 왕조 혹은 그 조정이 동등하게 천조라고 불리게 되었던 것이다.

예를 들면 중국 왕조에 의해 '책봉'(중국의 황제가 주변 국가의 왕을 인정하는 것)되었던 국가는 중국 황제(천자)의 신하가 되고, 중국 왕조를 상국上國, 천조 혹은 단순히 조정朝廷이라고 불렀다. 조선왕조(1392~1910)의 기본 사료인 『조선왕조실록』이나 류큐[琉球]왕국(1429~1879)의 외교문서 모음집인 『역대보안』歷代寶案 속에는 이러한 글자가 자주 등장하는데 그것이 중국 왕조인 명 혹은 청의 조정을 의미하고 있다는 것은 말할 것도 없다.

책봉을 받은 국가의 입장에서 보면 중국 왕조는 천자의 조정, 즉 천조가 되는 것인데 거꾸로 중국 왕조도 주변 여러 국가(당시의 용어로는 번국蕃國이라고 한다)와 여러 민족에게 자국을 천조라고 호칭했다. 중국이 천조가 되면, 중국에서 번국으로 향하는 사신은 천조의 사신, 즉 천사天使가 되는 것이고 천자의 명령을 전하는 사절로서 해당 지역에서 극진한 대우를 받았다. 명, 청 왕조와 활발한 교류를 전개했던 류큐가 책봉 사신 일행을 위해 나패항那覇港 부근에 천사관天使館이라고 하는 중국풍의 관사官舍를 건설해서 그들을 접대했던 것은 이 때문이었다.

천하란?

어쨌든 천자(황제)가 통치하는 공간이 천하가 되는 것인데, 그렇다면 애초에 천하란 도대체 무엇일까?

문자 그대로 하늘의 아래를 일컫는 것인데, 지금 우리가 일컫는 세계와 같은 것인가라고 했을 때 명확하게 말하면 그렇지 않다.

넓은 하늘 아래에 왕의 땅이 아닌 곳이 없고, 모든 땅에는 왕의 신하가 아닌 자가 없다.

(『시경』 소아小雅·북산北山)

천하의 중심에는 반드시 천자(왕)가 존재하고 그 위덕威德이 미치는 범위가 천하인 것이다. 천하와 천자는 끊으려고 해도 끊을 수 없는 관계에 있으니 이것이 현재의 세계라는 개념과는 크게 다른 점이다.

그러므로 관념적으로 천하는 천자의 덕에 응하여 마음대로 신축伸縮하고, 명확한 경역境域이라는 것이 존재하지 않는다. 천자의 덕이 높으면 높은 만큼 천하는 확대되고 반대의 경우에는 축소되는 것이다. 현실의 황제가 통치하는 천하도 이와 같은 것으로, 영역의 확대 및 조공국의 증대는 황제가 덕을 갖추었음을 증명하는 것이고 천하의 통치를 정당화하는 근거가 되었다. 그런데 현실의 왕조 치하에 있어서는 천하가 넓은 의미, 좁은 의미 두 가지로 받아들여지고 있었다는 점에 주의할 필요가 있다.

먼저 좁은 의미의 천하라고 하는 것은 중국 왕조가 실

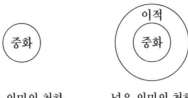

좁은 의미의 천하   넓은 의미의 천하

제로 지배하고 있는 지역, 실효적 지배 영역으로서 진의 중국 통일 이래 군현제(郡縣制, 수, 당 시대 이후는 주현제州縣制) 라고 하는 행정제도가 시행되었던 구역을 말한다. 중앙 에서부터 관료가 파견된 중화(화華)의 지역이고, 여기에 는 주변 여러 국가들과 여러 민족, 즉 이적夷狄(이夷)의 지 역은 포함되지 않는다. (위의 그림) 전통적인 호칭에 따르 면, 고대의 성왕聖王인 우禹가 통치했다고 전해지는 '구 주'九州가 이에 해당될 것 같다.

이에 반해 넓은 의미의 천하라고 하는 것은 중국 왕조 와 그 주변의 여러 국가들 및 여러 민족 양쪽을 포함하는 범위, 즉 중화+이적이고 달리 말하면 화+이의 지역을 가 리킨다. (위의 그림) 모두 천하라고 하는 관념에서 표현되는 천자(황제)가 통치하는 공간이다.

우리가 평상시에 잘 사용하는 말로 '천하 통일'이라고 하 는 어구가 있다. 새로운 왕조 혹은 새로운 정권이 확립되었을 때의 상투적인 구절로, 정권의 담당자가 지배 영역을 통일했다는 것을 의미한다. 즉 여기에서 천하 통일은 중국 왕조의 국내(실효적 지배 영역)인 구주가 통일되었다는 것으로 이른바 좁은 의미의 천하에서 일어난 상황을 일컫는다. 일반적으로 천하 통일의 선언은 국내를 향하고 있는 것으로, 이를 통해 왕조 내부의 정치 기반을 더욱 안정시키고자 했던 것이다.

중국인에게 있어서의 천하

한편 중국 왕조(중화)가 주변 여러 국가들(이적)의 왕(당시의 용어로는 번왕이라고 한다)을 책봉하면 번왕은 중국 황제에게 신하로서 복종하는 것이 되는데, 이 경우에 중국 황제가 번왕에게 내리는 명령에는 천자의 호칭이 새겨진 옥새가 사용되었다(실제로는 반드시 그러했던 것은 아니었지만, 규정에서는 한대부터 청대까지 일관되었다).

즉 천하에서는 천자로서 이적에 군림하는 것으로 이것을 바꾸어 말하면 이적도 천하의 일부로 인식하고 있었음을 이야기한다. 여기에서의 천하는 중화와 이적, 즉 화와 이 양자를 포함하는 넓은 의미의 천하라고 하지 않으면 안 된다. 주변의 여러 국가들이 중국 왕조를 천자의 조정(=천조)이라고 칭하는 것은 이러한 넓은 의미의 천하를 염두에 두고 있는 것이었다.

이렇게 천하라고 하는 용어에는 넓은 의미와 좁은 의미 두 가지가 합쳐져 있는데, 과연 중국인이 그러한 사실을 얼마나 인식하고 있었을지는 단정할 수 없다. 본래 천하가 천자의 덕에 호응하여 스스로 신축하는 이상, 중국인의 뇌리에는 넓은 의미, 좁은 의미 두 가지의 천하가 혼연일체가 되어 명확하게 구별되지 않은 채 무의식중에 천하라고 칭하고 있었다고 하는 것이 실정에 가깝다. 그렇기 때문에 넓은 의미, 좁은 의미 어느 쪽의 천하가 진정한 천하라고 단정할 수는 없고, 중국인에게 있어서는 어느 천하라도 진정한 천하였다.

문제는 넓은 의미와 좁은 의미 두 가지로 구분되는 천하 그 자체이다. 앞서 좁은 의미의 천하라고 하는 것은 중화를 의미하고, 넓은 의미의 천하는 중화+이적이라고 서술했다. 그렇다면 본래 중화라고 하는 것은 도대체 무엇일까? 혹은 중국이라는 것은 무엇일까? 그 내용은 어떠한 것일까? 천하를 논하기 이전에 우선 이 점을 명확하게 할 필요가 있을 것이다.

하夏에서 제화諸華로

   일반적으로 중국, 중화(중하中夏), 화하華夏, 제화(제하諸夏) 혹은 단순히 화(하) 등으로 칭해지는 이러한 용어들 중에 가장 오래된 것이 하夏와 중국인데, 이들은 모두 서주西周 시대(기원전 11세기~기원전 8세기)부터 존재했다. 하라고 일컫는 것은 말할 것도 없이 중국에서 가장 오래된 하 왕조를 가리키는 것인데, 하의 다음 왕조인 은殷을 지나 주周 시대가 되어서도 주나라 사람들은 스스로를 하라고 칭하기에 이르렀다. 이 경우에 하가 함의하는 범위는 주 왕조가 직접 지배하는 지역, 즉 황하 상류 유역의 주 왕조 직할령이라는 좁은 영역에 한정되고 결코 중국 전체를 의미하는 것이 아니었다.

   당시 중국은 호경(鎬京, 지금의 서안)을 수도로 하는 주를 중심으로 하는 봉건제 시대였고, 각지에서는 주 왕실의 동족을 필두로 하는 제후諸侯들이 분봉을 받아 주는 이들 제후와 동맹관계를 맺고 맹주로서의 지위를 유지하고 있었다. 적어도 주가 기원전 771년에 일단 멸망했지만, 낙읍(洛邑, 현재의 낙양)에서 다시 흥기하여 동주東周 시대(춘추시대)가 될 때까지 주는 맹주로서의 권위를 계속 지키고 있었다.

그 시대에 주는 동맹을 맺은 여러 국가와 동족의 여러 국가와의 사이에서 군사적 협력 관계를 구축했는데, 이 여러 국가들 속에서 점차 강렬한 일체감이 발생하게 되었다. 그 일체감은 자신들을 같은 부류로 보는 의식으로 승화昇華되었고, 그것을 특별한 용어로 표현했다. 이것이 제하, 제화, 화하 등의 용어였던 것이다. 이전에는 주의 직할지만을 하라고 부르고 있었지만, 춘추시대 이후가 되면 주와 동맹한 여러 국가들을 모두 하라고 부르게 되었다. 제하, 제화 등은 하(화)의 복수형이었기 때문에 주나라 하나의 국가만을 가리키는 것이 아니라는 점을 글자를 통해서도 확인할 수 있다.

하는 하 왕조에서 유래한 것이지만, 화는 '화려함'이라는 글자의 뜻이 바뀌어 문화가 우월하다는 것을 뜻하게 되었다. 여러 국가들이 자신들을 그렇게 불렀음은 당연한 것이었고, 당시 주 및 주와 동맹한 여러 국가들은 중국의 중심부, 즉 문화적 선진 지역인 황하 중류와 상류

춘추시대의 중국

유역에 위치해 있었다. 이른바 중원 지역에 존재했던 것이다. 그들은 스스로의 문화적 우월성을 보여주기 위해 자신들을 제하, 제화, 화하 등으로 부르고 주변의 여러 국가들을 깔보았다.

본래 중원이라고 하는 말이 사용되기 시작한 것도 이 시기였고, 마땅히 중국의 중심부=문화적 선진 지역=중원=화(하)라고 하는 관념이 춘추시대 즈음에 생겨났다고 파악할 수 있을 것이다. 이와 관련하여 그 땅의 주인만이 훗날에 '화하족'이라고 이름이 붙여져 중국 최초의 종족이 되었고, 그들은 황하 유역을 중심으로 주변의 여러 민족과 접촉하고 융합하면서 훗날의 한족漢族으로 성장하고 발전해나갔던 것이었다.

화하족의 동류의식同類意識

제하 혹은 화하는 일반적으로는 이적과 대치되는 용어였고, 양자의 차이를 의식하게 되면서 제하 사이의 동류의식, 연대감이 강고해져 갔다. 즉 화와 이의 대비 아래에서 화의 일체감이 양성되어 화하족이 형성되었다고 할 수 있다. 다만 그 경우에 화이의 경계는 당초에 언어 및 습속의 차이였고, 후세에 그러는 것처럼 반드시 민족적인 차이로 구분되었던 것은 아니었다.

예를 들면 중원에서부터 남쪽에 있는 장강 중류 유역에는 초국楚國이 있었는데, 중원에 있는 제하 국가들로부터는 남쪽 변경의 이적 국가로 간주되었다. 초는 확실히 중원의 제하와는 언어 측면에서도 차이가 있었던 것 같은데, 초왕 스스로가 자신들을 이적이라고 칭하고 있다.

초가 말하기를, "우리는 만이蠻夷이다. ……"

(『사기』 초세가楚世家)

라고 한 기록이 그것이다.

또한 초나라뿐만 아니라 훗날 중국을 통일했던 진秦나라도 중원의 여러 국가들로부터 이적으로 멸시를 받고 있었다. 본래 진은 주가 이민족인 견융犬戎에 의해 멸망되어 낙읍으로 이동했던 때에 양공(襄公, 기원전 777~기원전 766)이 주의 부흥에 공헌했기 때문에 주가 떠난 섬서 지방에 봉해지면서 제후의 무리에 들어오게 되었던 것이다. 그러나 제후가 되어서도 변경에 있었고 문화도 후진적이었기 때문에 중원에서는 늘 이적이라고 폄하했다. 『사기』의 진본기秦本紀에는 다음과 같은 기록이 있다.

주 왕실이 쇠퇴하자 제후들은 정쟁에 전념하며 서로 영토를 병탄倂呑했다. 진은 멀리 옹주(雍州, 현재 섬서성)에 있으면서 중국 제후와의 회맹會盟에 관여하지 않고 이적(夷翟, 즉 이적夷狄)으로 대우를 받았다.

그러나 춘추시대(기원전 770~기원전 403)의 후반부터 전국

시대(기원전 403~기원전 221)에 이르게 되면 중원(제하)의 문화가 변경에 보급되어 초와 오吳 등 변경의 국가들 중에는 중원에서 제후들을 모아 회맹會盟을 거행하고 패자霸者의 명성을 취하는 자가 등장했다(춘추 5패). 이전에는 이적이었던 자가 중원에 진출하면서 문화적인 차이도 없어지게 되었던 것으로, 제하의 무리로 간주되기에 이르렀던 것이다.

이렇게 되면서 애초에는 제하=하라는 것이 중원 지역에만 있는 것으로 한정되어 있었지만, 점점 그 범위가 확대된다.

중국의 확대

이 상황은 중국의 범위의 확대와도 대응한다. 『시경』의 대아大雅·민로民勞의 모전毛傳에 "중국이란 경사京師이다."라는 말이 있듯이 본래 중국이란 주나라의 수도 혹은 수도 근처의 땅을 가리키는 것으로 결코 국가 혹은 민족을 나타내는 개념이 아니었다.

그러나 시대가 경과하면서 주 왕조가 직접 지배하는

지역, 즉 주의 직할령을 가리키게 되었고 머지않아 주 및 주를 둘러싸고 있던 중원의 여러 국가들 전체를 의미하기에 이르렀다. 마치 주의 대명사였던 하가 제하로 확대된 것처럼, 중국의 경역도 또한 서서히 확대되었던 것이다. 『춘추좌씨전』春秋左氏傳의 성공成公 7년 조에는 다음과 같은 기사가 있다.

> 7년(기원전 584) 봄, 오吳가 담(郯, 산동성에 있던 국가)을 공격하니 담은 항복했고 화의를 맺었다. (노魯나라의 대신大臣) 계문자季文子가 말하기를, "중국에 위신威信과 병력이 없는데, 만이蠻夷가 공격해 들어왔습니다. 그런데 누구도 이를 걱정하는 사람이 없습니다."라고 했다.

여기에서 보이듯이 중국과 만이가 대비적으로 서술되어 있다. 이 기록에서 중국은 만이인 오나라에 대항하는 중원의 여러 동맹국들을 가리키는 것으로 그들 속에 중국이라고 하는 공통된 국토 의식이 자라나고 있었음을 파악할 수 있다.

이러한 중국 관념에 있어서 큰 전환점이 된 것이 기원전 221년 진시황제에 의한 중국 통일이었다.

선제(시황제)는 제후로부터 일어나 천하를 겸병했다. 천하가 이미 평정되었고, 밖으로는 사이(四夷, 동이·남만·서융·북적)를 물리쳐 변경을 안정시켰다.

(『사기』 진시황본기秦始皇本紀)

진나라가 마침내 병력으로 여섯 왕을 멸망시키고 중국을 병합하였으며 밖으로는 사이四夷를 물리쳤다.

(『사기』 천관서天官書)

시황제에 의해 중원을 포함한 광대한 지역이 통일되었고, 이를 한대의 사마천은 천하의 통일, 중국의 통일이라고 보았으며 사이(이적)와의 사이에는 명확한 경계선을 설정했다. 여기에서의 천하(중국)는 사이(이적)를 제외한 좁은 의미의 천하, 즉 통일 왕조로서의 진나라가 실질적으로 지배하는 영역이었음은 말할 것도 없다. 이에 이르러 중국 개념은 중원 지역을 넘어 중국 전역으로 단숨에 확대되었다.

중화中華의 탄생

이의 연장선에서 등장한 것이 이른바 '중화(중하)'라고 하는 용어이다. 지금까지 이 용어에 대해 아예 해명을 하지 않았던 것에는 물론 이유가 있다. 중국을 일컫는 개념 중에서는 가장 늦게 출현했기 때문인데, 진의 통일보다도 훨씬 뒤의 일이다. 2, 3세기 후한 시대부터 삼국시대에 걸쳐 만들어진 말이었다고 생각된다.

새삼스럽게 지적할 것까지도 없겠지만, 중화라고 하는 용어는 중국과 제화諸華가 합쳐져 만들어진 것이다. 문자 그대로 세계의 중심에 있으면서 문화가 가장 발전한 지역을 의미한다. 후한 말기, 삼국시대의 중국에는 이민족인 오호五胡가 대두하고 있기도 했고, 중국의 주변에는 이적의 세계가 넓게 자리하고 있어서 화와 이의 구분이 강력하게 의식되고 있었다. 그러한 상황 아래에서 탄생한 것이 중화라고 하는 신조어로, 중국의 국토와 문화의 중심성이 그 말 속에 함축되어 있다.

중화의 주민인 사람을 우리는 보통 '한인'漢人이라고 부른다. 주지하듯이, 삼국시대는 위魏에서부터 출현한 진晉에 의해 통일되었지만 머지않아 오호의 침입을 받아 화북 지역에는 오호의 여러 국가들이 잇달아 탄생했다(오호십육국시대). 이들 호족胡族은 한인들을 '한구'漢狗 혹은 '일 전한'一錢漢 등으로 부르며 멸시했기 때문에 '한'이라는 글 자가 모멸적인 의미로 사용되었다. 훗날에 사람을 비난 할 때에 악한惡漢, 비열한卑劣漢, 치한癡漢 등에서 글자 한 을 사용하는 것도 그 때문이다.

이러한 사실은 이미 그 이전부터 중화에 사는 사람을 한인이라고 불렀음을 암시하는 것이라고 할 수 있다. 본 래 한인이란 '한나라의 사람'을 일컫는 것이지만, 일찍이 한 왕조에 사는 사람(한인)은 중화라고 하는 신조어가 탄 생하는 과정에서 중화에 사는 사람으로 그 의미가 변질 되었던 것이다. 화하족으로부터 발전했던 오늘날 한인 의 선조는 틀림없이 중화와 함께 등장했다고 해도 과언 이 아니다.

지금까지 중국, 제화, 제하, 중화 등의 관념에 대해서 설명해보았다. 그중에서도 중국, 중화는 통일 왕조의 실 효적 지배 영역 혹은 통일 왕조 그 자체를 가리키는 관념 이었다는 것을 이해할 수 있을 것이다. 이를 당시 사람들 의 이미지 그대로 정리해보면 다음과 같다.

왕조의 실효적 지배 영역 = 군현제 시행 지역 = 중국

= 중화(중하) = 화(하) = 한인 지역 = 좁은 의미의 천하
= 구주九州

진秦나라 이후 중국의 역사라고 하는 것은 이 관념에서 보이는 경역에 몇 개의 왕조가 흥망했던 것이고, 이들 왕조가 지배하는 지역 혹은 왕조 그 자체를 중국 혹은 중화라고 표현했던 것이다. 중화(중국) 자체는 본래 중원의 여러 국가들이 주변 종족을 편입하여 팽창했던 것으로, 최후에는 치열한 국가 간 경쟁에서 승리를 거두었던 진에 의해 완성되었던 것이었다. 중국인이 중화를 천하와 동등한 것이라 간주했던 것은 실은 이러한 중화의 성립과도 관련되어 있다. 물론 여기에서 천하가 영토의 측면에서는 좁은 의미의 천하였다는 점은 말할 것도 없겠다.

그렇다면, 화+이의 넓은 의미의 천하는 어떻게 탄생했던 것일까?

융戎은 금수禽獸이다

앞서 서술했듯이 제하 혹은 제화라는 단어는 이적 혹

은 사이四夷와 대비되는 것으로 사용되는 경우가 많다. 이 경우에서 화와 이의 차이는 언어, 습속 및 지역의 차이에 기반한 것으로 그 때문에 초, 오, 월, 진 등의 주변 여러 국가들도 처음에는 이적으로 간주되었다는 것에 대해서 이미 서술했다.

그런데 언어, 습속의 차이로 말한다면 이민족과의 차이가 가장 클 것이고 당연히 그들도 이적으로 간주되었다. 그래서 화이의 차이는 민족적인 차이로 이해되어 화하족은 스스로를 이민족과 대비시키는 것으로 자신들의 정체성을 확립했다.

처음에 화는 이에 대해서 민족적인 차이를 인식하면서도 차별감 등은 별로 없었던 것 같다. 언어가 통하지 않고 습속이 다른 것도 민족이 다르다면, 당연한 일이었던 것이다. 다만 그것이 차별로 바뀌는 것도 시간문제였는데, 특히 화와 이의 차이를 강조하는 유가儒家 계통 서적 중에는 그러한 경향이 현저하게 나타났다. 이를 유가 사상에서는 '화이의 구별[別]', '화이의 분별[辨]' 등이라고 불렀다.

『춘추좌씨전』의 양공襄公 4년(기원전 694)에 "융은 금수이다."라고 한 것이 그 전형에 해당되는데, 이적(사이)을 인간의 아래인 금수와 같다고 간주하는 관념이 화에서부터 생겨난 것이다. 이 관념은 곧 같은 책의 희공僖公 25년(기원전 635) 조항에 유명한 다음과 같은 문구로 나타난다.

　덕德으로 중국을 잘 달래고, 형刑으로 사이를 제압한다.

　즉 덕은 중국에서만 통하는 것이고 이적에게는 형벌로 군림하지 않으면 안 된다고 하는, 매우 차별적인 관념으로 발전해갔던 것이다.

중심과 주변

　어쨌든 여기에서 알 수 있는 것은 화와 이의 구별을 민족의 차이에서 찾는 관점으로 민족적인 차이가 화이의 경계를 나누는 제1의 기준이 되었다. 그런데 민족(혹은 종족)의 차이는 중국의 경우에는 동시에 지역적인 차이에도 대응한다. 화와 이의 관계는 천하의 중심부와 주변과의 관계로 치환되었다.

『춘추』에서는 그 국가가 안에 있으면 제하가 밖에 있으며, 제하가 안에 있으면 이적이 밖에 있다고 했다.

(『춘추공양전』 성공成公 15년 조항)

중국에서 이적은 제하(중국)의 바깥에 항상 위치하는 것으로 관념화되어 있었다. 본래 중원의 제하의 입장에서 보면 오, 월, 초는 문화와 습속 등이 다른 바깥의 이적이었지만, 다시 중국이 확대되면 그 바깥에 있는 이민족이 새로운 이적으로 간주되었던 것이다.

문화가 발달했던 중국 및 중국과는 반대인 이적. 이는 틀림없이 지리적으로는 중심과 주변의 관계였다고 파악할 수 있다. 실제로는 중원에 거주하는 이적도 있고 바깥에 거주하는 화하족도 있었을 것이지만, 관념적으로는 '중심=화', '바깥=이'로 간주되었고 바깥(이)은 중심(화)보다 항상 멸시를 받았다. 중심과 바깥, 화와 이 양자가 긴장감을 가지고 있으면서 양립하고 있었던 세계, 이것이 중국인에게 있어서 넓은 의미의 천하였던 것이다.

오복도五服圖가 말한다

고대 중국인은 자신들이 거주하는 세계(=천하)를 '천원지방'天圓地方이라고 생각하고 있었다. 둥근 돔 형태의 하늘 아래에 방형方形의 육지로 이루어진 천하는 주위에 네 개의 바다(동해, 남해, 서해, 북해)로 둘러싸여 있다. 이 네 개의 바다(즉, 사해四海)로 둘러싸여 있는 대지, 즉 '사해의 내부'가 곧 천하인 것이다. 이러한 천하의 내부는 또한 다음과 같이 관념화되어 있었다.

전국시대에 만들어진 『상서』『서경』 혹은 『순자』를 필두로 유가 계열의 책에는 「오복도」에 관한 기록이 수록되어 있다. 오복도란 중화의 천자가 가진 위덕威德이 미치는 지역(=천하)을 천자의 덕화德化가 미치는 정도에 대응하여 동심同心 방형方形의 모습으로 5단계로 묘사했던 것이다. 오복도의 복服은 복속服屬을 뜻하는 것이니 천자에 대한 복속의 정도를 표시하는 개념도라고 할 수 있다.

이에 따르면 중앙에는 순복甸服이라고 하는 1천 리(1리는 대략 400m) 거리에 달하는 천자의 직할지가 있고, 그 바깥으로 500리씩 확대되면서 제후의 영지인 후복侯服, 수복(綏服, 또는 빈복賓服)이 존재한다. 이보다 더 바깥에는 남만과 동이가 거주하는 요복要服, 그리고 그 바깥에는 서

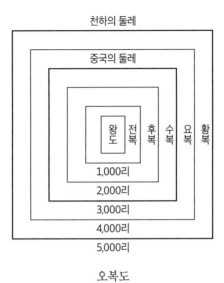

천하의 둘레

중국의 둘레

| | 왕도 | 전복 | 후복 | 수복 | 요복 | 황복 |

1,000리

2,000리

3,000리

4,000리

5,000리

오복도

융과 북적이 생활하는 황복荒服이 이어진다. 황복의 범위는 "동쪽은 바다로 들어가고, 서쪽은 사막에까지 펴져 있으며, 북쪽도 남쪽도 천자의 성교聖敎가 미쳐 사해에 도달한다."(『상서』우공) 이 사해의 내부(혹은 단순히 사해)가 천하이다. 오복도에서는 주변으로 갈수록 천자의 덕이 희박해지고, 머지않아 화외化外에 이르러 그 덕이 소멸된다고 한다.

이 그림은 『상서』 우공과 『순자』가 만들어진 전국시대의 세상이 반영되어 있다. 주의 봉건제는 춘추·전국시대

즈음에 무너졌지만, 본래 유가의 사상가들은 주나라 초기의 봉건제를 이상적인 정치체제라고 생각하고 있었다. 오복도는 그러한 봉건제의 이념을 기초로 삼아 중국(중화)의 주변에 이적의 세계를 설정하는 것으로 구상되었다. 즉 오복도에서 드러나는 넓은 의미의 천하는 당시 유가 사상가들이 당연히 지니고 있던 천하관이었고, 춘추시대에서부터 전국시대에 걸쳐 탄생했던 것이다.

포개진 모양의 천하

넓은 의미의 천하를 표현한 오복도의 중심부에는 순복, 후복, 수복으로 이루어진 중국(중화)이 있는데 이것이 훗날의 좁은 의미의 천하이다. 진 제국이 전역을 통일하여 좁은 의미의 천하의 범위가 확정되면서 주변에 있는 사이四夷와의 경계는 일단 명확해지게 되었다. 그 이후에 중국인이 이미지화한 천하가 넓은 의미인지 좁은 의미인지는 그들의 시점이 내향적인지 아니면 외향적인지에 따라 변화하게 된다. 내향적인 경우에는 좁은 의미의 천하로 그치는 것이고 외향적이라면 사이도 포함하는 넓은 의미의 천하가 상정되었던 것이다.

하지만 그들 자신이 의도하여 넓은 의미, 좁은 의미 두 가지의 천하를 구분해서 사용한 것은 아니다. 그들의 의식 속에서 넓은 의미, 좁은 의미 두 개의 천하는 분리되지 않았고 일체적인 것으로 파악되고 있었다. 그것은 중국(중화)의 성립이라는 관점에서 보아도 당연한 것으로, 중국 자체가 복수국가의 집합체로서 탄생했던 것이기 때문이다. 중국 안에는 중원 여러 국가(제하)의 천하가 존재하고 그러한 중국도 포함하는 상위의 천하가 형성되었다. 즉 넓은 의미와 좁은 의미 두 가지의 천하는 포개진 모양의 동일한 구조였던 것이고 중국인들에게는 하나로 연결된 천하로 인식되고 있었던 것이다.

한 가지 사례를 살펴보자. 앞서 보았듯이 사마천은 『사기』에서 진 제국의 중국 통일을 천하 통일이라고도 표현했고 이적을 제외한 좁은 의미의 천하를 진의 천하로 간주하고 있었다. 그런데 한편으로는 같은 『사기』의 천관서天官書에는 다음과 같이 서술하고 있기도 한다.

중국은 사해의 안에, 즉 동남쪽에 있고 양陽이다. ……
그 서북쪽은 곧 호胡, 학狢, 월지月氏로 모두 전旃, 구裘(전과 구는 모직물이나 모피를 의미)를 입고 활을 쏘는 백성들로 음陰이다.

중국은 사해의 내부(천하)에서 양에 해당하는 동남쪽에 위치하고, 음의 서북쪽에는 유목민족인 호, 학 등의 이적이 생활하고 있다고 한 것이다. 사마천의 천하관은 오복도의 구도와는 다른데, 중국은 천하의 동남쪽에 위치한다는 추연鄒衍의 '대구주설'大九州說의 입장에 서 있다. 여기에서 말하는 천하는 화와 이, 양자를 포함하는 넓은 의미의 천하임이 틀림없다. 즉 사마천의 인식에서도 좁은 의미의 천하와 넓은 의미의 천하가 구별되지 않고 일체화되고 있었음을 알 수 있다.

이 책의 테마인 천조를 생각해보면 이러한 좁은 의미와 넓은 의미의 두 가지 천하는 중요한 의미를 지닌다. 넓은 의미의 천하에서 기능했던 것은 화와 이의 명분을 올바로 만드는 화이 질서이고, 천조가 이 질서를 올바르게 운영하는 한 천하는 안정된다.

한편 좁은 의미의 천하(중국 국내)에서는 천조를 이끌어가는 사람인 천자의 정당성이 요구되는데 특히 유교가 정통 사상이 된 이후에는 덕치德治와 예치禮治가 군주 지배의 근거라고 여겨졌다. 천하를 통치하는 과정에서 군주가 가장 중시했던 것은 덕치를 실체화했던 여러 종류의 예禮였다.

예라고 하는 것은 예의범절 등 일상적인 행동거지도 포함되지만, 보다 넓게는 질서유지를 위한 규범(준칙) 또는 규범의식이나 혹은 이러한 것들의 구체적인 행위 형식인 의례와 제도를 의미한다. 예는 곧바로 넓은 의미, 좁은 의미의 두 가지 천하를 포괄하고 천조의 휘하에서 세밀한 예치의 구조가 형성되어간다. 이후에 천조 중국은 예가 없으면 존재할 수 없게 되었다. 예치 국가 중국이 탄생한 것이다. 이제 이 책에서는 천자 혹은 천조에 의해 넓은 의미, 좁은 의미 두 가지 천하에서 이루어지는 예치(덕치)주의의 통치 구조를 천조 체제天朝體制라고 칭하고자 한다.

제 2 장

천조체제의 구조

— 진·한

교사郊祀와 종묘사宗廟祀

천조의 예치 체계의 근간을 이루는 것은 군주가 집행하는 하늘에 대한 제사와 조상에 대한 제사, 두 가지 의례이다. 군주는 이 두 가지 제사 의례를 수행하는 것으로 자신의 정당성을 보장했다. 제천 의례와 조상 제사는 왕조 지배에 있어서 필수불가결한 것이 되었고, 군주의 전권專權 사항이 되어 역대 왕조에서도 답습되었다. 이는 최후의 왕조인 청조에 이르기까지도 결코 변하지 않는다.

그렇다면 이러한 의례들은 중화의 예치 구조 속에서 도대체 어떤 의미를 지니는 것일까? 그 유래는 무엇일까? 여기에서 다시 하늘과 천자의 관계로 되돌아와서 생각해보자.

하늘 관념이 생긴 것은 서주 시대 초기 즈음이고, 하늘 관념 그 자체는 시대에 따라 변천하기도 했지만 시종일관 중국인의 의식을 계속 규정했다. 천체의 운행에서부터 사계절의 순환, 방위와 방향 혹은 왕조의 교체에 이르기까지 만사, 만물, 만상萬象은 모두 하늘의 의지에 기초하는 것이라고 여겨졌다.

특히 하늘의 최대 역할은 덕이 있는 자에게 천명을 내려서 천하를 통치하게 만드는 것이었다. 즉 천자란 하늘을 대신하여 천하를 통치하는 존재이고, 역대 왕조의 창설자들은 이러한 천명사상에 따라 자신의 왕조를 정당화하려고 시도했다. 하늘 관념이 생겨났던 주 왕조 시대에도 똑같이 주의 왕천자은 지상에서 유일한 수명자(受命者, 천명을 받은 사람)라는 것을 증명하여 스스로 자신의 정당성을 확보했던 것이다.

이때 주 왕조의 군주는 천자, 왕이라는 두 종류의 칭호를 사용하고 있었다고 알려져 있다. 천자는 주의 기초를 세운 문왕文王이 얻었던 수명자로서의 칭호였고, 왕은 그 아들 무왕武王이 은을 멸망시킨 것으로 인해 손에 넣었던 칭호로 중국의 통치자로서의 신분을 가리킨다. 주의 군주는 하늘로부터 명령을 받은 사람이라는 천자, 그리고 중국의 통치자인 왕의 칭호를 가지고 천하에 존재하면서 중국에서 군림했다는 의미이다.

그 결과, 주의 왕은 두 가지의 제사를 지내야 할 의무를 가졌다. 하나는 하늘의 아들(천자)로서 하늘에 대한 제사를 지내야 했는데 이는 수도의 남쪽 교외(즉, 남교南郊)에서 행해졌기 때문에 일반적으로 교사郊祀라고 칭해진다. 또 하나는 왕조 창업자의 자손에게 천자의 혈통이 계승되었음을 증명하기 위해 조상(선왕)에 대한 제사를 지내야 했고, 이는 선왕의 위패(즉, 신주神主)를 안치한 종묘에서 실시되었다. 하늘에 대한 제사인 교사와 선왕에 대한 제사인 종묘사는 군주가 행하는 대표적인 제사가 되었고, 이후 유교가 완전히 국교화되는 후한(25~220) 이후가 되면 교묘郊廟로 총칭되면서 매우 중요하게 여겨지게 되었다.

교묘 제도의 시작

본래 교묘 제도는 전한 말기부터 후한 시대에 걸쳐서 유교의 경전에 기초하여 시작되었다. 한의 수도(전한은 장안, 후한은 낙양)의 남교에서 하늘에 대한 제사를 지내고 북교北郊에서는 땅에 대해 제사를 지내는 남교와 북교에서의 제사는, 전한 말기 평제(平帝, 재위 기원전 1~기원후 5) 시대에 왕망(王莽, 기원전 45~기원후 23)에 의해 확립되었다고 알려져 있다.

이에 의하면 하늘에 대한 제사(교사)는 동지에 유사(有司, 일을 담당한 관리)가 남교에서 시행하고, 또 하지에는 북교에서 땅에 대한 제사가 거행되었다. 이 제사들은 모두 황제의 대리가 행했기 때문에 이를 '유사섭사'有司攝事라

북경 지단地壇의 방구方丘(츠지하라 아키호 씨가 촬영)

고 한다. 또 정월에는 남교에서 천자가 직접 하늘과 땅에 대한 제사를 지냈기 때문에 이를 '천자친사'天子親祀라고 불렀다. 제사는 모두 유교의 세세한 예의 의식을 따라 엄숙하게 실시되었다.

여기에서 하늘을 제사지내는 남교단南郊壇은 원형으로 된 원구圓丘였고, 땅을 제사지내는 북교단北郊壇은 사각형으로 된 방구方丘였다. 앞서 서술한 것처럼 중국인에게는 '천원지방'天圓地方이라는 관념이 있었고, 둥근 하늘을 제사지낼 때는 원구에서 행하고 사각형의 땅을 제사지낼 때는 방구에서 행한다는 생각이 있었기 때문이다. 그리고 하늘에 대한 제사 정도로 땅에 대한 제사가 중시되지는 않았기 때문에, 교사라고 하면 일반적으로 하늘에 대한 제사를 가리키는 경우가 많다. 게다가 하늘에 대한 제사는 황제가 천자로서 집행하는 의례였기 때문에 제천 의례를 행할 때에 반드시 '천자인 신臣 모某'(모는 황제 본인의 이름)라고 자칭했다.

한편 종묘사는 왕망을 무너뜨린 후한의 초대 황제인 광무제(光武帝, 재위 25~57) 조정에서 확립되었다. 전한 시대에는 사망한 황제의 위패(신주)를 안치하는 종묘가 황제마다 만들어졌지만, 후한 시대에는 2대 황제인 명제(明帝, 재위 57~75) 이후 황제는 스스로의 사당을 짓지 않고 광무제의 조상 사당에 합사合祀하게 되었다. 이렇게 신주를 모아 제사를 지내는 종묘를 태묘太廟라고 부르기도 한다. 다만 황제가 바뀌게 되면 현재 황제의 7대 이전의 신주는 조묘祧廟라 불리는 별도의 사당으로 옮겨졌다. 창업자를 제외하고 오래된 사람 순서대로 제거되었던 것이다.

이와 관련하여 사당에 안치된 신주에는 각 황제의 묘호廟號가 적혔는데, 왕조의 창업자에게는 태조太祖, 2대 군주에게는 보통 태종太宗이라는 묘호가 부여되었다. 또한 종묘에서의 제사는 매년 정기적으로 행해지는 소제小祭와 3년 혹은 5년마다 행해지는 대제大祭로 구분되었고 모두 세세한 예의 의식에 기초하여 실시되었다. 그리고 종묘사를 거행할 때 황제의 자칭은 '황제인 신 모'였고,

이는 제천 의례 때의 '천자인 신 모'와는 다른 것이다.

이렇게 종묘사는 천명을 받았던 수명자의 후계자가 수명자의 혈통을 잇는 천자라는 것을 증명하는 조상 제례였던 것에 비해 교사는 하늘의 아들인 천자가 아버지인 하늘을 제사지내는 제천 의례였다. 이는 모두 황제가 천자라는 것을 드러내기 위한 국가 제사였다. 요컨대 한대 이후의 황제는 유교의 천명사상을 따라 스스로가 천자라는 것을 연기演技하면서 황제로서의 지위를 정당화했던 것이다.

유교의 국교화

잘 알려져 있듯이 한 이전의 진은 전국을 통일한 이후 법가 사상을 정통 사상으로 정하였고, 법에 의한 왕조 지배를 지향했다. 처음으로 중국을 통일했던 진에게 있어서 질서유지를 위해 가장 유효한 것은 법이라는 인식이 있었기 때문이다. 그러나 너무 지나치게 법에 의존한 진은 숨 막힌 통제를 견디지 못한 민중들의 반란으로 인해 어이없이 붕괴했다. 결국 진이 법을 통한 지배에 실패한 이후, 진의 뒤를 이은 한은 법가 사상을 배격하고 새로운 유가 사상을 정통 사상으로 채용하게 된다.

하지만 유교가 갑자기 한 왕조의 정통 사상이 된 것은 아니다. 한 초기에 유행했던 것은 황로 사상黃老思想이라고 하는 도가 사상이었는데, 진의 정치에 반발하여 무위자연無爲自然이 받들어졌기 때문이었다. 또한 한 왕조의 창설자인 고조 유방(재위 기원전 202~기원전 195)도 깡패의 버릇이 있어서 교양도 없었고 유교를 혐오했다. 다수의 신하도 똑같았고, 교양이 없는 사납고 거친 집단이 천하를 차지한 것에 성공하면서 탄생했던 것이 한 왕조였다고 말할 수 있다. 예 혹은 성인의 가르침을 설파하는 유가 사상이 본래 받아들여질 리도 없었다.

얼마 후 국내의 혼란도 수습하면서 왕조의 기반도 확립되었고 차차 유교는 정통 사상으로 인정되었다. 통설에서는 7대 황제인 무제(武帝, 재위 기원전 141~기원전 87)가 유학자 동중서董仲舒의 의견을 채용하여 오경(역경, 시경, 서경, 예기, 춘추)박사를 설치했던 것이 하나의 계기가 되었다고 한다. 이른바 '유교의 국교화'이다. 다만 국교화의 시기에 대해서는 요즘에는 무제보다 약간 훗날의 일이라고 여겨지고 있고, 왕망(재위 8~23)의 시대라고 하거나 혹은 후한 시대가 되어서부터라는 등 여러 학설이 분분하고 확실히 정해진 것은 아니다.

중요한 것은 한 왕조에서 유교에 의한 지배의 정당화를 시도했고, 최종적으로 유교가 체제 교학으로서 중국 사회를 규정했다는 점이다.

그런데 한대 유교의 국교화에 있어서는 왕조 측의 방침은 물론이고, 한편으로는 유학자 측에서도 적극적으로 움직였다는 점에 주의할 필요가 있다. 이는 유학자들에게 있어서 한 왕조를 어떻게 정당화할 것인가, 혹은 정당화할 수 있을 것인가의 여부는 유가 사상이 살아남기 위한 사활의 문제였기 때문이다. 이때 유학자들에게 있어서 가장 중요한 문제는 황제 지배를 어떻게 유가 사상으로 정당화할 것인가라는 점이었다.

황제 지배의 정당화

이는 아주 곤란한 문제였다. 왜냐하면 황제 제도는 진시황제가 시작한 제도를 그대로 답습했던 것이었고, 본래 황제라는 존재 자체는 유가 사상과는 결코 양립할 수 없는 것이었기 때문이다.

황제는 전설상의 삼황오제三皇五帝에서 기원한 군주 칭호였고, 시황제는 이를 '빛나는[皇皇] 상제上帝'에 비정比定하면서 자신의 권위를 높였다. 빛나는 상제라는 것은 빛을 발하는 상제라는 의미이고, 상제는 하늘의 신이고 곧 하늘 그 자체를 가리킨다. 바꿔 말하면 황제란 하늘과 동등한 절대자로서 지상에 군림하는 사람이고, 시황제는 스스로를 우주의 주재자主宰者=상제(하늘)에 비견하면서 황제라는 이름을 취했던 것이다.

이에 반해 유가 사상에서는 지상의 주재자는 천자이고, 천자란 천명을 받아 하늘을 대신해 백성을 통치하는 덕을 갖춘 사람이었다. 천자는 어디까지나 하늘의 아들이고, 하늘 그 자체는 아니다. 즉 유일무이한 절대 권력자로서 지상의 하늘에 있는 황제와 유가 사상에서 말하는 하늘의 대리자(즉, 천자)는 본질적으로 입장이 다른 것이다. 황제와 천자를 어떻게 동일화, 일체화할 것인가? 유가가 황제 지배를 정당화하기 위해서는 먼저 이 문제를 해결하지 않으면 안 되었다.

모순을 해소하기 위해 유가가 고안했던 것은 황제의 호칭과 천자의 호칭을 구분해서 사용하는 것이었다.

지금 한나라는 만이蠻夷에 대해서는 천자라 칭하고, (국내의) 왕후王侯에 대해서는 황제라고 칭한다.

『예기』곡례曲禮 하下, 정현鄭玄 주석)

한대에는 만이에 대해서 천자라 칭하고, 국내의 왕후에 대해서는 황제라고 칭했다는 것이다. 여기에서 왕후로 나타나고 있지만 실제로는 국내의 관료와 백성 전체에 대해서 황제로서 군림했다는 것이다. 또한 만이에 대해서는 천자로 군림했다고 하지만, 앞서 서술했듯이 하늘과 땅에 제사를 지낼 때에도 천자로 칭했으니 각각의 기능에 따라 황제의 호칭과 천자의 호칭을 구분해서 사용했음을 알 수 있다.

이러한 경우라면 하늘과 땅에 제사를 지내면서 천자를 칭하는 것은 하늘의 아들인 이상 당연한 것인데, 만이에 대해서 천자라고 칭했다는 것에도 물론 이유가 있다. 이는 한의 황제가 만이에 접근할 때에는 화와 이로 이루어진, 관념적인 넓은 의미의 천하를 염두에 두고 천자의 입장에서 군림하려고 했기 때문이었다. 즉 실제로 통치하는 좁은 의미의 천하=화(중국 국내)에서는 절대 권력자인 황제로서, 넓은 의미의 천하에서 이夷에 대해서는 덕을 갖춘 천자로서 접근하고 있었던 것이다.

황제 육새皇帝六璽

이를 상징적으로 보여주는 것이 '황제 육새'라 불리는 여섯 개의 옥새이다. 황제행새皇帝行璽, 황제지새皇帝之璽, 황제신새皇帝信璽, 천자행새天子行璽, 천자지새天子之璽, 천자신새天子信璽의 여섯 종류이고 용도와 목적에 따라 어느 옥새를 사용할 것인지가 결정되었다. 황제 글자가 새겨진 옥새는 국내의 여러 사안이나 제후에게 사용하였고, 천자의 옥새는 모든 외국 혹은 하늘과 땅에 제사를 지낼 때 사용하는 것으로 여겨졌다. 제도의 운영 측면에서는 반드시 규정대로 행하는 것은 아니었지만, 왕조의 이념은 여섯 개의 옥새 안에 담겨 있었다. 바로 황제의 호칭과 천자의 호칭에 대응되어 여섯 개의 옥새가 제정되었던 것이다.

실제로 여섯 개의 옥새 제도는 한 초기부터 존재했던 것이 아니고, 후한 시대가 되어서야 비로소 확립되었던 것이라고 알려져 있다.

전한 말기, 왕망 시대부터 후한에 이르는 시대는 참위 사상(讖緯思想, 중국 고대에 존재했던 일종의 예언설)의 유행, 왕조 교체 등의 사정도 있어서 유가가 황제 지배의 정당화에 기를 쓰고 노력했던 시대였다. 그러던 와중에 황제의 호칭과 천자의 호칭을 구분해서 사용하게 되었고, 그 이론화를 추진하는 과정에서 여섯 개의 옥새 제도가 정해지게 된 것으로 보인다. 옥새의 숫자는 시대가 지남에 따라 증가했고 그 용도도 점차 세분화되었지만, 황제의 호칭과 천자의 호칭을 구분하여 사용하는 것은 명, 청 시대에 이를 때까지도 변경되지 않았다.

원래는 다른 존재였던 황제와 천자는 유가의 조작操作을 통해 동일화, 일체화가 시도되면서 황제 한 사람이 두 가지의 역할을 맡게 되었다. 일찍이 주 왕조의 군주는 천자(수명자)와 왕(통치자) 두 가지 칭호를 사용했고, 한 이후의 군주는 천자(수명자)와 황제(통치자)의 두 가지 칭호를 구분해 사용하면서 절대 권력자로서 천하에 군림했던 것이다.

황제는 단순히 법의 강제력만으로 민중을 통치하는 것이 아니다. 천명을 받은 덕을 갖춘 천자라야 사람들의 지지를 획득하는 것이고, 덕치와 예치를 내세우면서 그 신분을 보장했던 것이다. 황제가 여러 종류의 예禮를 제정하여 계속 천자라고 연기하지 않을 수 없었던 이유이다.

황제와 천자 사이의 본질적 모순

그런데 엄밀하게 말하면 이러한 조작을 통해서도 황제와 천자 사이의 모순은 아직 완전하게 해결되지 못했다. 왜냐하면 황제의 호칭과 천자의 호칭을 구분해서 사용하는 것만으로는 해소될 수 없는 본질적인 모순이 여전히 남아 있었기 때문이다. 천자로서 천하를 통치하는 것과 황제로서 군현을 통치하는 것 사이의 본질적, 원리적인 모순이 존재했던 것이다.

하늘이 덕을 보유한 자에게 천명을 내려 천자에 임명하는 이유는, 덕이 있는 그 사람이 일체의 개인적인 욕망을 배제하고 공평하며 숭고한 덕을 지극하게 갖춘 사람이기 때문임이 분명하다. 즉 위정자가 지니는 최고의 덕을 표현하는 "천하를 공적인 것으로 삼는다."(천하위공天下爲公)(『예기』 예운편禮運篇)는 능력이 천자의 조건이었다고 할 수 있다.

한편 황제로 즉위하는 것은 왕조의 창업자, 수명자의 혈통으로 이어지는 것이었기 때문에 잘 알려져 있는 것처럼 황제의 지위는 세습을 통해 계승되었다. 이는 '천하를 공적인 것으로 삼는다'와는 완전히 반대되는 "천하를 집으로 삼는다."(천하위가天下爲家)(『예기』 예운편)는 행위였고, 천하라고 하는 사적私的인 집안을 황제의 가문으로 대대로 계승해간다는 것을 의미한다.

천자가 일체의 '사'를 배제하고 '공'의 입장에 있는 것에 비해, 황제는 세습을 통해 그 지위를 얻기 때문에 이미 이 시점에서부터 천자와 황제 사이에는 명확한 모순이 있다. 천하를 사적인 것으로 만드는 황제의 행위는 천자의 조건인 지극한 공평함과는 반대되는 것이기 때문이다. 한마디로 말하면 천자와 황제는 그 존재 자체가 원리적으로 상이하고 그러는 한 천자와 황제는 결코 같아질 수 없었다.

이 모순을 사상적으로 해결했던 것도 유가였다. 왜냐하면 황제 제도는 세습을 통해 성립되었던 것이므로 이세습을 정당화하지 못하면 유가 사상은 국교로서의 역할을 수행할 수 없는 것이다. 그렇다면 유가는 이 모순을 어떻게 해결했을까?

대동大同의 세世

앞서 서술했듯이 천자가 존재하는 원리는 '천하를 공적인 것으로 삼는다'는 것에 있고, 황제는 '천하를 집으로 삼는다'는 것으로 그 지위를 세습한다. 이 두 가지 원리는 본래 차원을 달리하는 것으로, 동시에 출현한 것이 아니다. 이를 구체적으로 기록한 것이 유교의 경전 중 하나인 『예기』이다. 『예기』의 예운편에서는 '천하를 공적인 것으로 삼는' 시대를 '대동의 세'라고 부르고, '천하를 집으로 삼는' 와중에 가장 평화롭게 다스려지는 시대를 '소강小康의 세'라고 부르며 이는 모두 성왕聖王이 실현했던 이상적인 치세로 간주한다. 물론 극도의 이상 세계가 대동의 세라는 것은 말할 것도 없다.

대도(大道, 요와 순의 도리)가 행해지니 천하를 공적인 것으로 삼았다. …… 단지 자신의 부모만을 친애하는 것이 아니고, 단지 자신의 아들만을 아들로 여기는 것이 아니다. 노인들이 천수를 누리게 하는 바가 있고, 장년들이 등용되게 하는 바가 있고, 아이들이 성장하게 하는 바가 있다. 궁과(矜寡, 나이가 든 부인과 남편이 없는 사람), 고독(孤獨, 어려서 부모를 여읜 사람과 늙어서 아들이 없는 사람), 폐질(廢疾, 신체에 장애가 있는 사람)인 사람이 모두 봉양을 받는 바가 있었다.

대동의 세라는 것은 일체의 사사로움이 소멸되고 공적인 것이 관철되는 세계이다. 다른 말로 표현하면, "성인은 능히 천하를 일가로 삼고, 중국을 한 사람으로 삼는다."(『예기』 예운편)라고 하는 '천하일가'天下一家의 상태가 이에 해당된다.

천하일가란 유교의 궁극적인 이념으로 천하가 하나의 가족이 되는 것을 말한다. 유교의 논리는 『대학』大學의 "수신, 제가, 치국, 평천하"에서 드러나는 것처럼, 가족애를 순차적으로 확대하여 이를 천하에 이르기까지 넓혀가는 것이다. 최종적으로 천하가 하나의 가족이 되면, 모든 다툼이 없어지고 천하는 안정되기에 이른다. 그래서 천자는 아버지가 되고 백성은 아들이 되어 마치 가족 질서와 같이 그대로 천하 질서로 확대되어 그러한 이상적인 세계가 실현된다. 이러한 국가를 가족국가라고도 표현하는데, 천하일가라고 하는 것은 바로 가족국가의 극치極致인 유토피아였던 것이다.

어쨌든 대동의 세는 천하일가가 실현되는 세상 속에

있고 이는 고대의 성왕인 요, 순에 의해 처음으로 실현될 수 있었던 세상이었다.

소강小康의 세世

그런데 순의 뒤를 이은 우禹가 죽고 그 아들인 계啓가 왕위를 계승하여 하 왕조가 창설되면서 지극히 공평하고 사사로움이 없었던 대동의 세는 크게 변화하게 된다.

지금 대도는 이미 없어지고 천하를 집으로 삼았다. 각각 자신의 부모를 친애하고, 자신의 아들을 아들로 여기며, 재화와 인력은 자신을 위해 쓴다. 대인(大人, 군주)은 세급(世及, 세습)하는 것을 예로 삼고, 성곽과 구지(溝池, 해자)를 견고하게 만들며 예의를 기강으로 삼는다. ……

자신의 아들, 자신의 부모만을 중시하는 개별적인 사사로움이 용인되는 세계로 변화했던 것이다. 군주는 각자의 사심私心에서 발생하는 다툼에 대비하여 성곽과 구지를 건설하고, 사람들의 행동에 대해 예禮와 의義를 통해 질서를 부여하고 법을 통해 규제하고자 한다.

천하일가의 대동의 세는 없어지고, 하 왕조 이후는 군주가 천하를 사사로운 집안으로 간주하여 왕위는 그의 자손에게만 세습되어간다. 그러한 와중에 하, 은, 주의 '삼대의 영웅'(우왕, 탕왕, 문왕, 무왕, 성왕, 주공)만은 예를 신중히 지켜 도의道義를 명확하게 하면서 사람들에게 변함없는 도리를 가르쳤기 때문에 천하일가의 대동의 세에 준하는 소강의 세를 출현시켰다고 한다. 거꾸로 말하면 하 왕조 이후의 군주에게 있어서 대동의 세를 실현하는 것은 불가능했고, 겨우 소강의 세를 일으킨 '삼대의 영웅'의 치세가 재현되는 것을 목표로 삼을 수밖에 없게 되었다고 할 수 있다.

확실히 대동의 세는 성왕인 요, 순이면 몰라도 일반적인 군주는 절대로 실현할 수 없는 이상적인 세상이었다. 게다가 요, 순의 치세조차도 전설적으로 회자되고 있을 뿐이었고, 대동의 세를 실현한 사람은 아무도 없었고 현실에서도 존재할 수 없었다.

한편 소강의 세는 어느 정도 현실 세계를 기반으로 삼고 있기 때문에 역대 황제들 중에는 삼대의 치세를 재현하는 것을 정치 이념으로 내세우는 자도 적지 않았다. 다만 유교의 궁극적인 이상은 어디까지나 대동의 세였으므로, 그 실현을 단념하는 것은 유교 그 자체를 부정하는 것과 같았다. 유교가 강조하는 가족애를 순차적으로 확대한다면 필연적으로 천하도 하나의 가족이 될 수밖에 없었기 때문이다.

반복해서 말하면 대동의 세를 실현하지 않는 한 천자와 황제의 일체화는 완성되지 않는다. 천자와 황제의 일체화는 유교가 체제 교학體制敎學이 되었을 때에 유학자들에게 던져진 커다란 과제였다. 이는 천자의 호칭과 황제의 호칭을 구분해서 사용하는 잔재주와 같은 조작만이 아니라, 논리적 측면에서의 정합화整合化도 요구되는 것이었다. 누구라도 납득할 수 있는 논리가 필요했던 것이다.

그래서 유학자들은 일체화의 논리를 필사적으로 모색했고, 머지않아 천하일가를 환골탈태시키는 것으로 그 목적을 우선 달성했다. 이후 역대 황제들은 천하일가의 본래 의미는 내버려두고 새로운 왕조의 성립을 천하일가로 간주하여 왕조 지배의 정당화를 도모하게 된다.

천하일가의 바뀐 해석

실제로 그러한 해석의 교체는 유교가 국교화되기 이전인 한나라 초기부터 존재했는데, 고조 11년(기원전 196) 2월에 유방은 다음과 같은 조서를 내리고 있다.

지금 나는 하늘의 영험함과 현명한 사士, 대부大夫들로 천하를 평정하고 소유하여 일가一家를 이루었으니 영원히 대대로 종묘를 받들어 끊어지지 않게 하려고 한다.

『한서』 고제기高帝紀 하)

여기에서 말하는 "천하를 평정하고 소유하여 일가를 이루었"다는 것은 '천하를 평정하여 영유하면서 일가로 삼았다'는 것이다. 이는 고조 유방에 의해 천하가 통일되고 한이라는 국가가 창설되었음을 의미한다. 또한 이는 유방이 천하를 자신의 사사로운 집안(유씨의 가문)으로 간주하고 천하의 통일을 일가의 완성(황제 집안의 완성)으로 파악하고 있었음을 이야기한다. 그래서 사사로운 집안인 천하를 영구히 자손에게 전하고, 종묘 제사를 대대로 행하겠다는 결의의 표명이 이루어진 것이다.

원래 유방만이 아니라 대부분의 군주가 천하를 사재私

한 고조 유방

財로 간주하기 십상이지만, 앞선 유방의 발언에는 미묘한 표현이 있는 것에 주의하고자 한다. "천하를 평정하고 소유하여 일가를 이루었"다고 한 것처럼, 굳이 '일가'一家라는 말을 사용했기 때문이다. 천하를 스스로의 재산으로 간주하고 '천하를 집[家]으로 삼았다'고 하지 않고 '천하를 일가로 삼았다'고 한 것은 천하일가를 염두에 둔 것임이 분명하다. 즉 유방은 천하 통일(=왕조의 창설)을 천하일가라고 하는 개념으로 표현하면서 자신의 천하 통치를 정당화했던 것이다.

새삼스럽게 지적할 것도 없이 유방이 말한 천하일가는 대동의 세에서 나오는 천하일가와는 당연히 다르다. 일가는 일가이지만 황제 일가인 것이고 천하(이 경우는 좁은 의미의 천하)가 통일되어 황제의 집안이 되었다는 것을 그렇게 표현한 것에 불과하다.

천하를 황제의 집안이라고 해석하면, 사심私心이 생기는 소강의 세에서도 천하일가의 실현이 가능해진다. 왕조의 성립 자체가 천하일가이기 때문에 황제는 공공연히 천하일가를 표명하면서 하늘의 보장을 획득한다. 여기에서 천자의 천하 통치와 황제의 군현 지배는 완전히 겹쳐지게 되고, 이른바 천자와 황제의 일체화가 완성된다.

본래 천하일가는 '천하를 공적인 것으로 삼는' 것과 동시에 도덕적인 의미를 지니는 관념이지만, 천하 통일이라고 하는 정치적 성격을 지닌 관념으로 바뀌어 해석되면서 '천하를 집으로 삼는다'는 것과 같은 차원의 현상으로 다시 파악되었다.

천하일가를 실현했던 황제는 천자로서 행하는 제천 의례를 통해 천하일가를 하늘에 보고했고, 황제로서는 선제先帝의 종묘를 제사지내는 것으로 자신의 지위의 정통성을 얻었다. 공적인 천자로서의 제천 의례와 사적인 황제로서의 종묘 제사. 두 가지의 본질적인 모순은 천하일가를 바꾸어 해석하는 것으로 해소되었던 것이다. 이를 체계화하고 의미를 부여했던 것이 한대의 유가였다. 이러한 천하일가의 관념과 제천, 종묘 두 가지 의례는 그대로 후세의 왕조에게도 계승되었다.

다양한 천하일가 관념

다만 여기에서 덧붙여 말할 것은, 천하일가라는 용어의 사용이 한대 이후는 정치적인 천하 통일만으로 한정되었는가라고 한다면 결코 그렇지 않다는 점이다. 천하를 하나의 가족으로 간주하는 본래의 천하일가 관념도 여전히 없어지지 않았다. '천하는 하나의 가족, 황제는 백성의 아버지, 백성은 황제의 적자赤子'라는 관념은 일이 있을 때마다 강조되었다. 그렇기 때문에 황제는 백성을 어린아이처럼 보살피며 사랑해야 한다는 것이 그 취지였고, 이것이 본래의 천하일가 관념이었으니 가족국가 관념의 전형이었다.

한편 새로운 세금의 도입이나 증세에 반대하는 관료가 황제를 향해 이미 천하는 폐하의 천하인데 백성과 재물을 다투어 무엇을 할 것인지 간언을 올리는 경우도 있다. 백성의 생활을 중시한다는 점에서는 '천하를 공적인 것으로 삼는' 천자의 자세와 상통하는 부분도 있지만, 천하를 황제의 사사로운 집안으로 보고 있다는 점에서는 명확하게 본래의 천하일가 관념이 아니다. 말하자면, 황제의 사적인 천하 속에 천자의 공적인 천하가 편입된 것으로, 천하일가라는 관념이 그 당시의 상황에 따라 임기응변적으로 구분되어 사용되었다는 것을 이해할 수 있다.

천하일가라는 용어가 다양한 국면에서 의미를 지녔던 이유는 그것이 유교의 궁극적인 이념이었고, 천조의 입장에서는 당연히 그러해야만 하는 세계였기 때문이다. 그 내용 및 실질과는 상관없이 천하일가라는 용어는 머지않아 사람들의 의식 아래에서 하나의 가치 세계가 되었으며, 본래의 의미와는 별도로 용어 자체가 독자적인 길로 나아가기 시작한다.

여러 종류의 해석 변경과 발상이 가능했던 것도 그 때문이었다. 황제 지배의 정당화를 도모했던 것도 있었고, 비판을 목적으로 하는 경우도 있었다. 그만큼 이 용어가 지니는 개념이 다양해서 이용 가치가 있었다고 할 수 있다. 따라서 천하일가는 천조를 지탱하는 기본적인 개념으로 그 이후 명, 청 왕조에 이르기까지 중요한 역할을 담당하게 된다.

넓은 의미의 천하일가 관념

천하일가의 정치적 의미는 천하의 통일, 즉 좁은 의미의 천하(=왕조)의 실효적 지배 영역(구주九州)이 통일되었다는 것이었다. 다만 본래 천하일가란, 천자의 덕에 의해 천하에서 대립하는 것이 없고 천하가 하나의 가족과 같이 되는 상태를 가리켰다. 그렇다면 당연히 좁은 의미의 천하만이 아니라 화와 이가 혼재하는 넓은 의미의 천하에도 천하일가의 상황이 생겨날 것이었다.

성인은 능히 천하를 일가로 삼고, 중국을 한 사람[一人]으로 삼는다.　　　　　　　　　　　(『예기』예운편)

'중국이 한 명의 인간이라면, 천하는 하나의 집안'이라고 하는 이러한 논법에서는 천하가 중국만이 아니라 그 이외의 인간도 존재하는 것이 상정되고 있다. 중국과 중국 이외라는 것은 화와 이의 관계인 것이고, 결국 성인의 치세에서는 화와 이의 천하가 일가가 되니, 즉 넓은 의미의 천하일가도 예측되는 것이다.

바꿔 말하면 중화 제국의 황제에게 있어서 왕조의 창설을 천하(좁은 의미의 천하)일가로 변경해서 해석하는 것만이 아니라, 이적을 포함하는 넓은 의미의 천하에서 일가를 이루는 것도 스스로의 지위를 정당화하기 위해서는 중요한 조건이었다고 할 수 있는 것이다. 그 예를 한 가지 언급해보자.

『수서』隋書의 서돌궐西突厥 열전에는 돌궐의 카간(돌궐 군주의 칭호)에 대한 양제煬帝의 말이 다음과 같이 기록되어 있다.

　　이전에는 돌궐이 침략했기 때문에 안심하고 생활할 수가 없었는데, 지금 사해(천하)가 숙청되어 한집안과 다를 것이 없다. 그래서 짐은 모든 사람을 위무하고 키워서 생활을 이룩하게 해주고자 생각한다.

돌궐의 내분을 평정하고 수의 지배 아래로 두게 된 양제는 그 상태를 넓은 의미의 천하가 안정되었다고 간주하고 '사해일가'(천하일가)와 다르지 않다고 호언장담했던 것이다. 강대한 돌궐을 격파한 수의 위대함을 자부했던 말이지만, 수가 돌궐을 병합하여 화와 이가 혼재하는 넓은 의미의 천하를 실질적으로 영유했던 것은 물론 아니다. 천하일가라는 말을 통해서 양제의 위덕威德이 이적에게까지 미친다는 것을 연출하여 수의 천하 통치를 정당화하고자 시도했던 것이다. 이 사실은 또한 천하일가가 이미 하나의 가치 세계로서 사람들의 의식 속에 정착했고, 넓은 의미의 천하일가도 왕조 지배의 근거로 여겨졌음을 뒷받침하는 것으로 보인다.

천하일가라는 용어는 다양한 국면에서 나타났고, 위정자들에게는 편의에 맞는 문맥에서 교묘하게 활용되었다. 천하일가는 천명을 받았던 천자여야 비로소 이룩할 수 있는 것인데, 그렇다면 천자와 일체화된 황제가 이 말을 자주 입에 올리는 것도 당연하다. 역대의 왕조는 천조였다는 점을 통해 정통성을 얻었고, 중화의 왕조가 천조가 되는 데에 있어서 천하일가의 형상이 얼마나 중요한 의미를 지니고 있었는지를 파악할 수 있을 것이다.

제 3 장

북쪽의 천하, 남쪽의 천하

― 한·위진남북조 (1)

화이를 구별하는 세 가지 유형

앞 장에서 살펴보았듯이 천하일가는 관념적으로는 넓은 의미, 좁은 의미 두 가지의 천하에서 실현될 수 있는 것이었다. 이 중에서 넓은 의미의 천하일가는 화와 이가 한집안이 되는 것을 가리키고, 구체적으로는 이가 화에 굴복하여 맹약을 맺고 조공을 하는 것을 그렇게 표현했다. 본래의 천하일가는 현실에서 기대할 수 없는 이상, 중화 왕조가 우위에 있는 화이 사이의 국제 질서가 성립되던 시점에서 중화 왕조는 천하일가를 선언했던 것이다. 좁은 의미의 천하와 마찬가지로 여기서도 천하일가의 해석을 바꾸는 일이 행해졌다고 할 수 있다.

그렇다면, 도대체 중화 왕조는 천하 속에서 화와 이의 위상을 어떻게 설정했던 것일까? 중국인에게 화이 질서란 대체 무엇이었을까? 천하를 고찰하는 데에 있어서 가장 근본적인 문제를 새삼스럽게 질문하지 않으면 안 된다. 여기에서는 다시금 천하의 내실을 비집고 들어가 화와 이의 관계에 대해서 생각해보자.

고대 중국인 속에서 발생했던 중화(중하, 화)라는 관념은 항상 이적(夷狄, 오랑캐)과 대비되는 것으로 발전해왔다. 이러한 화와 이의 구별(유가의 말에 따르면 '화이의 별別'이라고 부른다)은 중화 왕조의 대외 정책을 일관하는 구조였고 역대 왕조들은 화와 이의 차이를 둘러싸고 다양한 해석을 행했다. 이 경우에 일반적으로 화와 이의 구별은 다음 두 가지 관점으로 이루어졌고, 화의 우위성이 끊임없이 강조되었던 것에 대해서는 1장에서 지적했다. 두 가지 관점이란 다음과 같다.

  (1) 민족의 차이(한족인가, 그렇지 않은가)
  (2) 지역의 차이(중심인가, 주변인가)

  여기에 새로운 제3의 관점을 추가하고자 한다.

  (3) 문화의 차이(예, 의의 유무)

  본래 화이의 구별은 (1)이 기본이었고, 애초에 문화, 습속 및 언어의 차이가 양자를 구분하는 지표였다. 춘추시대의 주를 중심으로 중원의 여러 국가들이 스스로를 '화하족'(화)이라고 의식하면서 남방의 오, 월, 초와 서방의 진을 이夷로 간주했다는 것은 이미 서술했다. 『춘추좌씨전』春秋左氏傳의 성공成公 4년(기원전 587) 조목에는 노魯나라 성공의 유명한 말이 기록되어 있다.

우리 족류族類가 아니라면, 그 마음도 반드시 다르다. 초나라가 비록 크지만 우리 족류가 아니다.

다만, 본래 중원 지대에 한정되어 있었던 화의 범위가 확대되어 이전의 오, 월, 초, 진 등도 화하족(화)에 추가되면서 화하족과 그 주변에 있는 이민족의 민족 차이가 화와 이를 구별하는 기준이 되었다.

공자께서 말씀하셨다. "이적의 군주가 있으니 제하諸夏가 (군주가) 없는 것과는 같지 않다." (『논어』팔일八佾)

여기에서 이적은 제하와는 다른, 이민족을 가리키고 있다. 즉 화와 이의 차이는 제하=화=화하족=(훗날의) 한인과 주변 여러 민족 간의 민족적 차이로 파악되고 있었음을 이해할 수 있다.

또한 (1)의 민족의 차이는 동시에 (2)의 지역의 차이와 거의 대응하는 형태가 되고 있다. 일찍이 오, 월, 초 등의 이는 중원 제하의 변경에 위치해 있었고, 중화의 범위가 전체 영역으로 확대되었을 때에도 그 주변에는 어김없이 이민족인 이가 존재했다.

『춘추』에서 그 국가를 안으로 여기고 제하를 밖으로 여겼으며, 제하를 안으로 여기고 이적을 밖으로 여겼다고 한다. 왕이 된 자는 천하를 하나로 삼고자 한다.

(『춘추공양전』 성공 15년 조)

화는 항상 천하의 중심에 위치하고, 이는 그 주변에 존재한다는 관념이 형성되었던 것이다.

중국으로 나아가면 그것을 중국으로 여겼다

(1), (2)에 비해 (3)문화의 차이는 민족적으로는 한인이 아니더라도 중화 문화인 이른바 '예, 의'를 체득하면 화가 된다는 관점이다. 화의 입장에서 말하면 중화의 천자가 행하는 덕화德化를 통해 이를 화로 변화시키는 것이었고 또한 천자가 통치하는 천하가 주변을 향해 확대된다는 것이기도 했다. 요컨대 중화 제국 세력이 강대해져 대

외적으로 영토를 확대했던 시기는 중화의 천자가 행하는 덕화로 이적의 땅이 화가 된다고 해석했던 것이다. 여기에서 중화사상의 팽창주의적인 성격을 엿볼 수도 있다.

이적의 입장에서 보면, 또 다른 관점도 가능해진다. 예, 의를 체득하면 화가 된다는 것은 민족적으로 이적이라고 하더라도 화에 들어오면, 스스로 화가 되어 천하를 통치할 수 있다는 것이기도 하다. 시대가 흘러 당송팔대가의 한 사람인 한유(韓愈, 768~824)의 『원도』原道에는 다음과 같은 유명한 말이 있다.

공자가 『춘추』를 지을 때, 제후諸侯가 이夷의 예법을 사용하면 이로 여겼고 (이가) 중국으로 나아가면 그것을 중국으로 여겼다.

이라고 하더라도 중국에 들어와서 예, 의를 체득하면 중국이 된다고 생각했던 것이다. 한유의 이 말에서 배타적, 민족적인 차별감을 인지할 수는 없다.

어쨌든 화이의 구별은 (1)민족, (2)지역, (3)문화의 차이로 일반적으로 인식되고 있었다. (1)과 (2)는 민족과 지역 등의 실체에 입각하여 형성되었던 실체 개념이었고, (3)은 예와 의의 유무로 화이가 정해지는 기능 개념이었다고 바꿔 말할 수 있다. 한족이 중화를 통치하고 있을 때에는 이러한 세 가지 기준에 어떠한 어긋남도 발생하지 않지만, 주변의 이민족이 중심에 들어와서 중화를 통치하면 물론 이 기준이 그대로 적용될 수 없게 된다. 당연히 (3)의 예, 의의 유무를 강조하여 한지漢地 지배를 정당화하지 않을 수 없었다.

그렇지만 어느 정도 예, 의의 유무로 정당화를 시도한다고 해도 한족의 이夷에 대한 민족적인 멸시 관념을 완전히 불식시키는 것은 매우 어려웠다. 왜냐하면 기능 개념은 결국 위정자에 의해 의미가 부여되는 개념이고, 실체 개념을 뛰어넘을 수는 없기 때문이다. 민족문제는 이가 화를 통치하는 한, 항상 최대의 현안 사항으로 지속되었다. 결국 지배 민족이 된 이는 한족의 천시를 받는 채로 화를 향한 독자적인 행보를 만들어나가지 않으면 안 되었다.

그러한 현실에 가장 먼저 부딪쳤던 것은 4세기 이래 화북에 잇달아 정권을 수립했던 이른바 오호五胡였다. 오호가 한족의 차가운 시선을 받으면서도 머지않아 화북을 통일하여 남북조시대의 북조를 탄생시켰고, 그 속에서 수, 당 왕조가 엄연히 모습을 드러내게 된다. 그러는 동안에 호족胡族의 중화 지배는 점차 한족에게도 수용되었고, 어느덧 호와 한의 융합이라는 국면이 일상적인 모습이 되어갔다. 그러한 상태는 어떠한 모습이었을까? 호족은 어떤 방법으로 화이의 구별을 하지 않게 되었을까? 세계 제국이라고도 칭해지는 수, 당의 전사前史를 화이의 관계로부터 개관해보고자 한다.

호와 한이 잡거雜居하는 중국

화의 천하를 처음으로 통치했던 이는 오호였다. 오호란 흉노匈奴, 갈羯, 선비鮮卑, 저氐, 강羌 다섯 종류의 비非한민족을 가리킨다. 흉노는 전국시대 말기 이래 북아시아에서 위세를 펼쳤던 유목민이었는데, 민족의 종별種別은 아직도 명확하지 않다. 이는 흉노의 한 종류라고 알려진 갈도 마찬가지다. 또한 선비는 고대 동호東胡의 후예라고 여겨지는데 투르크계인지 아니면 몽골계로 칭해야 하는지, 그에 대한 자세한 것은 잘 모르겠다. 다만 저, 강이 티베트계 민족이라는 것은 거의 정설이 되고 있다.

본래 그들은 한대 이전에는 북아시아와 중국의 서부 및 북부에서 유목, 수렵 혹은 농경을 행하면서 독자적인 생활양식을 구축하고 있었다. 그런데 한과의 전쟁을 통해 강제적으로 화북 지역에 이주를 하게 되기도 했고, 자발적으로 이주를 하기도 하면서 점차 중국 국내에 정주하는 자가 증가해갔다.

그들의 내지 이주는 삼국시대를 거쳐 진晉의 통일(280년) 이후가 되어도 변하지 않고, 머지않아 관중(關中, 장안 주변 일대)의 인구 100여 만 명 중에 "융戎과 적狄이 절반이나 거주했다."(『진서』 강통江統 열전)라고 일컬어질 정도까지 되면서 한족과의 사이에서 다양한 마찰이 일어났다. 이를 걱정하고 두려워했던 산음현령(山陰縣令, 현령은 현의 지사)인 강통江統이 이민족을 원래 거주지로 돌려보내자는 「사융론」徙戎論을 저술했던 것은 299년의 일이었다. 그러나 강통의 계획은 실현되지 못했고, 그들의 이주는 그 이후에도 전혀 그치지 않았다.

3세기 말에 황위를 둘러싼 종실 간의 다툼인 '팔왕八王의 난亂'이 발발하자 제왕들은 이민족을 군사력으로 이용했기 때문에 국내에 정착하고 있었던 이민족이 단숨에 활기를 띠게 되었다. 진의 쇠퇴를 목격한 그들은 이를 좋은 기회로 파악하고, 독자적으로 정권을 수립하기 시작했다. 304년 10월에는 저족의 일파인 파종족巴賨族의 이웅李雄이 사천四川의 성도成都에서 성한국成漢國을 창설했고, 흉노의 유연(劉淵, 251?~310)도 산서山西의 이석離石에서 대선우大單于라 칭하고 머지않아 한(漢, 이후의 전조前趙)을 건국했다.

얼마 지나지 않아 311년에는 유연의 아들인 유총劉聰이 진의 수도인 낙양을 공략하여 회제懷帝를 사로잡고 주민 3만 명 이상을 살육했다. 당시의 연호를 따서 '영가永嘉의 난亂'이라 일컬어지는 이 사건으로 인해 진은 실질적으로 멸망했다.

도피처인 장안에서 즉위한 민제愍帝가 317년 12월에 전조의 군대에 의해 사로잡혀 살해되면서 진은 멸망했는데, 당시 강남의 건강(建康, 현재의 남경)에 있던 낭야왕琅邪王 사마예司馬睿가 그 지역에서 즉위하여 진을 재건했다. 이 사람이 진 원제元帝이다. 재건 이후의 진을 통일 시대의 진(서진西晉)과 구별하여 동진東晉이라고 부른다. 동진은 이후 420년에 송宋에 의해 교체될 때까지 100년 정도 강남 지역을 지배한다. 또한 송 이후에 제齊, 양梁, 진陳의 한족 왕조가 이어졌기 때문에 전통적인 중화 문화는 강남에서 계승되었다.

한편 화북에서는 이민족인 오호의 정권이 잇달아 탄생했다. 그 수는 전부 20여 개에 달하는데, 북위 말기의 역사서인 『십육국춘추』十六國春秋에서 이름을 따서 일반적으로는 이 시대를 오호십육국 시대라고 부른다(십육국 중에는 한족이 건국한 전량前涼, 서량西涼, 북연北燕이 포함된다). 오호는 훗날 선비족 탁발부拓跋部의 북위가 439년에 화북을 통일할 때까지 거의 140년 정도에 걸쳐 중국의 북쪽 절반 지역에서 패권을 다투었다. 그때까지 화북 지역에서 한족과 잡거하면서 그 영향 아래에 두어졌던 호족이 이제 상황을 역전시켜 한족을 지배하는 입장에 섰던 것이다.

우리 족류族類가 아니라면, 그 마음도 반드시 다르다

여기에서 주목하고자 하는 것은 오호십육국 시대 화북에서 화와 이의 관계이다. 유사 이래 최초로 이적이 중화를 지배했던 해당 지역에서 한족과 호족은 쌍방을 어떻게 인식하고 있었을까? 양자의 화이 관념이 지닌 모습은 대체 어떠했을까?

앞서 화이를 구별하는 세 가지 유형에 관해 설명했다. 먼저 (1)민족에 대해 말하면, 한족은 전통적으로 자신을 화로 간주하고 이적을 멸시했는데 이 관념은 오호가 지배하는 화북의 한족도 똑같이 가지고 있었다.

앞서 언급한 강통의 「사융론」에서도 그러했던 것처럼, 한족은 오호를 "우리 족류가 아니라면 그 마음도 반드시 다르다. 융적戎狄의 뜻과 태도[志態]는 화와 같지 않기 때문이다."라고 생각했고 '호종'胡種, '융예'戎裔 등의 차별적인 용어를 사용하여 그들을 모멸했다. 서진이 멸망한 이후 화북의 한족에게 있어서 쇠약하기는 해도 강남의 동진이 정통 왕조였고 중화 문화를 공유했던 한족으로서의 긍지와 우월감이 그들의 마음을 지탱하고 있었다. 일찍이 서진 말기에 한족의 무장 유곤劉琨이 갈족의 석륵(石勒, 후조後趙의 창설자)에게 원군을 요청하면서 다음과 같이 말한 바가 있다.

융인(戎人, 이적)으로 제왕帝王이 된 사람은 없습니다만, 공업功業을 세워 명신名臣이라 불리는 자는 있습니다.

(『진서』석륵재기石勒載記 상)

제왕이 된 자는 반드시 한족이 아니면 안 된다고 강조한 것은 당시 한족 전체의 심정을 충분히 알려주는 것이었다.

　한편 오호가 자신의 정당화를 위한 논리에 활용했던 것은 (3)문화의 차이였고, 예와 의의 유무가 화와 이를 구분하는 큰 지표였다. 오호십육국 시대의 막을 올렸던 한漢을 창건한 흉노의 유연은 다음과 같은 말을 남기고 있다.

　제왕이라고 하는 것은 정해진 것이 아니다. 우禹는 서융西戎 출신이고, 문왕은 동이東夷에서 태어났다. 결국 덕의 문제이다.　　　　　　　　(『진서』유원해재기劉元海載記)

　제왕의 지위는 덕의 유무에 의해 결정된다. 그렇기 때문에 고대의 성왕인 우, 문왕도 이적이면서도 중화의 군주가 된 것이 아닌가? 이 말 속에서 평소 한족에게 멸시를 받고 있었던 호족의 반발과 기개를 읽어내는 것은 그리 어려운 일이 아니다.

황제黃帝의 후예들

그러나 이러한 기개를 지니는 것만으로 민족적인 차별
이 해소될 리는 없었다. 몇 세대에 걸쳐서 중국 국내에서
생활하고 중화 문화의 훈도薰陶를 받아왔던 호족이 스스
로 한족과 똑같은 화이 관념을 가지게 되었다는 것도 불
가사의한 일이 아니다. 그들은 자신들을 이라고 자각하
고 화보다 열등한 존재라고 간주하면서 민족적인 열등감
을 계속 품고 있던 것도 사실이었다.

앞서 언급했던 갈족의 석륵은 서진의 옛 신료이면서
황제에 대한 야심을 가지고 있었던 왕준王浚의 협력 요청
을 거절하면서 왕준에게 다음과 같이 답하고 있다.

저 석륵은 본래 소호小胡이고 융예戎裔 출신입니다.
…… 곰곰이 생각해보니 명공전하(明公殿下, 왕준)는 향리
에서 여러 사람들의 기대를 받고 있고 사해(천하)의 중심
이 되는 가문이십니다. 제왕이 되는 사람이 공이 아니면
대체 누구이겠습니까?　　　　　　　　　　　(『진서』 석륵재기 상)

석륵은 훗날 왕준을 죽이고 자립화의 길을 걸었지만,
애초에는 왕준을 천자로 치켜세웠고 스스로를 '소호', '융

예'라고 칭하며 비하하고 있었던 것이다. 이러한 자기 비하의 태도가 석륵의 군사적 우위와 자신감을 뒤집어놓은 [裏返] 것이라고 해도 문화적으로 우수한 한족에 대한 어느 정도의 열등감을 여기에서 인지할 수 있을 것이다.

그 때문인지는 모르겠지만 오호의 지도자 중에는 스스로를 한족의 후예라고 주장하는 자도 적지 않다. 기개가 있는 말을 내뱉었던 유연도 그중 한 사람이다. 그는 유씨 성을 칭하면서 한이라는 국가를 건설했는데, 이전 흉노의 묵돌 선우(재위 기원전 209~기원전 174)에게 한 고조 유방이 공주(황제의 딸)를 시집보냈는데 그 공주가 낳은 아들의 후예가 자신이라고 했던 것이다.

또한 선비족이 세운 전연前燕의 창시자 모용황(慕容皝, 재위 337~348)과 저족이 세운 전진前秦의 시조 부홍(苻洪, 285~350)은 황제黃帝 헌원씨軒轅氏의 후예라고 자칭했다. 황제란, 오제五帝 중 첫째 제帝이고, 화하족의 조상이라 여겨지는 전설상의 제왕이다. 그들은 황제의 혈통에 이어진다고 주장하면서 호족인 자신을 한족과 일체화시켰던 것이다. 군사적, 정치적으로는 한족을 압도했던 호족이 문화적으로는 우위에 서지 못한 복잡한 심경을 단적으로 말해준다고 할 수 있다.

부견苻堅의 화이 관념

이러한 와중에 스스로 사방을 향해 중화를 공언한 호족 지도자가 있다. 바로 저족이 세운 전진의 세 번째 군주로, 오호십육국 시대에 최고의 명군名君이라 일컬어지는 대진천왕大秦天王 부견(재위 357~385)이다.

그가 명군이라 일컬어지는 이유는 화북의 혼란을 수습하고 내정에 주의를 기울여 일시적인 소강小康의 시기를 만들어냈다는 점에 있다. 어렸을 때부터 중화의 문화에 익숙했던 부견은 학교 건설을 시작으로 여러 가지 문화 진흥 정책을 실시하여 중화 문화의 보급에 힘썼다. 그의 열의는 1개월 동안에 세 차례 태학(太學, 국립대학)을 시찰하기 위해 방문할 정도였고, 공경公卿의 자제에게 유학을 배우게 하는 것은 물론이고 저족의 무장들에게까지도 학습하게 했다고 한다. 이외에 고대 성왕이 정무를 보는 공간이었던 명당明堂을 짓고 중화 왕조에서 전통적으로 행했던 남교에서의 제천 의례도 부활시켰다고 한다.

이러한 부견의 시책은 자신을 중화의 군주로 간주하는 독특한 화이 관념에 기반하고 있었다. 그는 서역에 정벌군을 파견할 때 다음과 같이 말하고 있다.

서융西戎의 풍속은 난폭하고, 예와 의의 국가가 아니다. 난폭한 이들을 길들이는 도리는 복종시킨 이후에 사면赦免하여 중국의 권위를 보이고 왕화王化의 법으로 지도하는 것이다. (『진서』부견재기 하)

한족의 입장에서는 서융에 해당되는 저족의 부견이 더 서쪽의 실크로드에 있는 백성을 서융이라고 부르며 멸시하고 있었던 것이다. 그가 지닌 화이 의식의 모습을 알 수 있다.

육합일가六合一家

그런데 그의 화이 의식은 단순한 차별 의식만으로 끝나지 않았다. 그것은 부견이 국내의 호와 한을 강렬하게 차별하지 않았던 것으로도 알 수 있다. 이를 상징적으로 보여주는 것이 한인 사족士族인 재상 왕맹王猛의 중용重用이다. 왕맹은 "조정의 정무가 그(왕맹)를 거치지 않는 것이 없다."(『진서』부견재기 상)고 일컬어지는 것처럼, 전진의 내정 전반을 담당했던 인물로 그에 대한 부견의 신뢰는

왕맹

절대적이었다.

또한 부견은 자민족인 저족을 새로운 영토가 된 지방에 이주시켰고, 대신 장안을 중심으로 하는 기내畿內에는 복속시킨 선비, 강, 갈 등 여러 민족을 거주하게 하면서 우대했다. 저족에 편중된 정책을 시행하지 않고 민족 융화 정책을 추진했던 것인데, 이를 근심했던 동생 부융符融이 간언을 올렸는데도 귀를 기울이지 않았다. 부견의 생각은 이때 부융에게 이야기했던 다음과 같은 말에서 단적으로 드러나고 있다.

짐이 이제 육합(六合, 천하)을 통일하여 일가로 삼았으니 이적을 바라보는 것을 적자赤子처럼 하려고 한다. 너는 이것저것을 생각하여 쓸데없는 걱정을 하지 않아도 된다. 무릇 덕을 닦았다면 재앙을 없앨 수 있는 것이다. 적어도 자기 안에서 덕을 구한다면 어찌 외환을 두려워하겠는가! 『자치통감』권103)

중화 문화를 체득하고 중화의 군주를 자인했던 부견에게 있어서 천하일가(육합일가)의 실현은 궁극적인 목표였다. 순수한 중화의 백성인 한족이 아닌 저족이라는 이적 출신이었기 때문에 그런 생각이 한층 강해졌던 것이 틀림없다. 그는 이를 민족의 융화 속에서 찾아냈다. 자신의 자식과 같은 여러 민족들을 위무하면서 천하일가의 상황을 실현해야 진정한 중화의 군주가 될 수 있는 것이다. 확신에 찬 것처럼 보이는 부견의 이러한 생각이 전통적인 유가 사상에서 유래했다는 것은 새삼스럽게 더 말할 것도 없다.

부견이 꿈꾸었던 천하

370년 11월, 부견은 눈앞의 경쟁자였던 선비족 모용부의 전연을 멸망시키고 중원의 동부에서부터 요동(현재의 동북지방)에 이르는 지역을 획득했다. 그리고 376년 8월에는 감숙, 영하寧夏 방면에 있었던 한족의 전량前涼을 멸망시켰고, 같은 해 11월에는 내몽골 방면에 있던 선비족 탁발부의 대국代國을 멸망시키면서 376년까지 화북의 통일을 거의 달성했다. 이러한 위세는 주변 여러 국가들에게까지 퍼졌고, 고구려와 신라가 조공 사절을 파견했을 정도였다.

이렇게 되자 남아 있는 적은 한족의 정통 왕조인 강남의 동진밖에 없었다. 동진의 정복은 오랫동안의 꿈을 실현하기 위한 마지막 대사업이었다. 그런데 동진을 공격하는 것에 대해서는 국내에서도 많은 반대론이 있었다. 누구보다도 강하게 반대했던 사람은 부견이 가장 신뢰했던 재상 왕맹이었다. 이미 그 이전인 375년에 왕맹은 사망했지만, 그는 사망 직전에 다음과 같은 유언을 부견에게 남겼다.

동진은 오월吳越의 구석진 지역에 있지만, 중화 왕조

의 정통성을 계승했습니다. 이웃 국가와의 우호를 유지하는 것은 국가의 중요한 일입니다. 신이 죽은 이후에도 제발 동진을 공격하지 마십시오. 선비, 강은 우리의 원수이니 결국에는 재앙을 일으킬 것입니다. 그들을 제거하는 것만이 사직(국가)을 안정시킬 수 있습니다.

(『진서』 부견재기 하에 이어지는 왕맹의 열전)

이 말 속에서 왕맹조차 동진을 정통 왕조로 간주하고 있었음을 알 수 있다. 그는 중화 왕조로서의 정통성과 국내의 민족문제 때문에 동진과의 전쟁은 불리하다고 생각하고 있었다. 한편 민족 융화에 절대적인 자신감을 지녔던 부견의 입장에서는 천하일가를 강남으로 확대하지 않으면 자신의 사업이 완성될 수 없었다. 현재의 칭호인 대진(大秦, 전진)의 천왕에서부터 진정한 천자(황제)가 되기 위해서라도 동진을 멸망시켜 남북의 천하를 통일할 필요가 있었다.

383년 8월, 반대론이 들끓는 와중에도 부견은 공공연히 100만이라 칭해지는 병사들을 이끌고, 동진의 수도 건강建康을 목표로 삼아 장안을 떠났다. 같은 해 10월, 수춘(壽春, 안휘성 수현壽縣)의 동남쪽에 있는 비수淝水의 서쪽

연안에 도착한 부견은 강을 사이에 두고 7만 명의 동진 군대와 대치했다.

그러나 동진 군대를 유인하여 미처 생각하지 않은 곳을 공격하기 위해 잠시 강 연안에서 후퇴하면서부터 예상이 빗나갔다. 호, 한의 혼성 부대였던 전진의 군대는 의사소통도 잘 이루어지지 않는 상태였기 때문에 동진 군대의 맹렬한 공격을 받으면서 모두 붕괴되어버렸다. 부견도 부상을 입었고, 전체 군대의 70~80%가 죽거나 다치는 믿기 어려울 정도의 대참패였다. 역사상 유명한 비수의 전투는 동진 측의 대승리로 끝났다.

부견은 겨우 구출되어 간신히 장안으로 돌아왔지만, 그 이후에는 예전의 위세를 상실했고 결국에는 강족인 요장(姚萇, 후진後秦의 창설자)에 의해 살해되면서 비명횡사했다. 중화를 동경했고, 중화를 그리워했고, 끝내는 중화를 통합하여 천조의 천자가 되고자 했던 부견. 풍운아 부견의 천하 통일을 향한 꿈은 웅대한 계획의 절반을 시행하고서는 헛되이 무너져내렸던 것이다.

북위北魏의 화북 통일

혼란했던 화북이 얼마 지나지 않아 통일되었던 것은 부견이 사망하고 50여 년이 지난 439년의 일이었다. 선비족 탁발부가 세운 북위北魏의 3대 황제인 태무제太武帝 탁발도(拓跋燾, 재위 423~452)에 의해 통일이 달성되었던 것이다. 당시 강남에는 동진을 대체한 송(宋, 420~479)이 있었고, 이제 북쪽과 남쪽에 호, 한의 정권이 서로 정통을 주장하는 남북조시대가 도래하게 된다.

본래 북위를 창건했던 사람은 태무제의 할아버지인 위왕魏王 탁발규(拓跋珪, 재위 386~409)였다. 그는 398년에 평성(平城, 산서성 대동大同)을 수도로 정하고 황제(도무제道武帝)에 즉위하면서 부족 연합국가였던 북위의 대개혁에 착수했다. 먼저 실행했던 것은 여러 부족을 해산시키고 각 부족장으로부터 실권을 빼앗아 그들을 관료 기구 안으로 편입시키는 것이었다. 그리고 부족장 산하의 부족민들도 수도권에 배치하고, 황제 직속의 병사로 삼았다. 이 조치를 통해 황제의 권한은 현격하게 강화되었고, 훗날 북위 왕조 발전의 기초가 구축되었다.

국내의 한족을 향해 북위 왕조의 정당화 작업이 시작되었던 것도 이 시기이다. 즉위한 이듬해인 399년 정월,

도무제는 중화 왕조를 모방하여 평성의 남교에서 하늘에 대한 제사를 거행했다. 이때 탁발씨가 황제黃帝의 자손이라는 점도 표명하였고, 황제의 덕과 연관되는 토덕土德이 북위 왕조의 행차(行次, 목-화-토-금-수로 이어지는 오행의 순서)라고 여겨졌다. 그리고 북위 황제인 자신을 북제北帝라고 부르면서 동진의 황제인 남제南帝에게 대항했다. 중화 왕조 창건을 향한 의욕을 선명하게 하면서 동진과 정통성을 다투겠다는 기개를 보여준 것이라고 할 수 있다.

그러나 이러한 노력만으로 즉시 치하의 한족에게 받아들여졌는지를 논하면, 매우 의심스럽다. 명확하게 말해서 한족은 변함없이 호족을 천시하고 있었고, 호족들에게 물들어 있었던 한족에 대한 콤플렉스도 하루아침에 완전히 없어지지는 않았다. 이는 화북을 통일한 3대 황제 태무제의 시대가 되어서도 그다지 변하지 않았다.

국사國史의 옥獄

호족과 한족 양쪽의 이러한 복잡한 심정이 정치적 사건이 되어 폭발했던 것이 450년에 일어났던 국사의 옥이다.

국사의 옥이란, 한족의 명족名族 출신인 재상 최호崔浩가 주관했던 국사 편찬 사업에서 비롯된 사건이다. 북위의 역사를 기록하기 위해 태무제는 국사의 편찬을 최호에게 명령했는데, 완성된 국사의 내용 중에 호족을 멸시하는 기술이 있었던 것 같다. 이를 돌에 새겨서 수도의 큰길에 세웠던 것이 태무제의 역린을 건드렸다. 최호는 처형되었고, 최호의 동족과 인척 및 편찬에 관계된 한족 명족들이 다수 주살되었다. 한인 관료가 정계에 진출하면서 순조롭게 이루어지고 있었던 것처럼 보였던 호, 한의 융합이 한족의 입장에서는 단숨에 나락으로 떨어져버리게 된 큰 사건이었다.

북위의 탄생 이후 반세기 이상이 지나 일어난 이 사건은 호와 한의 융합이 절반 정도밖에 이루어지지 않았음을 예기치 않게 드러냈다. 화북은 통일되었어도 호와 한 사이에는 아직 뿌리 깊은 불신감이 있었고, 사소한 탄압으로도 양자가 충돌할 위험성은 항상 존재했다.

그래서 북위가 중화 왕조가 되기 위해서는 어떻게 호, 한의 융합을 달성하는지가 큰 과제가 되지 않을 수 없었다. 호족 정권의 숙명이라고는 하지만, 국내의 안정을 얻으려면 여하튼 호, 한 융합의 실질을 만들어낼 필요가 있었다. 이는 또한 한족의 불신감을 불식하고 그들의 신뢰를 어떻게 획득할 것인가, 호족의 콤플렉스를 어떻게 해소할 것인가와 관련된 것이었다고 할 수 있다.

이러한 중책을 맡아 등장한 사람이 명군이라고 칭송되는 6대 황제 효문제孝文帝 탁발굉(拓跋宏, 재위 471~499)이다. 불과 5살 때 즉위한 그는 머지않아 친정을 시작하면서 한 가지 정책에 착수했다. 이것이 북위가 중화 왕조로 이행하는 것을 단숨에 가속화시키게 되었다. 역사상 유명한 효문제의 화화華化 정책이다.

효문제의 화화 정책

효문제가 중화 문화에 경도된 이유로서 그의 할머니인 문명태후文明太后 풍씨馮氏의 존재를 잊어서는 안 된다. 문명태후는 효문제가 친정을 시작할 때까지 후견인으로서 조정을 장악했고, 황제에게 엄청난 영향을 지속적으로 끼쳤다. 실제로 그녀는 한족 출신이었고, 심지어 효문제의 실제 어머니라는 유력한 주장도 있다. 그 주장의 진위를 여기에서 다루지는 않지만, 태후의 훈도를 받아 중화 문화 속에서 길러진 효문제가 친정 개시와 동시에 중화 왕조의 창건을 목표로 화화 정책을 시작했다는 것은 그리 이상한 일이 아니다.

490년에 친정을 시작하면서 효문제가 처음으로 몰두한 것은 중화 왕조로서의 명분을 바로잡는 것이었다. 이는 북위 왕조를 오덕五德의 순환론(오행의 순환에 의해 왕조가 교체된다는 주장)으로 새롭게 정당화하여 바로잡았다는 점을 명료하게 보여준다. 효문제는 492년에 북위 왕조의 오행(목, 화, 토, 금, 수)의 행차를 종래의 토덕에서 수덕水德으로 변경했다. 여기에는 오호가 세운 여러 국가들의 존재를 일체 인정하지 않고, 금덕金德인 진晉을 직접 계승한 것이 수덕의 북위라고 하는 강렬한 정통 의식이 들어가 있었다.

이듬해인 493년에는 낙양으로의 천도가 단행되었다. 국가 초기 이래의 수도였던 평성은 호와 한이 융합된 중화의 수도로서는 너무 북쪽으로 치우쳐 있었다. 이에 반해 낙양은 가깝게는 후한과 삼국시대 위나라의 수도였고, 이전에는 주 왕조의 수도였으니 전통적인 중화의 중심에 위치하고 있었다. 북위가 진정한 중화 왕조가 되기위해서는 무슨 일이 있어도 중원에 수도를 둘 필요가 있었고, 마땅히 낙양만이 적합했다. 많은 반대 세력을 억누르면서까지 낙양으로의 천도를 감행했던 것은 중화 왕조 건설을 향한 황제의 남다른 의욕을 내외에 드러내는 것이었다.

이상의 시책과는 별도로 국내에서는 선비족의 중국화 및 중화 왕조로서 제도적인 측면의 정비가 빈틈없이 추진되었다.

선비족의 중국화에는 호복胡服, 호어胡語의 금지와 호족의 성姓을 한족의 성으로 변경하는 것 등이 있었는데, 이러한 조치들은 선비족을 한족과 동등한 입장에 두기 위해서 필요한 최소한의 조치였다. 효문제 자신도 황제의 성인 탁발을 한족의 한 글자 성인 '원'元으로 바꾸었는데, 이는 선비족으로서의 아이덴티티를 스스로 포기하는 것이었다. 선비족의 중국화란 바로 선비족 고유의 풍속과 관습을 상실하는 과정이기도 했다.

제도적인 측면에서는 국가 제사, 종묘 제도, 봉작 제도封爵制度 등이 변경되었고 새로운 선비족 귀족의 창출이 시도되었다. 당시 남조는 귀족제 사회였고, 가문의 위상(문벌)에 기반을 둔 강고한 신분 질서가 정치 원리로 되어 있었다. 남조의 귀족제를 모델로 삼아 북위 국내에서는 호, 한 융합의 독자적인 귀족제가 고안되었다. 개국의 원훈元勳인 호족의 여덟 개 성을 한족의 명가 네 개의 성과 동일한 위상의 가문으로 삼고, 그 이외의 유력한 가문을 '성'姓과 '족'族으로 나누면서(이를 성족분정姓族分定이라 한다) 북조의 귀족 신분이 만들어졌다. 또 호와 한 사이에는 가문의 위상에 맞는 통혼이 장려되었고, 효문제 본인이 솔선하여 이를 실천했다.

효문제의 통치 방침은 선비족을 철저하게 중국화하는 것으로, 화이의 구별을 지양하는 문벌 귀족제 사회를 만들어내는 것이었다. 이미 이 시기에는 선비족의 다수가 한어를 이해했고, 이전에 비하면 화화 정책을 받아들이는 것이 쉬운 상황에 놓여 있었다. 그래서 효문제는 그러한 상황을 더욱 밀어붙였고, 선비족을 중화 문화 속에 녹아 들어가게 만들고자 했다고 생각된다. 효문제의 입장에서는 이것만이 호와 한이 어우러진 최고의 경지였고, 중원 왕조의 확립을 향한 커다란 도전이기도 했다.

화화華化와 한화漢化의 사이

여기에서 주의해야 할 것은, 효문제가 선비족을 한족으로 동화시키고자 했던 것이 아니라는 점이다. 잘 알려져 있는 것처럼 효문제가 실시한 일련의 정책은 일반적으로 '한화 정책'이라 불린다. 개설서 종류에서는 대개 이말을 사용하여 효문제의 정책을 평가한다. 물론 확실히 이것이 틀린 것은 아니지만 관점에 따라서는 오해를 불러일으킬 수도 있다. 왜냐하면 효문제가 목표로 했던 것은 선비족의 중국화(화화)였고, 결코 한족화는 결코 아니었기 때문이다.

중화의 천자를 자인自認했던 효문제에게 있어서 중화문화만이 자신의 아이덴티티가 지향하는 것이었고, 절대적인 가치의 기준이었다. 이를 체현하고 있는 것이 한족인 이상, 선비족의 중국화에는 그 당시의 한족 사회를 모델로 삼을 수밖에 없었다. 다만, 효문제가 선비족에게 요구했던 것은 한족을 모범으로 삼는 중화 문화를 체득하는 것이었고 한족과 동화하는 것이 아니었다. 한화는 화화를 위한 수단이었지만, 최종적인 목적이 아니었다. 그래서 효문제의 여러 정책은 한화 정책이라기보다는 화화정책이라고 부르는 것이 실은 정확하다.

원래 효문제는 스스로를 화라고 생각했고, 주변의 여러 국가와 여러 민족은 모두 이라고 폄하했다. 효문제가 강족의 탕창왕宕昌王을 접견했을 때 왕으로서의 풍격이 없고 예절이 결여된 모습을 보고 측근들에게 다음과 같이 말했다고 한다.

이적에게 군주가 있는 것은 제하諸夏에서 없는 것과는 같지 않다는 말은 좋은 이야기이다. 탕창왕이 변방의 군주라고는 하지만, 중국의 관리 한 명에 미치지 못한다.

『위서』 탕창 열전)

선비족 효문제의 이적에 대한 강렬한 차별 의식을 살펴볼 수 있다.

군이 상상을 해보자면, 이상하다고 여겨질 정도인 효문제의 중화에 대한 동경은 역시 한족에 대한 민족적인 콤플렉스가 뒤집어져 나타난 것은 아닐까? 죽어서도 한족이 될 수는 없는 엄연한 사실이 순수하게 화를 추구하게 만들었고, 거꾸로 자신을 화로 여기는 강렬한 우월감이 한족 이외의 이민족에 대한 멸시 관념으로 드러났다고 생각된다. 어쨌든 선비족을 화화하기 위해서는 화화를 달성하고 있는 한족을 모범으로 삼을 수밖에 없었다. 바로 화화와 한화의 사이에서 고뇌했던 사람이 효문제였던 것이다.

중화와 남하南夏

이미 강남에서 송이 건국되면서 남북조시대가 시작되었을 시기에 한족 왕조인 송은 북위를 '삭로'索虜라고 칭하면서 완전히 이적으로 간주했다. 삭로란 새끼줄처럼 땋아 변발을 한 이적을 의미한다. 한편 자신들만이 중화라고 자부했던 선비족 북위의 정통 의식은 또 하나의 중화인 송을 '도이'島夷라고 표현하게 하는 것과 같은 뒤틀린 심정을 만들어냈다. 도이란 바다에 가까운 낮은 땅인 강남 지역의 주민을 멸시하는 용어이다.

그러나 현실적인 문제로, 전통적인 중화 문화를 계승하고 있었던 것은 도이인 남조였고, 효문제는 남조를 남쪽의 중화(중하), 즉 '남하'라고 칭하면서 일단 동급으로 취급하고 있다. 북위와 대등하게 겨루고 있었던 남조의 존재를 무시하지 않았다고 할 수 있을 것이다. 더구나 남조는 영원한 경쟁자로 간주했던 한족 왕조이기도 했다. 그럼에도 그의 발언은 북위만이 중원을 통치하는 진정한 중화였고, 결국 남조는 변경에 있는 남하에 불과하다는 우월감과 자신감을 표출한 것이기도 했다.

이렇게 강렬한 정통 의식은 자국을 천조로 간주하는 중화 왕조의 전통적인 천하관과도 연관이 없지 않다. 북위는 화북을 통일한 시기부터 천조라고 칭했지만 그것은 화북 지역을 천하로 바라보는 북위만의 천하관에 기반을 두고 있었다. 일찍이 태무제 시대의 공경公卿들은 "사해가 모두 태평해져서 천하일가가 되었다."(『위서』 토욕혼 열전)며 찬사했는데, 이는 천하일가의 관념이 북위 사회에서도 왕조 정당화의 문맥에서 통행되고 있었음을 알려준다. 물론 여기에서의 천하는 북위가 지배하는 화북을 중심으로 하는 한정된 천하라는 점은 말할 것도 없다.

실제로 남조는 남조에서 천조라고 칭했고 강남을 중심으로 하는 또 하나의 독자적인 천하관을 만들어냈다. 즉 북쪽과 남쪽에서 두 개의 천조가 서로 대치하였고 두 개의 천하가 병립해 있었던 것이 남북조시대의 특징이었다. 『춘추공양전』春秋公羊傳의 '대일통'(大一統, 일통을 크게 하다) 사상에서도 그러한 것처럼, 분열에서 통일로 향하는 것은 시황제의 천하 통일 이래 중화 세계에서는 일상적인 것이었다. 북조, 남조 중 어느 쪽이든 국력이 충실해졌을 때에 남북을 통일하여 천조 대국을 창건하는 것을 목표로 삼았던 것도 당연했다. 마침 그러한 기회가 무르익었던 것이 5세기 말의 효문제 시대였다.

남벌南伐의 행방

효문제 29년 동안의 치세 중에 국가의 총력을 기울여 남조를 겨냥한 남벌을 세 차례 시행했다. 그중에서도 재위 27년째인 497년의 원정은 그 총결산이었다고도 할 수 있다. 즉위 이래의 숙원을 풀기 위해 효문제는 20만의 군대를 거느리고 낙양에서 출발했다. 당시 남조는 송을 대체한 제齊였고, 양국 사이에서 일진일퇴의 격렬한 공방이 계속되어 북위가 우세한 상황으로 전쟁 국면이 전개되었다.

그러는 동안에 제의 명제明帝가 498년에 병사했지만, 효문제 자신도 병마에 쓰러지면서 결국 남쪽 정벌은 좌절되었고 제를 굴복시키지 못했다. 499년 4월, 낙양으로 귀환하는 도중에 곡당원(谷塘原, 하남성 등주시鄧州市의 동남쪽)에 도착하자 효문제는 사망하였고 이로 인해 남벌은 끝이 났다. 사망했을 때의 나이가 33세였다. 전진의 천왕 부견과 마찬가지로 천하 통일의 꿈은 이번에도 실현되지 못했던 것이다.

이후에 효문제와 제의 대립은 선무제(宣武帝, 재위 499~515)와 양梁 사이의 대립으로 계속 이어졌지만, 전쟁 국면이 수습되기는커녕 더욱 수렁으로 빠져드는 양상을 드러냈다. 그러다가 북위 자체가 머지않아 동위東魏와 서위西魏로 분열되고, 이후 북제北齊와 북주北周로 대체되는 등 당분간 혼란의 시대가 계속된다.

화북이 다시 통일된 것은 북주가 북제를 멸망시킨 577년의 일이다. 얼마 후 남북조시대가 종결되고 확실한 천하 통일이 달성된 것은 효문제가 사망하고 90년이 지나, 북주의 뒤를 이은 수隋가 남조 최후 왕조인 진陳을 함락한 589년의 일이었다.

그건 그렇다고 해도 효문제의 화화 정책이 중국 사회에 끼친 영향은 결코 작지 않다. 이후 선비족의 중국화(화화)가 국가의 예상을 뛰어넘어 독자적으로 진전되었기 때문이다.

수, 당 시대가 되면 그들은 완전히 한족에 동화되었고, 선비족 그 자체가 지상에서 소멸되었다. 선비족 국가인 북주에서 출현한 수의 문제文帝 양견(楊堅, 재위 581~604)과 당의 고조高祖 이연(李淵, 재위 618~626)도 그 심성은 한족과 다를 바가 없었다. 예전에는 막북의 초원을 질주했던 선비족이 이 정도로 완전하게 중국 사회에 녹아들어 간 것일까? 중화 세계에서 한족이 형성되는 실태를 뚜렷하게 보여주고 있는 것 같다.

제 4 장

천하와 천하 질서

― 한·위진남북조 (2)

천하와 구주九州

남조와 북조 모두에게 있어서 천하 통일은 꼭 이루고자 하는 소원이었다. 각각 남쪽과 북쪽에 천하를 설정하면서도 최종적으로는 두 지역의 합일을 목표로 삼았던 것이다. 남조와 북조에게 있어서 분열되어 있는 현상은 결코 바람직한 모습이 아니었는데, 진정한 천조에는 하나의 천하만 있어도 충분했기 때문이다. 그러나 하나의 천하를 실현하기 위해서는 실로 150년의 세월을 소비하지 않으면 안 되었다. 이 기간 동안에 천하는 남과 북, 두 개로 계속 존재했다. 이러한 사실은 한편으로는 남과 북으로 분열되어 있었다고 해도 천하는 천하이고, 위정자들에게 있어서 천하란 결국 관념적이면서 융통성이 큰 공간이었다는 것을 보여주고 있다.

있는 그대로 말하면, 천하는 천자의 덕에 따라서 늘어나기도 하고 줄어들기도 하기 때문에 명확한 경역 같은 것이 존재하지 않는다. 그렇지만 천하가 완전히 경계가 없는 공간이었는가라고 말한다면, 물론 그렇지 않다. 천자의 덕이 미치는 증거로서 천조인 중화 왕조는 천하에 하나의 신분 질서를 설정했다. 그 질서가 적용되는 범위가 천하이다. 그렇다면 천하에서의 질서란 도대체 어떠한 것이었을까? 그것은 현실의 황제 지배와 어떠한 관련이 있었을까? 여기에서 다시금 천하의 문제에 입각하여 중화 왕조의 천하 통치 양상을 생각해보고자 한다.

2장에서 상술했듯이 한대의 황제는 황제의 호칭과 천자의 호칭을 구분해서 사용하는 것으로 황제와 천자의 일체화에 일단 성공했다. 황제란 좁은 의미의 천하(=화), 즉 군현제가 적용되는 실효적 지배 영역인 구주九州를 통치하기 위한 칭호였다. 이에 반해 천자는 하늘과 땅에 제사를 지낼 때, 화와 이의 넓은 의미의 천하에서 사용하는 칭호였음을 지적했다. 이 점과 관련하여 후한 시대의 반고(班固, 32~92)는 『백호통』白虎通의 호편號篇에서 다음과 같이 서술하고 있다.

왜 어떤 때는 천자라 칭하고, 또 어떤 때는 제왕(황제)으로 칭하는 것일까? 생각해보면 그가 위(하늘)에게는 천자를 정점으로 하는 작위爵位를 설정하며 섬기고 있기 때문이고, 아래에게는 천하(구주)에서 가장 존귀한 칭호(제왕)를 취하여 신하를 호령하기 때문이다.

본래 하늘의 부탁을 받은 천자가 통치하는 천하라고

하는 공간과, 절대 권력자인 제왕(황제)이 통치하는 구주라고 하는 공간은 별개의 것이다. 천하는 천자의 덕이 미치는 관념적인 공간이고, 구주는 황제가 지배하는 실체적인 공간이라고 바꾸어 말할 수 있다. 그렇게 다른 공간을 일체화시켰던 것이 한대의 유학자들이었고, 이는 황제에게 천자의 역할을 연기하게 만드는 것으로 가능해졌다. 앞서 『백호통』에 서술된, 하늘에 대해서는 천자로서 섬기고 아래에 대해서는 황제로서 군림한다는 것이 바로 그것이다.

천하로서의 구주

여기에서 약간 복잡한 이야기를 하지 않으면 안 된다.

앞서 넓은 의미의 천하에서는 천자, 좁은 의미의 천하에서는 황제라는 칭호가 사용되었다고 서술했는데 솔직하게 말해서 이러한 설명만으로는 오해를 일으킬 수도 있다. 왜냐하면 좁은 의미의 천하에서 황제를 칭하는 것도 그 공간을 황제의 실효적 지배 영역, 즉 구주라고 하는 실체로서 파악했을 때뿐이기 때문이다. 관념적인 공간으로서의 천하를 본다면, 좁은 의미의 천하라고 하더라도 천자의 칭호를 사용하는 것으로 여겨졌다.

예를 들면 구주(좁은 의미의 천하)를 통일하여 새로운 왕조를 창설했을 때에 왕조의 창업자는 우선 황제의 이름으로 하늘에 보고했고, 천자로 승인이 되면 그 이후에는 천자의 이름으로 하늘에 대한 제사를 거행했다. 황제가 하늘의 승인을 얻어 천자가 되었던 시점에서 실체적인 구주도 관념적인 천하(좁은 의미의 천하)로 전환되었던 것이다.

바꿔 말하면, 이 책에서 언급하는 좁은 의미의 천하란 실체와 관념, 두 가지 의미를 가지는 특수한 공간이었고, 실제로 좁은 의미의 천하라는 한마디 말로 간단하게 결론을 낼 수 있는 것이 아니다. 이는 황제가 지배하는 구주를 천하(좁은 의미의 천하)로 판단하고, 황제와 천자의 일체화를 시도한 것에서 비롯되었다. 황제의 호칭과 천자의 호칭은 구주와 천하라고 하는 별도의 공간에서 사용되었던 것이 아니라, 양자가 합해진 좁은 의미의 천하라고 하는 동일한 공간에서 기능별로 구분되어 사용되었던 것에 불과하다.

그래서 천하라는 말은 당연하게도 실체로서의 구주까지도 포함하는 의미를 가지게 되었다. 앞서 제시한 『백호통』에서 "천하(구주)에서 가장 존귀한 칭호(제왕)를 취하여 신하를 호령한다."는 것은 구주를 천하로 표현한 예이다. 천하 통일도 마찬가지인데, 여기에서 말하는 천하란 황제가 실제로 지배하는 지역, 즉 구주를 가리키고 그것이 황제에 의해 통일되었다는 것이다. 즉 천하 통일에서 가리키는 천하는 관념적인 천하가 아니라 어디까지나 실체로서의 구주에 해당된다.

천하(좁은 의미의 천하)와 구주가 동일한 공간이라고 단순하게 바꿔서 해석하게 된다면, 현실 정치의 무대에서 황제의 호칭과 천자의 호칭을 구분해서 사용하는 것에도 그 엄밀함이 없어지는 것이 당연하다. 사실 이미 한대 무렵부터 황제의 호칭과 천자의 호칭 사이에는 호환성이 인정되었고, 얼마 지나지 않아 "이하夷夏가 통칭하는 천자를 황제라고 한다."(『대당육전』 권4)는 기록처럼, 천자와 황제와의 경계는 애매해져 간다. 천자와 황제는 동일한 실체를 표현하는 호칭이 되었던 것이다. 다만 그럼에도 관념적으로는 하늘과 땅에 대한 제사는 하늘의 아들(천자)이 행하는 것으로 여겨졌다.

관료제적 질서와 작제적爵制的 질서

어쨌든 좁은 의미의 천하는 관념적인 천하와 실체로서의 구주를 동시에 포함한 공간이었다는 것을 알 수 있다. 흥미로운 것은 한대의 유학자가 천하와 구주에 각각 상이한 신분 질서를 상정하여 의미를 부여했다는 점이다.

상이한 질서란 당시의 현실에 존재했던 관위官位와 작위爵位, 두 계통의 질서를 가리킨다. 이는 모두 국내에서 기능하는 실질적인 신분 질서였지만, 유가는 이 중에서 작위에 주목하여 앞서『백호통』에서도 언급된 것처럼, 작위를 하늘을 섬기기 위한 천하 질서에 견주었다. 그 결과 관위는 구주, 작위는 천하의 신분 질서가 되었고 두 가지는 구별되어 이해되었다. 편의상 여기에서는 관위 질서를 관료제적 질서, 작위 질서를 작제적 질서라고 부르고자 한다.

그렇다면, 두 가지 질서는 구체적으로 어떠한 것이었을까?

먼저 관료제적 질서는 한대의 경우 황제가 직접 통치하는 중국 국내(구주)에서는 삼공구경三公九卿을 정점으로, 중앙과 지방을 관통하는 피라미드형 관료 체계가 구축되었다. 이 체계는 시대에 따라 변화가 있기는 하지만,

황제의 임명을 받은 관료가 황제의 손과 발이 되어 민중을 통치하는 상의하달上意下達의 구조 자체는 어느 시대에도 변함이 없었다. 진 왕조에서 청 왕조에 이르기까지 중화 제국의 실질적인 운영을 맡았던 것이 관료제적 질서였고, 바로 국내 통치의 근간을 이루는 신분 질서였다.

구주에서 기능했던 관료제적 질서와는 달리 천하에 적용되었던 것이 작제적 질서였다. 한대의 작위는 관작官爵과 민작民爵을 합하여 20개의 등급(20등작)으로 되어 있었고, 그 위에 황제 일족과 공신이 왕(제후왕)으로 자리 잡고 있었다. 유가가 관념적인 천하에 이 질서를 적용하면서 천하에도 계층적인 신분 서열이 생겨나게 되었다. 그래서 "천자는 작의 칭호이다."(『백호통』 작편爵篇)라고 한 것처럼, 천자는 천하에서 최고의 작위로 간주되었고 그 아래에 왕이 있으며 또 왕의 아래에는 열후列侯에서 가장 하위의 공사公士에 이르는 20등작이 이어지는 것이라고 여겨졌다.

한대의 20등작 제도는 진대의 것을 계승한 것인데, 그 특징은 관료만이 아니라 일반 민중에게도 작위가 부여되고 있었다는 사실이다. 작위는 경사가 있을 때에 승격되었고, 그 고하에 따라 요역, 죄의 감면에서 차등이 설정되어 있었다. 관료제적 질서가 어디까지나 지배층 내부의 서열이었던 것에 반해, 작제적 질서는 천하의 모든 주민을 대상으로 삼고 있었다. 천하를 구성하는 것은 지배층과 피지배층을 포함하는 신민臣民 전체라고 하는 전통적인 천하관에도 적합한 것이었다(다만 여성은 남성의 배우자였기 때문에 제외되었다).

그러나 20등작 제도도 위진남북조시대 이후가 되면 진과 한 이전의 전통적인 5등작 제도로 되돌아가면서 천자의 아래에 왕과 공公, 후侯, 백伯, 자子, 남男의 다섯 등급으로 개편한 작위가 각 시대에 설치되었다. 작위의 명칭과 종류는 시대에 따라 달랐지만, 이 상황은 기본적으로 최후의 청조에 이르기까지 계승되었다. 그렇지만 다른 것은 진, 한 시대와 같이 전체 주민에게 작위가 부여되는 것이 아니었다는 점이다. 종실과 공신 등 특정한 계층에게 상을 주거나 영예롭게 만드는 제도로서만 이용되었다. 그러나 천하에서의 질서라고 하는 작제적 질서의 의미 부여는 후세가 되어서도 변경되지 않았다.

외신外臣의 책봉

앞에서 서술한 것처럼, 관료제적 질서는 실체적인 구주에서의 질서였고 작제적 질서는 관념적인 천하에서의 질서로 일단 규정되었다. 중화 왕조는 이 두 가지의 질서를 왕조 지배의 기초로 삼고 있었는데, 여기에서 다시 언급하고자 하는 것은 작제적 질서이다. 앞서 보았던 작제적 질서가 기능하는 천하란, 20등작이나 5등작이 시행되었던 좁은 의미의 천하였다. 다만 중국인에게 있어서 넓은 의미의 천하도, 좁은 의미의 천하도 똑같은 천하인 이상, 작제적 질서가 넓은 의미의 천하에 적용되었다는 것도 하등 이상한 일이 아니었을 것이다.

물론 모든 것이 그대로 넓은 의미의 천하에 녹아들어간 것은 아니었고 국외에서도 통용되는 보편적인 질서만이 특별하게 적용되었다. 이것이 주변의 여러 국가들과 여러 민족의 수장에게 부여되던 왕작王爵이다. 본래 좁은 의미의 천하(중국 국내)에서의 신분 질서였던 왕작은 천하라고 하는 개념을 매개로 하여 넓은 의미의 천하에도 똑같이 적용되었던 것이다. 다만 똑같은 왕이라고 해도 이적의 왕(즉, 번왕蕃王)은 국내의 왕보다 하위에 위치했고, 제후왕의 외연外緣에 그 위상이 설정되었다. 즉 그들

은 외신外臣이라 불리면서 제후왕을 필두로 하는 내신內
臣과 명확하게 구별되었던 것이다.

일반적으로 이적의 수장에게 왕작을 수여하는 것을 책
봉冊封이라고 한다. 본래 책봉이란, 황제가 제왕諸王이나
제후 등을 책서冊書를 통해 봉封하는 것인데, 번왕에 대
해서는 단순히 봉했다고만 표현했지만 여기에서는 통상
적인 예에 따라 책봉이라고 부르겠다. 책봉이 되면 중국
황제(천자)의 신하가 되고, 책봉을 할 때에 그 신분을 표시
하는 인장印章을 주었으며 정기적인 조공朝貢이 의무로
부과되었다. 조공은 이적이 천자의 덕을 흠모하여(이를 모
화慕化라고 부른다) 중화로 향하는 행위로 해석되었다. 거꾸
로 말하면, 천자의 덕이 높아지면 높아질수록 이적의 조
공은 증가한다는 이치이다.

중화 왕조에 의한 주변 여러 국가와 여러 민족에 대한
책봉은 국내에서 왕이 존재하지 않았던 진대에는 없었
고, 제후왕이 탄생했던 전한 시대 초기에 시작되었다. 남
월(南越, 현재 복건과 광동에서부터 베트남 북부에 걸쳐 존재했던 국가)
과 고조선에 대한 것이 처음이었는데, 이후 주변의 많은
국가들과 여러 민족이 책봉을 받았다. 시대가 약간 흐른
뒤의 일이기는 하지만, 일본의 북규슈[北九州]에 있었던

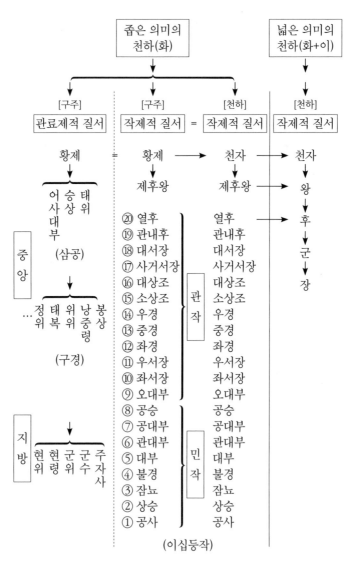

황제와 천자를 정점으로 하는 질서 체계

왜노국倭奴國이 책봉을 받아 금인金印을 하사받았던 것은 후한 시대인 기원후 57년의 일이었다. 실크로드의 서역 여러 국가들도 한대 내내 잇달아 조공했고, 한의 전성기의 한 축을 담당하게 되었다.

실제로 이러한 주변의 이적에 대해서는 세력에 따라 왕과는 별도의 작위도 적용되었다. 후侯, 군君, 장長 등이 이에 해당되고, 전한 시대에는 이러한 것들의 다수가 서역의 여러 국가들 및 여러 민족의 수장과 부족장에게 수여되었다.

구체적으로는 보국후輔國侯, 안국후安國侯, 안세후安世侯, 격호후擊胡侯, 각호후却胡侯, 통선군通善君, 향선군鄉[嚮]善君, 도민군道[導]民君, 격호군擊胡君, 각호군却胡君, 기군騎君, 천장千長, 백장佰長 등 다양한 작위 호칭이 부여되었다. 덧붙여 말하면, 보국(국가를 돕는다), 안국(국가를 안정시킨다)의 국은 한 왕조이고, 격호(호를 공격하다), 각호(호를 물리치다)의 호는 흉노이다. 한 왕조는 국내의 작위와는 별도로 특별히 외신에게 사용하는 작위를 준비하여 똑같은 천자를 정점으로 하는 질서 체계에 나란히 위치시켰던 것이다.

왕작과 인수印綬

한이 남월과 고조선을 책봉했을 때 각각 남월왕과 조선왕이라는 왕호가 부여되었고, 남월왕에게는 금새金璽를, 조선왕에게는 금인을 수여하였다. 남월왕의 금새에는 외신임을 표시하는 글자 '한'漢을 붙여 '한남월왕새'(漢南越王璽, 한의 남월왕의 옥새)라고 새겨놓았는데, 인印이 아닌 새璽였다는 것은 고조선보다도 중시되었음을 의미한다. 남월은 한의 남쪽 변경에서 상당한 세력을 구축하고 있었던 것이다.

원래 중화 왕조는 작위와 관위를 보여주는 수단의 하나로 인장을 정교하게 이용했다. 일반적으로 인장을 수여하는 것을 '인을 하사한다(일시적으로 준다)' 혹은 '인수를 하사한다(일시적으로 준다)'라고 한다(일시적으로 준다는 것은 임시로 수여한다는 것이다). 인수에서의 인은 도장의 글자가 새겨진 면을 포함하여 인장 자체를 가리키는 것이고, 그 재질은 옥, 금, 은, 동 등 다양했다. 또한 인장의 상부에 달린 손잡이를 뉴鈕 (혹은 뉴紐)라고 불렀는데, 뉴에는 구멍이 있어서 인장을 드리우기 위한 끈이 꿰어져 있었다. 이 끈을 수綬라고 불렀다. 이 끈의 색깔, 도장의 재질, 손잡이의 형태 등으로 인장의 용도와 등급이 드러났다.

예를 들어 한의 제도에서 제후왕은 구뉴龜鈕의 금새여수(金璽盭綬, 여기에서 여盭는 연두색을 지칭), 열후列侯는 구뉴의 금인자수金印紫綬, 상국(相國, 승상)과 태위太尉도 똑같이 구뉴의 금인자수로 정해져 있었다. 또 후한 시대가 되면 외신 중에 남방의 만이蠻夷는 사뉴蛇鈕, 북방의 융적戎狄은 타뉴駝鈕 등으로 차차 구분해서 사용되기에 이르렀다. 예전에 진짜인지 가짜인지의 논쟁도 있었던 왜노국의 금인에는 사뉴가 있었는데, 당시 왜국은 중국의 남쪽에 있었다고 여겨졌던 것이고 남방의 만이에 해당되는 인장의 사뉴와도 일치한다. 이는 동일한 사뉴가 있는 한대 운남 지방의 '전왕지인'滇王之印의 고증을 거치면서 오늘날에는 아마도 왜노국의 금인은 실물일 것이라고 여겨지고 있다.

남월왕에게 금새를 수여한 것은 드문 사례이고, 보통은 주변 여러 국가들 중에서도 한이 중시한 왕에게는 금인이 수여되었다. 중시했던 이유도 다양한데, 특히 군사적인 측면이 제일 먼저 고려되었지만 특별하게 멀리 떨어진 지역에서부터 조공하러 오는 것을 칭찬하면서 금인을 주며 우대하는 경우도 있었다. 바로 광무제 시기에 조공을 하러 왔던 왜노국 등이 그러한 예이다.

왜국은 한반도의 낙랑군樂浪郡 경계에서부터 따져보면 1만여 리 떨어져 있고, 게다가 후한의 수도인 낙양에서 바라보면 멀리 떨어진 바다의 변경에 위치한 조공국이었다. 그런 이적의 국가가 천자의 덕을 흠모하여 특별히 내조來朝했기 때문에 중화의 천자로서도 우대하지 않을 수가 없었을 것이다. 동이의 왜국은 지정학적으로 보아도 확실히 이득을 본 측면이 있다.

왜노국은 왜국倭國인가?

여기에서 조금만 덧붙여 말하자면, 왜노국의 금인에 새겨졌던 '한위노국왕'(漢委奴國王, 여기에서 위委는 왜倭에서 획수가 빠진 것이다)이라는 글자는 통설에서는 '한의 왜의 노의 국왕'이라고 읽힌다. 그러나 정확하게 말하면 이것은 어색하다. 왜냐하면 후한 시대에는 '국왕'이라고 하는 작위 호칭은 없었고, 왕작은 모두 '왕'이라는 호칭을 사용했기 때문이다. 『후한서』의 백관지百官志에는 다음과 같이 기록되어 있다.

사이四夷의 국가에는 왕, 솔중왕率衆王, 귀의후歸義侯, 읍군邑君, 읍장邑長 등이 있고, 모두 승(丞, 보좌관)을 두어 군, 현의 제도를 따르고 있다.

이 사료를 '사이에는 국왕, 솔중왕, …… 등이 있고'로 읽는 경우가 많다. 그러나 『후한서』 첫머리의 목록에 열후, 관내후關內侯 다음에 '사이국'(四夷國, 사이의 국가)이라는 표제가 나오고 있으므로 이 사료 역시 '사이의 국가에는 왕, 솔중왕, …… 등이 있고'라고 해석하여 국國은 사이의 뒤에 붙여서 해독해야 할 것이다. 국왕 호칭이 등장하는 것은 남북조시대가 되어서부터이고, 후한 시대에는 아직 존재하지 않았다. 즉 '왜국왕'도 '왜의 국왕'이 아니라 '왜국의 왕'인 것이다. 그러므로 '왜노국왕'도 '왜노국의 왕' 혹은 '왜의 노국의 왕'이라고 해석하지 않으면 안 된다.

그런데 '왜의 노국의 왕'이라고 해석하는 것도 당시의 제도에 비추어보면, 대체로 있을 수 없다. 왜냐하면 금인 자수는 한 국가의 왕에게 수여되었던 것이고, 한 국가 안에 있는 한 부족의 수장에게 수여되는 것이 결코 아니었기 때문이다. 그렇게 되면 '왜의 노국의 왕', 즉 왜국 안에 또 노국의 왕이 있다고 이해하는 데는 무리가 있다. 결론

'한위노국왕'의 금인 (후쿠오카시 박물관 소장)

적으로, '왜노국왕'은 즉 '왜노국의 왕'이라고 해석하는 것
이 올바른 이해라고 할 수 있을 것이다.

　그렇다면 왜노국의 노奴는 무슨 의미일까? 이에 관해
서는 왜국에 대한 멸칭蔑稱이라고 한 토미야 이타루[富谷
至]의 주장에 따르고자 한다. 흉하匈河 부근에 있던 북방
민족을 흉노라고 칭했던 것과 비슷하다. 아마 북규슈 근
처 어딘가에 위치한 국가가 후한 왕조에 조공을 했을 때
에 왜국=왜노국으로서 책봉을 받았던 기록이 남아 있었
을 것이다. 『구당서』동이 열전의 왜국 조항에는 "왜국은
옛 왜노국이다."라고 되어 있고, 또 『신당서』 일본 열전에
는 "일본은 옛 왜노이다."라고 된 기록이 그러한 추정을
방증한다. 왜노국이란 곧 왜국이었던 것이다.

　이야기가 빗나갔는데, 광무제가 왜노국왕에게 수여했
던 것은 금인과 왕작뿐이었고 관위는 수여하지 않았다.

본래 관위란 구주(중국 국내)에서의 신분 질서였고, 이적을 포함한 넓은 의미의 천하에서는 작위가 기능하는 것으로 여겨졌기 때문이다.

번왕에게 관위를 주지 않고 작위만을 수여하는 행위는 당시 동아시아 여러 국가들에 대한 한 기본적 방침이기도 했다. 앞서 언급한 조선왕과 남월왕에게도 왕작 이외에는 수여하지 않았다. 한대에 번왕의 책봉은 적어도 동아시아(좁은 의미에서는 현재 중국, 북한, 한국, 일본, 베트남 등)에 한정해서 말하면, 인수의 하사와 작위 수여만을 행했던 점에 특징이 있다.

관위와 작위의 수여

지금 동아시아에 한정해서 판단한 것에는 이유가 있다. 실은 그 이외의 지역에서는 관위와 작위의 수여 방식에서 차이가 보이고 있기 때문이다. 그 하나의 예가 서역이다. 현재의 동투르키스탄에 위치했던 거사후국車師後國을 예로 들어보자. 『한서』 서역 열전에는 다음과 같은 기록이 있다.

거사후국. 왕의 치소治所가 있는 무도곡務塗谷은 장안에서부터의 거리가 8,950리이다. 호戶는 595, 인구는 4,774, 승병勝兵은 1,890명이다. 격호후擊胡侯, 좌우장左右將, 좌우도위左右都尉, 도민군道[導]民君, 역장譯長이 1명씩 있다.

기록에서 보이는 것처럼, 거사후국에는 왕 아래로 후侯, 장將, 도위都尉, 군君, 장長이 각각 1명씩 존재했다고 한다. 이 중에서 후, 군, 장長은 작위이지만 그 이외의 장將, 도위는 관위였다. 즉 여기에서는 작위와 관위의 구별이 완벽하게 이루어지지는 않았고 같은 수준의 신분 질서로 통행되고 있었음을 알 수 있다. 관점을 바꿔보면, 군 혹은 장이라는 작위도 실질적으로는 관위와 별다른 차이가 없었다는 것이다. 이는 서역의 다른 국가들에서도 마찬가지이다.

그리고 왜노국왕이 금인을 하사 받았던 것과 거의 같은 시기에 동투르키스탄의 사차국莎車國에서는 또한 달라진 형식의 책봉이 행해지고 있었다. 『후한서』의 서역열전은 다음과 같이 말하고 있다.

사차국. …… 건무建武 5년(29년), 하서대장군河西大將軍 두융竇融은 황제로부터 전권을 위임받아 사차국의 왕인 강康을 한사차건공회덕왕漢莎車建功懷德王, 서역대도위西域大都尉로 삼았다.

사차국에서는 왕인 강이 한사차건공회덕왕이라고 하는 왕작을 수여받음과 동시에 서역대도위에도 임명되었다는 것이다. 즉 강에게는 작위와 관위가 동시에 수여되었던 것인데 동아시아에서의 책봉과는 또 다른 양상을 보여주고 있다.

이는 사차국만이 아니라 이웃 국가인 소륵국疏勒國도 마찬가지인데, 그 왕인 신반臣磐은 영건永建 2년(127)에 똑같이 대도위를 받았다. 그리고 북방의 선비와 오환烏丸 혹은 서남이西南夷에도 똑같은 예가 있다는 것은 이들 지역에서는 관위와 작위가 동시에 수여되는 것이 결코 드문 현상이 아니었음을 보여준다. 한대의 유학자들에 의해 고안되었던 관료제적 질서와 작제적 질서를 구분해서 사용하는 것이 중국의 북방, 서방, 남방에서는 반드시 적용되는 것이 아니었다.

이러한 차이의 유래를 밝히기는 어렵지만, 혹 유가가

관위와 작위의 의미 부여를 행하기 이전에 이미 해당 지역에서는 관위와 작위가 동일한 위상의 신분 질서로 사용되고 있었던 것이 크게 작용했을지도 모르겠다. 유가의 해석은 어디까지나 동아시아의 현실에서부터 생겨난 것이었고, 동아시아에서만 통용되는 것이었다고 할 수 있다.

히미코[卑彌呼]의 책봉

이와 같은 점들을 통해 생각해보아도 동아시아는 역시 하나의 통합성을 가지는 블록으로 간주할 수 있겠지만, 그러한 동아시아도 머지않아 주변에서부터 밀려온 파동 속으로 휘말리게 된다.

앞서 살펴본 것처럼, 왜노국의 사신은 왕작과 금인은 수여받았지만 사신 본인이 관작을 수여받았다는 흔적은 보이지 않는다. 그러나 후한이 멸망하고 뒤를 이어 위진 남북조의 분열 시대에 돌입하게 되면, 동아시아에서의 관작 수여 방식에도 변화의 조짐이 나타나기 시작했다. 이사이의 과정을 왜국의 히미코와 중국의 관계로부터 살

퍼보자.

히미코가 중국에 사신을 파견했던 것은 후한이 멸망하고 위, 촉, 오 삼국이 항쟁하고 있었던 경초景初 3년(239)이었다. 사신이 향했던 곳은 위의 수도 낙양이었고, 그들을 맞이한 위 왕조는 히미코를 친위왜왕親魏倭王으로 책봉했으며 금인 이외에 다수의 하사품을 주며 치하하였다. 위가 이 정도로 후대했던 것은 당시 중국 국내의 사정과 관련되어 있었다. 왜국이 위의 남방에 있던 오와 손을 잡을 것을 두려워한 결과였다고 여겨진다.

과연 이때에 중국 측은 왜노국이 조공을 했을 때와는 약간 다른 대응을 보여주게 된다. 『위지왜인전』(『삼국지』위서의 동이 열전에 기록된 왜인 조항)에는 다음과 같은 기록이 있다.

지금 난승미難升米를 솔선중랑장率善中郞將으로 삼고, 우리牛利를 솔선교위率善校尉로 삼아 은인청수銀印靑綬를 임시로 주었다.

히미코를 친위왜왕에 책봉한 것과는 별도로 난승미, 우리라고 하는 두 명의 사신에게도 관직을 수여하고 인수를 지급했다는 것이다. 여기에서 말하는 솔선이란, '선으로 이끈다'는 의미이고 앞서 언급했던 솔중왕, 귀의후와 마찬가지로 중화를 향한 귀속歸屬을 상징적으로 보여주는 칭호이며 솔선백장, 솔선읍장, 솔선도위, 솔선중랑장, 솔선교위 등이 있다. 백장, 읍장을 제외하면 도위, 중랑장, 교위는 모두 본래 중국 국내에 설치되었던 무관의 직위였고 여기에 솔선이라는 칭호를 붙여 삼국시대 이후에는 주변의 여러 국가와 여러 민족의 중소 수장들에게 수여했던 것이다.

구체적으로는 오환, 선비 등의 북방 민족과 저, 강 등의 서방 민족 혹은 수叟, 담僰 등의 남방 민족과 함께 동아시아에서는 한반도 남부의 삼한三韓 그리고 왜국에게도 수여되었다. 바로 천자의 덕화를 가시화하고 실체화하려는 중화 왕조의 생각이 여기에 들어가 있었다.

외신에서 내신으로

여기에서 주의해야 하는 것은 난승미 등에게 관위를 수여한 것인데, 위는 히미코에게는 작위를 주었을 뿐이고 관위의 수여는 행하지 않았다. 앞서 서술했던 것처럼, 동아시아 이외에서는 늦어도 후한 초기부터 번왕에게 작위와 관위를 동시에 수여했다. 그러나 동아시아에서는 삼국시대가 되어서도 번왕에게는 왕작 이외에는 어떠한 관위도 수여되지 않았다. 신하에 대한 관위와 작위 수여가 명확하게 구별되었던 것이다.

이것이 도대체 무슨 의미인지를 말해보면, 번왕은 작위만으로 외신外臣이 된 채로 넓은 의미의 천하에만 두어졌던 것에 반해, 관위를 수여받았던 번왕의 신하 및 중소 수장들에 대해서는 그들의 내신화內臣化가 시도되었던 것이다. 비록 솔선 등의 칭호를 통해 차별화되기는 했지만, 이념적으로는 국내 신하인 내신의 말단에 위치했던 것이었다. 즉 이적에 대한 관위 수여에는 외신을 내신으로 전환시키는 정치적인 의미가 있는 것이었다.

번왕의 신하를 내신으로 삼는 것이 실질적으로 얼마만큼의 의미를 지녔던 것인지 지금은 살펴보지 않는다. 아마 내조한 사절에 대한 은상恩賞으로서의 조치 혹은 덕화의 증표로 관위를 수여했을 것이라고 생각된다. 한편 번왕에게 관위 수여가 보이지 않는 이유는 새삼스레 번왕을 내신으로 삼을 필요성을 시점에서는 화, 이 모두에게 인식하지 않았기 때문이었을 것이다. 후세에 비하면 동아시아 여러 국가 사이에 유기적인 연계가 아직 희미했던 것이기도 하다.

그러나 삼국시대의 항쟁을 거쳐 화북에서 오호의 여러 국가가 난립하게 되면, 동아시아의 국제정치는 갑자기 활기를 띠게 된다.

예를 들어 고구려는 동진과의 관계를 유지하면서도 인접한 전연을 두려워하며 신종臣從하고(355년), 그 전연을 멸망시키고 화북을 통일했던 전진의 부견에게 조공했다 (372년). 그리고 이후에는 새롭게 동진의 책봉을 받는 등 (413년), 중국 왕조의 동향에 민감하게 반응했다. 또한 신라 및 백제도 고구려보다는 조금 늦게 전진 및 동진에게 조공하면서 격동하는 국제 정세 속에서 필사적으로 자국의 입지를 모색했다.

한편 동진과 오호의 여러 국가들도 당연히 각각 주변의 여러 국가와 민족들을 받아들이면서 기를 쓰지 않을 수 없었다. 당시 중국 국내의 분열 상황이 거꾸로 주변의 여러 국가들과 여러 민족과의 관계성을 심화시키는 측면도 분명히 있었다. 바로 그렇게 착종錯綜했던 정치 상황 속에서 중화와 이적 쌍방의 생각이 머지않아 책봉할 때의 형식에서 하나의 변화를 만들어내기에 이르렀다. 동이의 번왕에게도 왕작뿐만 아니라 관위도 수여하게 되었던 것이다. 이른바 번왕의 내신화이다.

번왕의 내신화

중국 왕조가 동아시아의 번왕을 내신으로 삼은 것은 앞서 서술한 전연에 의한 고구려왕의 책봉이 그 효시이다.

355년, 전연은 고구려의 고국원왕에게 '(사지절, 도독)영주제군사, 정동장군, 영주자사, 낙랑공, 고구려왕'이라는 관작을 하사했다. 여기에서 말하는 '영주제군사, 정동장군(이상은 무관), 영주자사(문관)'는 내신에게 수여되는 관위였고, '낙랑공'은 5등작의 제1등 공작이었으니 똑같이 내신에게 사용되는 작위였다. 본래 외신의 왕작만 가지고 있던 고구려왕의 내신화가 시도되었음을 알 수 있다. 전연이 370년에 멸망하자 고구려는 413년 동진으로부터 책봉을 받는데, 전연과 거의 같은 관작을 수여받고 있다.

새삼스럽게 말할 것도 없지만, 번왕의 내신화라고 해도 완전히 중국 왕조의 내신이 되는 것은 물론 아니다.

다만 번왕이 내신으로 관료제적 질서 속에 그 위상이 부여되었던 것은, 중국 왕조에게 있어서 국내의 신하와 동등할 정도까지는 아니더라도 번왕에 대한 영향력을 일정 정도 행사할 수 있는 입장에 서게 되었음을 의미한다. 더구나 고구려의 경우, 내신의 작위까지 수여했기 때문에 더더욱 그러하다.

거꾸로 번왕의 입장에서 보면, 내신이 되는 것으로 중국의 권력 중추에 가까워지게 되었고 이것은 대내적으로도 그리고 대외적으로도 자신의 기반 강화와 연결될 수 있었다. 특히 대내적으로는 중화 황제로부터 인증 받은 왕, 장군의 신분으로 부하들에게 관작을 임시로 수여하면서 중화 황제의 승인(관직 수여)을 얻어 국내의 정치적 질서를 강화했다. 왕권의 취약함을 중화 황제의 권위를 통해 보강했던 것이다. 즉 번왕의 내신화는 화와 이 쌍방에게 있어서 이득이 있었다고 할 수 있다.

화북이 통일되면서 남북조시대가 도래하자 남조와 북조는 서로 경쟁하며 세력 확대에 매진했다. 그러는 동안에 모두 주변의 여러 국가와 관계 강화를 도모하며 열심히 조공을 독촉했다. 북조에 조공했던 국가에는 고구려, 백제, 신라, 유연柔然, 거란, 고막해庫莫奚 등이 있었고 남조에는 고구려, 백제, 신라가 똑같이 있었고 그 이외에 왜국과 동남아시아의 여러 국가들이 있었다. 한편 번국은 번국대로 북조와 남조의 실력과 국제 정세를 가늠하면서 어느 한쪽에 가담하여 관작을 받았고 그 권위를 교묘하게 이용하고자 했다.

남조와 북조 양쪽과 번국의 이해가 가장 첨예한 형태로 드러났던 곳은 복수의 번국이 대립하고 항쟁했던 한반도였다. 북쪽에서부터 공세를 가하는 고구려에 대해 백제와 신라는 항상 수세의 입장에 놓여 있었는데, 여기에 남쪽에서 왜국도 가담하면서 한반도의 국제 정세는 어지럽게 변화했다. 삼국과 왜국은 반도에서의 주도권 쟁탈에서 우위를 점하기 위해 중국 왕조의 권위를 적극적으로 활용하고자 했기 때문이다. 이 기간에 벌어진 각축의 모습은 왜국을 예로 생각해보면 아주 쉽게 확인할 수 있다.

왜 오왕五王의 등장

420년에 동진을 대체해 송이 성립하자 왜국에서는 찬

讚, 진珍, 제濟, 흥興, 무武라는 5명의 왕이 전후 여덟 차례에 걸쳐 사신을 보내 활발한 외교를 전개하였다. 이른바 왜 오왕의 조공이다.

왜의 오왕이 무슨 천황에 해당하는지는 여러 주장이 있기 때문에 확정된 것이 아니지만, 제가 윤공천황允恭天皇, 흥이 안강천황安康天皇, 무가 웅략천황雄略天皇이었다는 것이 거의 정설인 것 같다. 그들은 열성적으로 송에 조공했고, 공물을 바치면서 동시에 관작을 계속 요구했다.

처음에 찬에게 수여했던 것은 '안동장군, 왜국왕'의 관작뿐이었다(421년). 이어서 진은 '사지절, 도독왜·백제·신라·임나·진한秦韓·모한慕韓육국제군사, 안동대장군, 왜국왕'을 요구했지만 허락받지 못했고 찬과 똑같은 관작을 수여받았다(438년). 관위의 이름이 있는 '사지절, 도독……'은 황제로부터 전권을 받아서 왜, 백제 이하 여섯 국가의 모든 군사軍事를 도독(통할)한다는 의미이고, 한반도 남부에서 왜의 지배권을 주장한 것이었다.

이러한 관위 호칭은 반드시 실체를 표시하는 것은 아니었고, 실은 명목뿐인 허관虛官도 포함되어 있는 것이었지만 그 명목을 중화 왕조에서 인증을 받아내는가가 번국에게 있어서는 중요했다. 여기에 기록된 관위 호칭의 내용은 중화 왕조가 신임하는 정도를 보여주는 것이고, 동아시아의 국제 질서 속에서 번왕의 위치를 확정했던 것이기 때문이다.

앞서서 찬이 '안동장군, 왜국왕'의 관작을 수여받았던 때에 송이 고구려에 주었던 관작은 '사지절, 도독영주제군사, 정동대장군, 고구려왕, 낙랑공'이었고, 백제왕은 '사지절, 도독백제제군사, 진동대장군, 백제왕'이었다. 이때 왜국에게는 도독의 직함이 수여되지 않았다.

또한 장군의 호칭을 비교해보면 고구려왕은 정동대장군이었고 백제왕은 진동대장군이었던 것에 비해 왜국왕은 안동장군이었다. 송의 제도에서 장군의 서열은 정동, 진동, 안동의 순서였고, 장군보다는 대장군이 당연히 상위에 있었다. 왜국왕은 모든 측면에서 고구려왕, 백제왕보다 하위에 있었다는 것을 알 수 있다.

진 이후에도 왜왕들은 한반도의 여러 국가(특히 고구려)에 대항하기 위해서 관작의 내용에 계속 신경을 썼다. 왜왕 무가 478년에 최후의 조공을 행했던 때에 그는 '사지절, 도독왜·백제·신라·임나·가라加羅·진한·모한칠국제군사, 안동대장군, 왜국왕'을 자칭하며 정식으로 인증을 요구했던 것이 하나의 사례이다.

그러나 이때 송이 인정했던 것은 육국제군사의 도독뿐이었고, 여기에 백제를 추가하는 것은 허락하지 않았다. 당시 백제도 송의 책봉국이었으니 왜국의 지배를 용인할 수는 없었기 때문이다. 한편 책봉국이 아닌 신라에 대해서는 왜국의 요구를 인정하면서 왜국의 체면을 세워주고 있다. 이러한 것을 통해서도 혼란의 시대에서 벌어진 외교상의 각축을 엿볼 수 있을 것 같다.

제 5 장

중국의 대천하大天下와 왜국의 소천하小天下

— 남조, 수, 당

치천하대왕治天下大王

이상하게도 478년에 왜왕 무가 조공한 것을 마지막으로 왜국의 내조來朝는 바로 중단되어 버렸다. 그사이에 479년에는 송이 멸망했고, 이어서 등장한 제(479~502)는 왜왕을 진동대장군에 임명했으며 또 뒤이어 등장한 양(502~557)도 왜왕을 정동대장군으로 승격시키고 있는데, 모두 왜국의 내조가 없는 상태에서 일방적으로 수여했던 것에 불과하다. 왜국의 의향을 완전히 무시한 이런 조치는 제와 양, 두 왕조들이 새로운 정권의 발족을 계기로 자기 왕조의 정당화를 위해 시행했던, 국내를 향한 어필이기도 했다.

남조 송대에만 빈번하게 조공했던 왜국이 송의 멸망 이후에는 수(581~618)의 개황開皇 20년(600)에 처음으로 견수사遣隋使를 파견할 때까지 120년 이상 동안 중국과 접촉을 하지 않았다. 송에서부터 수에 이르는 기간에 강남에서는 제, 양, 진陳, 세 왕조가 흥망을 거듭했음에도 불구하고, 왜국은 어느 왕조에게도 사신을 보내지 않았다. 마치 왜국에게 있어서 송만이 정통 왕조이고 다른 세 왕조는 안중에도 없었던 것처럼 말이다.

왜국의 이러한 변화의 이면에는 왜국 측의 사정과 크

게 관련되어 있었던 것이라고 여겨지고 있다. 사정이라는 것은 다른 것이 아니다. 왜국 국내에서의 왕권 확립과 이에 동반하여 이루어진 중국 중심 책봉 체제로부터의 이탈 움직임이다. 한마디로 말해서 중국의 권위를 필요로 하지 않게 되었다는 것이다. 이를 상징적으로 보여주는 것이 왜국의 독자적인 천하관의 형성이다.

사이타마[埼玉]현의 이나리야마[稻荷山] 고분에서 출토된 철검의 양쪽 면에는 115개의 글자가 금으로 상감된 명문銘文이 있는데, 여기에는 '신해년 7월 중에 기록한다'라고 되어 있다. 통설에 따르면 신해년은 471년이라고 여겨지고 있고 이는 왜왕 무가 마지막으로 사신을 파견하기 7년 전이다. 명문에는 '획가다지로대왕(獲加多支鹵大王, 와카타케르오오키미)' 시대에 '오좌치천하(吾左治天下, 내가 천하를 보좌해서 통치한다)'라고 되어 있다. 검의 제작자가 와카타케르, 즉 웅략천황을 보좌했던 것을 후세에 전하기 위해서 이 철검을 제작했음을 알 수 있다. 일반적으로는 이 웅략천황이 왜왕 무에 해당한다고 여겨진다.

한편 서쪽으로 시선을 돌려보면 거의 같은 시기에 축조되었던 구마모토[熊本]현의 에타후나야마[江田船山] 고분에서도 '치천하획가다지로대왕세(治天下獲加多支鹵大王

世, 아메노시타시로시메스와카타케르오오키미노요)'라는 명문이 새겨진 철로 된 칼이 출토되었다. 일본의 동쪽과 서쪽에 있는 고분에서 와카타케르의 이름이 새겨진 도검이 출토되었다는 것은, 당시의 야마토 왕권의 지배권이 확대되고 있음을 뒷받침하고 있어 매우 흥미롭다. 1세기의 왜노국, 3세기의 야마타이국[邪馬台國]과는 명확하게 달라진, 열도 내의 왕권 성장을 상정할 수 있을 것 같다.

야마토 왕권의 세력 범위가 확대된 것과 동시에 여기에서 중요한 것은 도검에 새겨진 '천하'라는 두 글자이다. 물론 도검에 새겨진 천하가 중국을 중심으로 하는 넓은 의미, 좁은 의미의 두 가지 천하가 아니라는 것은 새삼스럽게 더 말할 것도 없다. 어디까지나 왜국 입장에서 본 천하인 것이고, 그 천하를 통치하는 사람이 치천하대왕이라고 하는, 왜국의 독자적인 천하관이 생겨났음을 눈치챌 수 있다. 그렇다면 왜국의 천하는 어떠한 것이었을까?

왜왕 무의 천하

왜국의 천하를 살펴보는 데에 있어서 먼저 다루어야

하는 것은 『송서』宋書 왜국 열전에 기록된 왜왕 무의 상표문上表文이다. 상표문은 유려한 사륙변려체四六駢儷體로 작성되었는데, 아마 도래인渡來人 계열 인물이 작성했을 것이라 추측된다. 그중에 다음과 같은 구절이 있다. 표문(황제에게 올리는 국서)의 격조가 높다는 것을 보여주기 위해서 조금 난해하지만 아래와 같이 번역한다.

봉해진 나라는 먼 곳에 치우쳐 있고, 바깥에 번국을 이루고 있습니다. 과거의 조상으로부터 스스로 갑옷과 투구를 걸치고 산천을 누비느라 편안히 거처할 겨를이 없었습니다. 동으로는 모인毛人 55국을 정벌하였고, 서로는 중이衆夷 66국을 복종시켰습니다. 바다 건너 해북海北 95국을 평정하였습니다. 왕도王道는 융성하고 편안하며, 땅을 넓히고 기畿를 아득히 크게 하였으며 여러 대에 걸쳐 조종朝宗하여 해마다 어긋나는 일이 없었습니다.

이 상표문에 따르면, "동으로는 모인 55국을 정벌하였고, 서로는 중이 66국을 복종시켰습니다. 바다 건너 해북 95국을 평정하였습니다."에 나온 것처럼 왜국이 동쪽과 서쪽의 변경에 있는 모인과 중이를 정복함과 동시에 해북의 국가들도 평정했다는 것을 알 수 있다. 모인과 중이가 일본 열도의 동쪽과 서쪽에 있는 하이蝦夷와 웅습熊襲, 준인隼人을 의미했던 것에 비해, 해북의 국가들은 바다를 사이에 두고 있는 한반도를 가리킨다는 것은 대체로 틀림이 없다.

즉, '치천하대왕'에서 말하는 '천하'란 야마토 왕권의 실효적 지배 영역과 그 주변 지역 및 여러 국가를 포함한 일본의 독자적인 천하였음을 이해할 수 있다.

게다가 왜왕이 주변 지역을 평정했던 것을 통해 "왕도는 융성하고 편안하며, 땅을 넓히고 기를 아득히 크게 하였"다(천자의 덕은 널리 퍼지고, 그 영역은 수도에서 멀리 떨어진 곳까지 확장되었다)는 견해가 보인다. 여기에서 천자(왕)는 중화의 천자이니, 천자가 다스리는 천하의 확대에 왜왕이 공헌했다고 일컫는 것이다. 그리고 왜왕은 "여러 대에 걸쳐 조종하여 해마다 어긋나는 일이 없었습니다."(대대로 조공하여 그 기한을 어긴 적이 없었습니다)라고 하면서 왜왕이 중화의 천자에게 충절을 다하고 있는 모습을 강조하고 있다.

이전에 왜노국왕과 야마타이국의 히미코는 중국 황제에게 왕으로 책봉을 받는 것을 바라면서 조공했다. 물론

왜의 오왕도 이 점에는 변함없다. 다만 히미코와 왜의 오왕(최소한 왜왕 무) 사이에는 시간적으로도 격차가 있을 뿐만 아니라 천하관에 있어서도 큰 차이가 있다는 것에 주의할 필요가 있다.

이는 중국(중화) 중심의 대천하 속에서 왜의 오왕은 자국을 동이라고 자리매김하면서도 새롭게 자국 중심의 소천하를 상정하고 있었던 것이다. 즉 왜왕의 뇌리에는 중국 중심의 천하 질서에서 일익을 담당한다고 생각했던 것과 동시에 일본을 중심으로 하는 소천하 질서 의식이 생겨나고 있었다는 것이다. 이 대목에서 왜의 오왕 시대에 왕권이 성장했음을 인정하지 않을 수 없다.

이러한 왜왕의 천하관은 중국 중심의 책봉 체제로부터 벗어나는 자립의 움직임이라고 파악할 수도 있을 것이다. 실제로 이 시기에 주변의 여러 국가들 중 다수가 중국 사상의 영향을 받아 독자적인 천하를 만들어내면서 왕권을 신장시켰던 것은 틀림없는 사실이었다. 즉 이러한 움직임이 왜국에만 있었던 것이 아니었고 주변의 여러 국가들에서도 공통적인 현상이었다는 것은 동아시아에서의 천하관의 수용과 전개를 생각할 때에 중요한 점이다. 그 다양한 양상을 한반도의 예에서 살펴보도록 하자.

한반도 여러 국가들의 천하

고구려, 백제, 신라의 한반도 삼국 중에서 개별적인 천하관 형성의 움직임이 최초로 드러났던 것은 고구려에서였다.

위대한 부친인 호태왕(재위 391~412)을 현창하기 위해 장수왕(재위 413~491)이 414년에 건립했던 유명한 호태왕(광개토왕) 비문 1면에는 다음과 같은 기록이 있다.

백잔(百殘, 백제), 신라는 예로부터 속민屬民으로서 조공을 해왔다.

그리고 2면에는 한때 왜국에게 복속했던 백제가 다시 고구려의 휘하로 들어왔을 때의 상황이 다음과 같이 기록되어 있다.

(백제왕이 고구려의 호태)왕에게 무릎을 꿇고 스스로 맹세하기를, 지금부터 영원한 노객奴客이 되겠다고 했다. 태왕은 은사恩赦를 내렸다.

제2면에서는 고구려와 백제의 관계를 '왕에게 무릎을

꿇다', '노객' 같은 고구려의 독특한 용어로 설명하는데, 제1면에서는 그 관계를 '조공'이라는 말로 표현하고 있다. 이 시점에서 고구려에는 자국을 중심으로 하는 천하 관념이 생겨났다는 것을 알 수 있다. 왜냐하면 조공이란 천하라는 공간에서 화와 이의 상하 관계를 표현하는 개념이고, 천하를 전제로 삼아 성립된 것이기 때문이다.

사실 호태왕 시대 북부여의 지방관이었던 모두루牟頭婁의 묘지墓誌에는 "천하 사방에서 이 국군(國郡, 고구려의 땅)이 가장 성신聖信하다는 것을 알고 있다."라고 되어 있어 이미 고구려를 중심으로 하는 천하관이 존재했다는 것은 명확하다. 이는 또 5세기 후반 고구려의 신라 침공을 기념하기 위해 세운 '중원고구려비'(충청북도 청주시 소재)에 신라를 '동이'東夷라고 표현한 것에서도 방증할 수 있다. 고구려가 자국을 중화로 여기고 신라를 이적으로 간주하는 화이사상 속에서 국제 관계를 인식하고 있었음을 뒷받침하는 것으로 보인다.

고구려에서는 호태왕 시기에 영락永樂이라는 연호가 제정되었는데, 왜국의 최초 연호라고 알려진 다이카[大化]보다도 250년 이상 빠르다. 이 연호의 제정에 더해 천하, 중화, 조공이라는 개념도 왜국보다 앞서 형성되었다.

아울러 백제와 신라도 고구려만큼 명확한 것은 아니지만 조금 뒤늦게 똑같은 움직임을 보여주고 있어서 동아시아 여러 국가들에서는 왕권 확립과 독자적 천하관 형성이 연동하고 있었음을 알 수 있다.

중국 왕조가 주변 여러 국가들의 내신화를 계속 추진하던 위진남북조시대에 당사국인 주변 국가들 내부에서는 그것과는 별개로 고유한 천하가 탄생하는 중이었다. 이것은 중국 중심의 대천하로부터의 자립을 의미하는 것인데, 대천하와 소천하라는 관념 종류의 대립이 시작되는 것은 그 이후의 일이다. 정치적으로도, 군사적으로도 압도적 우위에 있는 중국의 영향 아래에서 주변 여러 국가들은 중국과의 사이를 확정하면서 왕권의 확립을 도모해갔다. 그러한 과정에서 극적인 전개를 이뤄낸 곳이 동쪽 바다에 떠 있는 동이의 국가인 왜국이었다.

하늘의 동생, 해의 형

앞서 서술했듯이 왜국은 478년에 왜왕 무가 조공한 것을 마지막으로 중국에 사신을 파견하는 것을 갑자기 중지했다. 이후 120년 정도의 공백 기간을 거치고 동아시아의 국제무대에 다시 등장하게 되는데, 이때에는 왜국의 자세에 큰 변화가 생겨났다. 이전에 책봉을 받아 중국에 신하로 복종하며 조공했던 시대와는 달리 아주 거만한 태도로 중국과 접촉했던 것이다. 한반도 여러 국가들에 대항하기 위해 다투어 중국의 관작을 요구했던 오왕과 같은 공순한 자세는 어디에도 없었다.

개황 20년(600), 수의 문제(재위 581~604) 때 왜국이 오랜만에 입공했다. 문제가 신하에게 왜국의 풍속을 물어보자 그들은 다음과 같이 대답하고 있다.

> 왜왕은 하늘을 형으로 여기고 해를 아우로 여깁니다. 하늘이 아직 밝기 전에 나와서 정사를 행하는데 정좌하고, 해가 뜨면 곧 정무 보는 것을 그만두고 나의 아우인 해에게 맡긴다고 말합니다. (『수서』 왜국 열전)

이 말을 들은 문제는 '이는 매우 도리에 어긋난 말이다'라고 하면서 훈령을 내려 고치게 하였다고 한다.

하늘을 왜왕의 형으로 여기는 왜국의 하늘 관념은 하늘을 황제(천자)의 아버지로 간주하는 중국의 그것과는 명확하게 다르다. 이러한 하늘 관념이 과연 언제 생겨났는지에 대해서 지금은 다루지 않겠다. 여기에서 중요한 것은 왜왕을 하늘의 동생, 즉 천제天弟라고 주장했다는 점이다. 천제란, 중국의 가족제도에서는 하늘의 아들(천자)보다도 윗세대이니 이른바 존속(尊屬, 숙부)을 의미한다. 거꾸로 천제(왜왕)의 입장에서 보면 천자(황제)는 아랫세대이고 비속(卑屬, 조카)에 해당되는 것이다.

또한 해를 왜왕의 아우로 여긴다는 주장도 일설에서는 해라는 것은 황제 그 자체를 비유하는 것으로 여겨졌는데, 만약에 그렇다고 한다면 왜왕은 중국 황제의 형에 해당하는 것이 된다.

즉 천제가 되었든 하늘의 형이 되었든 모두 왜왕이 중국 황제의 상위에 있다는 것을 보여주는 것이니 황제의 입장에서 보면 도저히 인정할 수 없는 것이었다. 문제가 '매우 도리에 어긋난다'고 판단했던 것은 황당무계한 사신의 말은 물론이거니와 여기에 들어가 있는 왜국의 의도를 민감하게 감지했기 때문이었을 것이다. 왜국을 깨우치면서 그 생각을 고치게 했던 것도 당연하다면 당연한 일이었다.

하지만 왜국 측에서도 수의 훈령을 무조건 받아들이지

는 않았다. 이는 그 이후 왜국의 언동을 통해서도 확인할 수 있다.

해가 뜨는 곳의 천자

첫 번째 견수사遣隋使로부터 7년이 지난 607년, 왜국의 사신이 수의 수도인 대흥성(大興城, 당의 장안성)에 다시 나타났다. 사절단의 대표는 오노노 이모코[小野妹子]였다. 유명한 국서國書 사건은 이때 일어나는데, 그동안의 사정을 『수서』의 왜국 열전에서 살펴보자.

대업大業 3년(607)에 왜국왕 다리사비고(多利思比孤, 실제로는 여제 추고천황推古天皇)가 사신을 파견해 와서 조공하였다. …… 그 국서에는 "해가 뜨는 곳의 천자가 해가 지는 곳의 천자에게 글을 보낸다. 잘 지내는가? 운운."이라고 하였다. 이를 본 양제煬帝는 불쾌해했고, 홍려경(鴻臚卿, 외무대신)에게 이르기를, "만이의 글이 무례한 바가 있다. 다시 이런 국서는 상주하지 마라."고 하였다.

양제(재위 604~618)가 무례하다고 한 이유는 몇 가지가 있다. 본래 천하에서 천자는 중국 황제뿐인데, 동이의 왜왕이 참월僭越하게 천자를 칭하고 있었던 것이 첫 번째 이유이다. 또한 번왕이 조공을 할 때에는 황제에게 바치는 표문을 지참해야만 하는데 이번 국서에는 "글을 보낸다."라고 되어 있어 대등한 관계를 보여주는 치서致書 문서였던 것 등의 이유가 있다. 왜의 오왕과는 달리 돌변한 왜국의 오만한 태도에 수 측에서도 어떻게 대응해야 할지 갈피를 잡지 못했음이 분명하다.

그런데 애초에 천제를 끌어들였다가 나중에는 천자라고 칭했기 때문에 왜국 측도 양보했던 것이라는 해석도 성립한다. 아마도 첫 번째 견수사에 대한 수 문제의 훈령 속에 중국 중심의 천하관이 선명하게 드러났을 것으로 추정되는데, 이에 대한 왜국의 응답은 천제에서부터 천자로 바꾸는 것이었다. 이를 양보로 볼 수 있는지 여부는 별개의 문제이고, 흥미로운 것은 왜국이 어디까지나 자국의 천하관에 계속 사로잡혀 있었다는 사실이다.

중국 중심의 대천하 속에서 탄생한 왜국 중심의 소천하가 왜왕 무 이후에는 중국과의 교섭이 없는 동안에 대천하에서부터 떨어져 나와 독자적인 천하로 순화純化되었던 것 같다. 왜국의 입장에서는 자국의 천하가 전부였고, 그 천하를 주재하는 사람은 천자인 왜왕이었다. 그런 왜국의 천하가 중국의 대천하와 정면으로 충돌하면서 마찰을 일으켰던 것이 이때의 국서 사건이었다. 오랫동안 국제정치 무대에서 멀어지면서 국제 룰에 소원해졌던 왜국의 입장에서 수의 고압적인 태도가 예상외로 비쳤을지도 모르겠다.

번왕과 천자의 이중 잣대

그런데 이후에 중국 측의 사료에서 왜국의 무례함이 기록되어 있지 않은 것은 이를 계기로 왜국 측에서도 태도를 바꿨기 때문일 것이다. 당시 양국의 국력 관계를 살펴보면, 모든 측면에서 격차는 분명했다. 수의 국력을 알고 있던 왜국으로서는 수와의 다툼은 무의미하다는 것을 충분히 인식했을 것이었다. 수는 그 이후에도 왜국을 조공국으로 취급했고, 왜국도 수의 국내에서는 조공국의 입장에서 온순하게 행동했다고 생각된다.

한편 왜국 내에서 왜왕의 태도는 수에서의 자세와는

매우 다른 것이었다. 예를 들면 『일본서기』에 기록된, 양제가 왜왕에게 보낸 국서에는 왜왕을 왜황倭皇으로 기록하고 있다. '황'이라는 글자를 사용할 수 있는 사람은 중국 황제뿐이었으니 수가 왜왕을 왜황으로 불렀다는 것 등은 결코 있을 수 없다. 어디까지나 왜국 내부에서만 통용되는 칭호였다. 국서의 첫머리에도 '황제가 왜황에게 묻는다'라고 되어 있어서 군주가 신하에게 내리는 위로의 조서 형식이기 때문에 본래는 왜왕이던 것을 왜황으로 일부러 고쳐서 어떻게든 대등한 관계인 것처럼 포장했을 것이다.

단적으로 말해서 왜왕은 대천하에서의 동이(번왕)와 소천하의 천자라는 이중 잣대를 지니고 있었다. 이때 두 가지 기준의 조화를 이루어내기 위해 왜국이 선택했던 방책은 책봉을 받지 않으면서 조공하는 것이었다. 책봉을 하지 않아도 수의 입장에서는 왜국이 조공국이라는 점에는 변함이 없었고, 왜국의 입장에서는 수의 신하가 아니라는 점이 입증되는 것이다. 동이의 왜국은 태연하게 수에 조공을 하면서도 자국의 논리를 관철시켰다. 이를 통해 소천하의 천자로서 가지고 있는 왜왕의 긍지를 읽어낼 수도 있을 것이다.

동이의 소제국小帝國

 왜왕의 태도는 수에서 당(618~907)으로 왕조가 교체되었어도 기본적으로는 변함이 없었다. 630년에 첫 번째 견당사遣唐使 선박을 파견한 이후, 유학생과 유학승留學僧을 동반한 왜국의 사절단이 빈번하게 당으로 들어가 대륙의 선진 문화를 배우고 기세등등하게 귀국했다. 그들에 의해 당의 제도, 사상, 법률, 종교 등이 도입되면서 왜국의 국가 건설이 추진되었다.

 그러는 동안에 왜왕을 중심으로 중앙집권 체제의 강화, 토지제도(반전수수제) 및 조세제도(조용조제), 군사 제도(군단제)에서 여러 개혁이 착수되었고 연호와 천황 호칭의 제정, 왜국에서 일본국으로 국호를 변경하는 것 등이 연이어 실시되었다. 한편 이러한 시책들과 나란히 국가의 근본 법전인 율령律令도 당의 율령을 기반으로 삼아 편찬이 진행되어 얼마 후 701년에 『대보율령』大寶律令이 제정되면서 일본의 고대국가가 일단 완성되었다.

 고대국가의 완성은 왕권의 완성이었고 또한 일본 천하관의 완성이기도 했다. 일본은 국내에서 중화(중국)라고 공언했고, 국가의 실효적 지배 영역인 '화내'化內와 왕화王化가 미치지 않는 '화외'化外를 합하여 일본의 천하로 삼는 고유한 천하관을 만들어내기에 이르렀다. 이 경우에 화외로는 '이웃 국가'[隣國]인 당, '번국'인 신라(훗날에는 발해까지 포함) 그리고 '이적'인 하이, 준인, 남도인南島人 등이 『대보령』大寶令으로 규정되었다.

하지만 당을 이웃 국가로 규정했음에도 이것은 오늘날의 의미처럼 대등한 국가로 간주했다는 것은 물론 아니다. 그렇다면 오직 당만 일본 중심의 천하 속에서 특별하게 취급되었는가라고 묻는다면 반드시 그렇다고는 할 순 없다. 무엇보다도 당은 왕화가 미치지 않는, 화외의 지역에 있는 이웃 국가였다. 여기에는 항상 일본을 상위에 두는 잠재적인 의식이 존재했다.

근세 조선왕조의 중국에 행한 '사대'(事大, 대국을 섬긴다)와 일본에 행한 '교린'(交隣, 이웃 국가와의 교류)을 비교하고 검토했던 후마 스스무[夫馬進]에 따르면, 본래 이웃 국가[隣國]라고 하는 관념에는 "큰 것이 작은 것을 어여삐 여긴다."(『춘추좌씨전』)와 같이 은혜를 베푸는 대상으로서의 하위 국가라는 의미가 포함되어 있었다고 한다. 즉 상위 국가인 일본에서 보면 이웃 국가도, 번국도 기본적으로 차이가 없었고 훗날에 당과 당인唐人을 번蕃 혹은 번인蕃人으로 불렀던 것도 그러한 의식에 기반하고 있었다고 해석된다. 『일본기략』日本紀略 연력延曆 14년(795) 7월 신사辛巳 조항에 "당인 등 5명에게 관직을 주었다. 번인을 우원(優遠, 멀리서 온 사람을 우대한다는 의미)하기 위함이다."라는 기록도 그러한 예이다.

어쨌든 중국 중심의 대천하가 크게 화와 이, 두 가지로 구성된 데 비해, 일본을 중심으로 하는 소천하는 화가 된 일본과 그 주변부의 인국, 번국, 이적으로 성립되었기에 같은 천하라고 해도 그 구조는 동일하지 않았다. 이는 당시 일본의 국내외적 상황을 중국에서 유래한 천하 관념으로 파악하고자 했기 때문에 발생한 것으로, 현실에서는 대국인 당을 소천하 속에 무리하게 위치시키기 위한 고육지책이기도 했다.

한편 신라와 발해 등의 여러 번국에 대해 일본은 명확하게 상위의 입장에서 접근했고, 때로는 조공을 요구하기까지도 했다. 신라와 발해도 당에 대항하기 위해서는 일본과의 관계를 강화할 필요가 있었기 때문에 일본의 오만한 태도를 묵인하지 않을 수 없었고, 이것이 한층 더 일본의 중화 의식을 고양시키게 되었다. 지금도 학계에서 일정한 영향력을 지니고 있는 '동이의 소제국' 논의는 이러한 일본 천하관이 지닌 모습에서 도출되었던 것이다.

천조를 칭했던 것

왜의 오왕 시대에 생긴 일본의 독자적 천하관은 우여
곡절을 거쳐 훗날 율령 체제하에 정립되었고, 최종적으
로는 앞서 서술한 일본형 화이 질서로 자리 잡았다. 이것
을 질서라고 부르기에는 너무나도 관념적이었고, 소천하
에서만 통용되는 독선적인 것이었지만 대천하로부터 자
립하고 왕권을 정당화하기 위해서 고안되었던 일본만의
천하관이었다. 이러한 자기중심적인 일본의 천하관은
머지않아 당연하게도 자국을 천조로 간주하는 유아독존
의 의식을 만들어냈다. 『일본서기』 경행景行 40년 이해[是
歲]의 조항에 다음과 같은 기록이 있다.

신이 명령을 천조로부터 받아 멀리 동이를 정벌하였습
니다. 신은神恩을 받고, 황위皇威에 힘입어 반란을 일으
킨 자는 복죄伏罪시켰고 황신荒神은 스스로 갖추어졌습
니다. ……

일본무존日本武尊이 동쪽을 정벌할 때의 이야기로, 내
용 자체는 신화이기 때문에 신빙성이 없지만, 적어도 『일
본서기』 편찬 당시인 8세기 초에 일본을 천조라고 부르

는 용법이 이미 존재했다는 것을 확인할 수 있다.

다만 여기에서의 천조는 일반적으로 미카도(황제)로 해석되고, 천황 자신을 가리키는 것으로 여겨진다. 일본에서의 천조는 천자의 조정이라는 뜻과 천자(천황) 그 자체라는 두 가지 용법이 있고, 천자의 조정으로만 뜻이 한정한 중국과는 큰 차이를 보인다. 일본에서는 후대에 천황을 천자 혹은 천조로 호칭하고 있고, 천조와 천자가 섞여서 일체화한 형태로 사용되었다. 이렇게 중국과 일본에서 차이가 발생한 원인에 대해서는 별도로 검토가 필요하겠지만, 중국에서부터 도입된 천조라는 개념이 일본의 실정에 맞게 변화했던 것만은 틀림이 없다.

이러한 천조라는 용어가 처음 보이는 것은 앞서 살펴보았듯이 율령국가 완성기인 8세기 초의 일이었다. 이 시기에 일본이 대천하로부터 완전히 이탈했던 것은 아니었고, 당으로의 입공은 그 이후에도 변하지 않고 반복되었다. 대천하 속에 있으면서 소천하의 천조를 주장했던 것인데, 여기에서도 왜왕의 진면목이라고 할 수 있는 이중 잣대가 완벽하게 발휘되고 있음을 알 수 있다. 중국 대륙으로부터 격절된 동쪽 바다에 있는 일본에게 있어서 천조를 칭하는 것은 전혀 망설일 필요조차 느끼지 못한 일이었다.

두 가지 소천하

　왜의 오왕 시대에 새로 피어나고 있었던 일본의 천하관은 율령국가의 탄생과 함께 중국과는 다른 일본의 독자적인 화이 질서를 만들어냈다. 그러나 일본에서 천하관이 형성된 것이 일본형 화이 질서의 창출만으로 끝난 것은 아니었다. 중국을 중심으로 하는 대천하에 넓은 의미, 좁은 의미 두 가지의 천하가 있었던 것처럼 일본의 소천하에도 두 가지 천하가 성립했기 때문이다.

　예를 들면, 『일본서기』 효덕기孝德紀의 백치白雉 원년(650) 2월 조항에, 혈문국국조수穴門國國造首가 흰색 꿩을 조정에 바치자 이를 상서롭게 여겨 '천하에 대사면'을 내리고 연호를 백치로 바꿨다는 기록이 있다. 이렇게 천하에 대사면령을 내리는 것은 상서로운 조짐이 있을 때는 물론이고, 천황의 즉위나 태자를 세울 때 및 황후를 세울 때 등의 경사가 있을 때에도 이루어졌는데, 이를 통해 천황의 자비가 깊다는 것을 보여주었다.

중요한 것은 여기에서 말하는 천하가 이웃 국가나 번국을 포함한 넓은 의미의 천하가 아니라 어디까지나 고대국가가 실제로 지배하는 일본 열도 내부, 즉 좁은 의미의 천하였던 것이다. 이는 율령제 아래에 있는 피통치자를 가리키는 '천하공민'天下公民에서의 천하도 마찬가지인데, 현신(現神, 천황)이 다스리는 대팔주국大八洲國, 즉 일본 열도(하이蝦夷의 땅과 남규슈는 제외) 그 자체라는 점은 더 말할 것도 없다.

요컨대 일본의 천하에는 일본형 화이 질서가 설정되었던 넓은 의미의 천하와 율령국가가 직접 지배하는 좁은 의미의 천하 두 가지가 있었고, 본고장에 있는 대천하의 구도를 거의 그대로 축소한 형태로 수용하고 있음을 알아챌 수 있다. 이 점만을 보아도 일본이 중국의 천하관을 아주 충실하게 모방하는 것으로 대천하로부터 자립과 왕권의 정당화를 도모했음을 이해할 수 있을 것이다.

일본의 천하가 중국을 모델로 형성된 이상, 즉시 왜왕이 천자의 호칭 혹은 황제의 호칭을 참칭하는 것도 자연스러운 흐름이었다고 할 수 있다. 『양로령』養老令「의제령」儀制令의 천자 조항(현존하지는 않지만, 『대보령』의 「의제령」의 천자 조항에도 동일한 내용이 있었을 것이다)에는 왜왕의 각종 칭호에 대해 다음과 같이 기록되어 있다.

천자: 제사에서 칭하는 것.

천황: 조서에서 칭하는 것.

황제: 화이에게 칭하는 것.

폐하: 상표上表에서 칭하는 것.

태상천황: 양위한 황제를 칭하는 것.

승여乘輿: 복어(服御, 천자가 사용하는 의복, 거마 등)를 칭하는 것.

거가車駕: 행행行幸을 칭하는 것.

천조를 칭하면서 동시에 본래 번왕에게는 허용되지 않는 천자와 황제의 호칭을 아무런 망설임도 없이 당당하게 자칭하고 있다는 것은 멀리 떨어진 곳의 조공국이었던 일본 지역의 이점을 살린 독선적인 행위였다. 당은 이 사실을 절대로 용인할 수 없었을 것이다. 일본도 수 시대처럼 명백하게 공언하지는 않았다. 대천하 속에 있는 동이의 입장에 만족하면서도 당이 알지 못하는 곳에서는 지극히 강력하게 일본은 일본대로 독자적인 천하를 구축했던 것이다.

제 6 장

동아시아의 천하 시스템

― 당

천가한天可汗

　일본의 소천하가 완성된 것보다도 더 이른 시기에 중국에서는 북조로부터 탄생한 수가 남북조를 통일하면서 오랜만에 하나의 천조, 하나의 천하로 된 본래의 중화 왕조를 회복시켰다. 수의 뒤를 이은 당을 합해서 흔히 수당 제국이라 부른다. 다만 영역의 측면에서는 당이 훨씬 광대했고, 적극적인 대외 확장 정책과 더불어 당은 유사 이래 최대의 판도를 보유하면서 유라시아 대륙 동부에 군림했다.

　이보다 이전 시기, 분열되어 있었던 중화 지역이 통일로 향해가던 중이었던 6세기 후반에 몽골고원에서부터 중앙아시아에 걸쳐 거대한 유목국가를 건설한 것이 투르크계 민족인 돌궐突厥이다. 그러나 돌궐에서는 내분이 끊이지 않았고, 583년에는 수로부터 토벌을 당하면서 동, 서로 분열되어 동돌궐은 수의 휘하에 신하로 복종했다. 수 말기의 혼란기에 세력을 다시 일으켰고, 당의 건국을 지원하기도 했지만 산하傘下에 있던 철륵鐵勒의 여러 부족들이 일으킨 반란과 당의 2대 황제 태종 이세민(李世民, 재위 626~649)의 공격을 받아 동돌궐은 630년에 멸망했다. 이른바 돌궐 제1제국이 붕괴한 것이다.

이후, 682년에 동돌궐이 부흥하여 돌궐 제2제국이 탄생하기까지 50여 년 동안 당의 북방에서는 비교적 평온한 시간이 흘러갔다. 입조했던 철륵의 여러 부족은 태종에게 가한可汗 중에서도 최고의 가한이라는 '천가한' 칭호를 헌상했고, 신하로서 복종한다는 자세를 보다 선명히 보여주었다. 이로써 태종은 중화의 천자이면서 동시에 유목민의 수장이기도 했던 것이니 바로 중화와 이적에 군림하는 유일무이한 제왕으로 명성을 떨치게 되었다.

당은 복속한 이민족들에 대해 한대 이래의 전통적인 수법으로 지배를 행했다. 기미정책羈縻政策이라 불리는 것으로, 기미의 기羈는 말의 재갈을 고정시키기 위해 재갈에 매는 것이었다. 미縻는 소의 고삐를 의미한다. 소와 말을 묶어놓아 풀어놓지 않는 것과 같이 이민족의 부족장에게 당의 관직을 주면서 회유하고 그들을 통해 이민족 전체를 간접적으로 지배하려는 것이었다.

기미주羈縻州의 확대

구체적으로는 이민족 부락에 도독부都督府와 주州, 현縣

을 설치함과 동시에 부족장을 도독이나 자사刺史, 현령縣令으로 임명하여 자치를 허용하는 것이었다. 이러한 부, 주, 현은 국내의 그것과는 구별하여 기미주라고 총칭되었고, 당의 전성기에는 800개 이상을 헤아릴 정도였다. 그들을 감독하는 기관으로서 요충지에는 도호부都護府가 설치되었고, 한인 관리가 도호에 임명되어 변경의 군사와 정치를 통괄했다. 설치된 시기는 서로 다르지만 안동安東, 안북安北, 선우單于, 북정北庭, 안서安西, 안남安南의 여섯 도호부는 특별히 '육도호부'六都護府라 불리며 당 중기까지 변경 지배의 중추 기관으로서 중요한 역할을 담당했다.

기미주는 동돌궐의 옛 지역뿐만 아니라 고대 동호東胡의 후예라고 일컬어지는 거란과 해奚 등 동북의 여러 민족이 있는 지역에도 설치되었다. 거란의 땅에는 송막도독부松漠都督府, 해의 땅에는 요락도독부饒樂都督府가 설치되었고, 동북 방면의 군사적 거점이었던 영주(營州, 요녕성 조양시)에는 동이도호부東夷都護府가 설치되어 거란과 해의 기미주를 관할했다. 훗날 강력한 세력을 만들어 송과 대치하는 거란도 당시에는 몇 개의 부족으로 나뉘어 당에 내속內屬했고, 아직은 중화 왕조에게 그 정도로 큰 위협이 되지는 않았다.

한편 서방으로 눈을 돌리면, 635년에 토욕혼吐谷渾을 공략한 것을 시작으로 640년에는 투르판의 한인 국가인 고창국(高昌國, 460~640)을 멸망시켰고, 해당 지역에 안서도호부를 설치하여 서주西州 등의 기미주를 다스리게 하였다. 648년에는 더 서쪽에 있는 구자(龜玆, 쿠처)를 정복하여 안서도호부를 그 땅으로 옮겼고, 아울러 언기(焉耆, 카라샤르), 구자, 우전(于闐, 호탄), 소륵(疏勒, 카슈가르) 등 이른바 '안서사진'(安西四鎭, 혹은 사도독부四都督府)을 조직하여 타림분지 전역을 지배하에 두었다. 모두 태종 시대의 일이다.

그 후 유목민과 일진일퇴의 공방을 거쳐 태종이 사망한 이후인 657년에 중앙아시아의 서돌궐을 멸망시키면서 서돌궐의 옛 영역에 새로운 기미주를 편성하여 당의 영역을 더욱 확대했다. 현재 유라시아의 동쪽 끝에서부터 서쪽으로는 아랄해에 이르는 광대한 면적을 가진, 미증유의 중화 제국이 출현했던 것이다. 태종의 아들 고종(高宗, 재위 649~683)의 위업으로 여겨지지만, 실제로는 이미 천가한 이세민 시대에 그 기초가 마련되고 있었다고할 수 있다. 천가한의 위명威名은 단순히 철륵뿐만 아니라 멀리 떨어진 서방에까지도 울려 퍼지고 있었다고 생각된다.

천가한의 화이관

당 왕조는 국내에 많은 이민족을 포함한 다민족국가였다. 게다가 선비족 탁발씨 국가였던 북조의 후계 왕조였기 때문에 본래 이와 화 양쪽의 성격을 지니고 있어서 당왕조의 세계성과 다양성을 한층 더 높이게 되었던 것이다. 무엇보다도 당의 황실 자체가 호, 한 융합으로 생긴것이었고, 태종의 가계家系인 농서隴西 이씨는 한화했던선비족이라고 여겨지고 있다. 할머니는 흉노계인 독고씨獨孤氏였고, 어머니인 두씨竇氏도 흉노의 흐름을 받은비야두費也頭와 선비의 혈통을 받은 호족 계열의 여성이었다.

이러한 출신 성분의 태종이 지닌 화이관은 신하에게말한 다음의 언급에서도 확인할 수 있다.

예로부터 모두 중화를 귀하게 여기고, 이적을 천하게

여겼는데 오직 짐만은 화도 이도 똑같이 어여삐 여기고 있다. 그래서 이적의 부락이 모두 짐에게 부모처럼 의지하는 것이다. (『자치통감』 권198)

이 말에서 추정할 수 있는 것은 태종도 화와 이를 명확하게 구별하고 있다는 사실이다. 덧붙여 말하면, 자신을 화로 보는 강렬한 우월감이라고 할 수 있을 것이다. 이적과의 민족적, 문화적 차이에서 유래하는 이러한 우월감은 한편으로는 이적들을 덕화하는 것은 중화의 천자인 자신의 책무라고 여기는 강렬한 기개와 표리를 이룬다. 그는 또한 다음과 같이 말하기도 한다.

이적도 또한 사람이다. 그 마음은 중화와 다를 것이 없다. 군주는 이적에게 덕의 혜택이 더해지지 않는 것을 걱정하는데, 다른 부류라고 해서 의심하고 싫어할 필요는 없다. 생각해보니 덕의 혜택이 널리 퍼지면, 사이를 한집안과 같이 삼을 수도 있다. 오히려 의심하고 싫어하는 마음이 강해지면, 골육이라고 해도 원수가 되는 것을 벗어날 수 없다. (『자치통감』 권197)

태종 이세민(천가한)

　덕으로 사이를 한집안으로 삼는다는 것은 천하일가를
실현하겠다는 것이다. 이적으로부터 천가한으로 존경을
받았던 태종이 천하일가도 꿈은 아니라고 생각한다고 해
도 결코 이상하지 않았다. 그는 덕치德治와 예치禮治에 절
대적인 신뢰를 두고 있었다. 아니, 덕치와 예치에 의지하
지 않을 수 없었다고 해야 할까? 왜냐하면 다민족 복합국
가인 당을 통합해가는 것에는 민족, 지역을 뛰어넘는 보
편적인 가치관, 즉 덕치주의와 예치주의의 방침을 전면
에 내세울 수밖에 없었기 때문이다.

　아울러 태종에게는 덕을 갖춘 천자의 형상을 만들어내
지 않을 수 없는 특수한 사정도 있었다. 그것은 태종이
자신의 형인 황태자 이건성李建成과 동생 이원길李元吉을

살해하고(현무문의 변), 아버지인 고조 이연李淵으로부터 강제로 황위를 탈취했던 자기 자신의 과거에 대한 부담에서 비롯된 것이다. 내정의 충실에 노력하면서 후세에 '정관의 치'라고 칭해지는 안정적인 시대를 만들어낸 것은 물론이고, 외정의 측면에서 시행한 적극적인 정책도 태종의 그러한 개인적인 사정과도 연관이 없지 않다.

어쨌거나 태종은 천명을 받은 덕을 갖춘 천자를 계속 연출할 필요가 있었다. 많은 이적들이 그의 휘하에 복종하고 그의 덕을 흠모하여 내조하는 것을 통해 확실히 천조의 대국을 만들어내면서 그의 지위를 정당화해야 했기 때문이다.

세 가지 층위의 천하

당의 판도는 태종부터 고종의 시대에 걸쳐 최대로 확대되었고, 오복도의 모습 그대로 당을 중심으로 하는 대천하가 출현했다. 지금 그 구도를 살펴보면, 크게 다음과 같은 세 가지 층위로 나눌 수 있을 것 같다.

먼저 첫 번째 층은 천하의 중심부, 즉 당이 실질적으로 지배하고 있어 주현제가 적용되는 영역이다. 당은 태종 정관 원년(627)에 전국을 10도道로 나누었고, 현종(玄宗, 재위 712~756) 시대에는 15도로 숫자를 늘렸으며 각 도에는 감찰관인 채방사採訪使를 배치했다. 그런데 도는 감찰 구획이기 때문에 지방행정 구획으로는 350여 개의 주(州, 중요한 주는 부府가 되었다)와 그 휘하에 1,500여 개의 현을 설치하고 중앙에서부터 관료를 파견하여 직접 통치를 행했다. 이 범위가 이른바 전통적인 '구주'였고, '중화' 혹은 '좁은 의미의 천하'에 해당한다.

그 주변에 펼쳐져 있는 것이 두 번째 층위에 해당되는 기미 지배 지역이다. 여기에는 중화 지역을 모방하여 주, 현이 설치되었고(다만 이것은 기미주이다), 현지의 이민족이 그대로 관직에 임명되어 그들을 통해 간접 통치가 행해졌다. 수장에게는 도독, 자사 등 내신의 관직이 부여되었고 당에 대한 조공과 군사적 협력의 의무가 부과되었지만 주민에게는 당에 세금을 내는 의무가 없었으니 거의 자치가 행해졌던 것이다. 그러한 의미에서 기미주는 화에 준하는 이의 지역, 즉 화와 이의 중간이라는 위치가 부여되었다고 할 수 있을 것이다.

가장 외부의 세 번째 층위는 순수한 이적의 땅이고, 그 땅의 여러 국가와 여러 민족은 조공을 통한 연계가 있었을 뿐이었다. 예로부터 중화 왕조의 책봉국이었던 한반도 삼국에 대해서 당은 신라를 지원하여 660년에 백제를 공략했고, 이어서 668년에는 고구려를 멸망시켜 신라에 의해 한반도가 통일되는 흐름을 만들었다.

그러나 당은 백제와 고구려의 옛 땅에 웅진도독부, 안동도호부 등을 설치하여 한반도의 기미 지배를 계획했기 때문에 신라의 반발을 샀고 이에 양국 사이에 전투가 발생했다. 얼마 지나지 않아 서방에서 강력해진 토번吐蕃에 대한 대응을 해야만 했던 당은 한반도에서 퇴각하면서 수세기에 걸친 한반도의 삼국정립 상황은 신라에 의해 통일되었다. 676년의 일이다. 이후 통일신라는 당과의 관계를 회복했고, 당의 책봉국으로서 9세기 후반까지 계속 조공했다.

한편 고구려의 옛 땅을 포함한 중국 동북부에서 러시아 연해주에 걸친 지역에서는 고구려의 유민과 말갈족에 의해 발해(698~926)가 창건되었고, 당에 조공을 했던 713년에 발해의 왕 대조영이 발해군왕渤海郡王으로 책봉되었다. 발해는 훗날 거란에 의해 멸망할 때까지 약 200년 동안 빈번하게 사절을 파견하여 당의 제도와 문화를 도입하는 것에 힘쓰면서 동방의 대국으로 번영했기 때문에 당에 의해 '해동성국'이라 불렸다.

발해와 신라보다 훨씬 동쪽 바다에 떠 있는 섬나라가 일본이었고, 동아시아의 동쪽 끝에 위치한 구석진 지역이라는 지리적 이점을 얻으면서 책봉을 받지 않은 채 조공을 반복했다는 것은 앞서 살펴보았다.

천조의 전성기

신라, 발해, 일본 등 동아시아의 여러 국가와는 별개로 동남아시아 지역에서의 조공도 끊이지 않았다. 이미 당 초기부터 활발하게 내공했던 임읍(林邑, 베트남 남부)과 진랍(眞臘, 캄보디아) 등을 필두로 반반(盤盤, 태국 남부), 타화라(墮和羅, 태국 남부), 실리불서(室利佛逝, 말레이반도에서부터 수마트라섬의 일부를 지배) 등, 이외에도 남천축南天竺, 중천축中天竺 등 인도의 여러 국가, 대식(大食, 아라비아), 파사(波斯, 페르시아) 같은 서아시아의 여러 국가들로부터도 끊임없이 상인 무리들이 조공 사절로 내조했다.

새삼스럽게 더 말할 것도 없지만, 주변의 여러 국가들

은 결코 당의 천자가 지닌 덕을 흠모하여 내조했던 것이 아니다. 여기에는 다양한 의도가 움직이고 있었다. 일본처럼 당의 선진 문화를 적극적으로 흡수하고자 했던 국가도 있었고, 신라와 발해처럼 문화적 측면에서의 수용과는 별도로 당의 군사적 위협에 대한 안전보장의 측면에서 스스로 책봉을 받은 국가들도 있었다. 또한 동남아시아, 남아시아, 서아시아의 여러 국가들처럼 무역의 이익을 얻기 위해 내조했던 국가도 적지 않았다.

이렇게 의도에선 차이가 있었지만, 당의 입장에서 보면 조공국의 증가는 천자의 덕화를 증명하는 것이었으니 조공 사절이 잇달아서 내조하는 일은 환영해야만 하는 것이었다. 게다가 조공이라고 하는 정치적 행위가 중화 황제와 번왕의 군신 관계를 확인하는 의례인 이상, 당이 여러 번국의 내조를 내외에 선전했던 것도 당연하다.

원래 중화 제국은 자기 왕조를 정당화하려는 목적에서도 천조의 전성기를 가시화할 필요가 있었다. 천조(천자)의 권위가 널리 천하에 퍼져서 군신 질서가 관철되는 것을 사람들의 눈앞에 끊임없이 보여주는 것이 요구되었던 것이다. 역대 왕조들이 고심했던 것도 이러한 점이었고, 다양한 장치와 생각을 짜내 장엄한 의례가 거행되면서 군신 질서의 관철과 군신 화합의 모습이 나타나게 되었다. 그중에서도 유달리 성대하게 실시되었던 것이 당대에 완성된 원단元旦의 원회의례元會儀禮였다.

원회의례

원회의례란, 당의 수도 장안의 태극궁太極宮 태극전太極殿과 궁전의 뜰에서 황제에게 행하는, 신년을 축하하는 의례이다. 참석하는 자는 9품 이상의 중앙 관료 및 조집사朝集使 등 지방의 각 주에서 온 대표단(기미주에서 파견된 대표단도 포함한다), 그리고 외국의 사절단(번객)이었고 참석하는 사람만 수천 명이었으며 의장병儀仗兵과 악단의 구성원을 포함하면 1만 명 이상 되는 대규모 인원이었다. 이 의례를 통해 천자를 정점으로 하는 천조의 권위가 참석자들에게 명확하게 드러났고, 천자(황제)와 신하 사이의 군신 질서가 재확인되었다.

의례는 크게 조의朝儀와 회의會儀로 구분되었는데, 조의에서는 예복인 곤면袞冕을 입은 황제가 궁전으로 행차하면 참석한 사람들이 축하의 말과 상서로운 말을 아뢰었고, 지방 각 주와 조공 사절단은 공헌하는 물품들을 요란스럽게 바쳤다. 조의에 이어서 두 번째 행사인 회의가 진행되는데, 황제가 통천관通天冠과 강사포(絳紗袍, 진홍색의 비단옷)로 갈아입고 다시 행차하면 황제의 장수를 축원하는 상수주례上壽酒禮가 먼저 거행된다. 이것이 끝나면 참석자에게 음식을 대접하였고, 장엄한 음악과 예능으로 환대하는 향연이 개최되었다. 즉 원회의례는 조하朝賀와 향연 두 가지 의례로 이루어졌고 군신 질서와 군신 화합을 가시화하는 것으로 천조의 안정을 도모했던 것이다.

의례가 진행되는 중에 참석자는 절차마다 의전의 구호에 맞추어 일제히 면복(俛伏, 허리를 굽히고 머리를 숙이는 것), 흥(興, 몸을 일으키는 것), 궤(跪, 무릎을 꿇는 것) 등의 동작을 행하고 춤을 추는 동작, 재배再拜 및 만세 제창을 하면서 황제의 은혜에 대한 감사의 마음과 신하로서 복종한다는 의사를 표현했다. 이러한 것이 수천 명 규모로 이루어졌기 때문에 의례의 모습은 필시 압권이었을 것이다. 조공 사절들도 이 의례에 참가하여 제국 질서의 말단에 연결되어 있음을 실감했고, 감격했음이 분명하다. 천조의 전성기는 대규모의 장치와 더불어 참석자의 마음속에 깊이 새겨지게 되었다.

군신 질서와 종법 질서

다시 말하면 당의 천하는 중심부에서 주변부를 향해 세 층위의 구조로 이루어져 있었다. 그 세 층위 안에 있는 사람은 모두 천자의 신하로 간주되어 제국 질서의 형성에 관련되었다. 그러나 엄밀하게 말하면 이 세 층위 안에 포함되지 않은 국가도 당연히 존재했다. 왜냐하면 세 층위의 천하란 어디까지나 당이 주관적으로 설정한 것이었고 당에 조공을 하지 않는 여러 국가와 여러 민족은 그 천하로부터 제외되었기 때문이다.

실제로 천가한의 시대를 지나 머지않아 8세기를 맞이할 때부터 세 층위의 천하 밖에서 당에게 신하로서 복종하지 않는 몇 개의 국가가 대두하게 된다. 이러한 국가는 동아시아의 여러 국가와는 달리 당의 북방, 서방에서 유목과 농경을 영위하던 여러 민족에 의해 수립된 것이었다. 이러한 국가들이 당과의 교류가 없던 것은 결코 아니다. 당보다 훌륭하면서 열등하지 않은 군사력을 가지고 있었기 때문에 당이 군신 관계를 적용할 수 없었다고 하는 것이 실상에 가깝다.

중국과 힘의 관계가 대등한 국가를 적국敵國이라고 한다. 필적匹敵의 적인 것이다. 당의 적국으로 먼저 거론해

라싸의 당번회맹비
(이시하마 유미코 지음, 나가하시 카즈오 사진, 『도설 티베트역사기행』,
하출서방신사河出書房新社에서 인용)

야 하는 것은 토번(7세기 전반~9세기 중엽)일 것이다. 현재 티베트에 최초로 성립했던 통일국가가 바로 토번이다. 당은 토번과 706년 이래 수차례 회맹會盟을 거듭하며 국경을 획정했고, 그러는 동안에 당은 토번에 공주(황제의 딸)를 시집보내면서 당의 황제와 토번의 국왕은 장인과 사위의 관계가 되었다. 양국의 관계를 친족 내의 상하 질서로 표현했던 것이다. 이 책에서는 가족의 상위 집단인 종족(남자 쪽의 친족)의 규칙(종법)에 근거해 이를 종법 질서라고 부르고자 한다.

이러한 종법 질서에 기반한 국제 질서의 설정은 토번 이외에도 존재했다. 부활한 돌궐(돌궐 제2제국)의 가한과 중국 황제 사이에 721년 부자 관계가 맺어졌던 것도 그 중 하나이다. 물론 중국이 아버지, 돌궐이 아들이 되는 상하 질서였다. 이외에도 돌궐을 대체하면서 등장한 동일한 투르크계인 위구르와도 757년에 형제 관계를 맺게 된다. 강대한 유목민의 여러 국가들에 대해 당은 절대적인 군신 질서와는 다른, 상대적인 종법 질서를 활용하여 상하 관계를 규정했다고 할 수 있다.

천하일가의 가시화

중요한 점은 당이 적용했던 종법 질서에는 특별한 의미가 들어가 있었다는 것이다. 개원 21년(733), 당은 토번과 국경을 획정하고 적령(赤嶺, 청해성 청해호의 동쪽에 있는 일월산)에 회맹비를 건립했는데, 여기에서 강조되었던 것은 당과 토번이 한집안이 되었다는 사실이었다.

장인(당)과 사위(토번)는 예전부터의 우호를 닦아 함께 한집안이 되었다. (『일지록』권27, 두자미시주杜子美詩注)

장인-사위 관계인 당과 토번이 한집안이라면 부자 관계인 당과 돌궐도 한집안이고, 형제 관계인 당과 위구르도 한집안이라는 것이 된다.

안녹산安祿山과 사사명史思明의 난(안사의 난, 755~763)이 일어났을 때 위구르의 원조를 얻은 당 숙종은 아들인 광평왕廣平王 이숙(李俶, 훗날의 대종代宗)과 위구르의 가한 마연철磨延啜의 아들 엽호葉護가 형제의 맹약을 맺게 하였고(형제 관계의 성립), 마연철에게는 친딸 영국공주寧國公主를 시집보냈다. 이때 사신으로서 공주와 동행한 이우李瑀는 거친 태도를 보인 위구르 가한을 향해 다음처럼 일갈했다고 한다.

가한은 당가唐家 천자의 사위가 되었으니 마땅히 예의를 갖추어야 합니다. 어찌 의자에 앉아 황제의 조칙을 받으실 수 있겠습니까! (『구당서』회흘 열전)

화와 이가 공존하는 넓은 의미의 천하를 황제의 집안

인 당가唐家로 간주하고, 당가의 사위가 된 마연철에게 장인인 숙종을 공경하는 차원에서 일어서서 명령을 받으라고 지시했던 것이다.

즉 당은 돌궐, 위구르, 토번 등 유목민의 여러 국가(토번도 일단 유목국가에 포함시켜 둔다)와 한집안이 되었는데 이는 바꾸어 말하면 천하일가 아래에서 개별적인 서열이 장인-사위, 아버지-아들, 형-동생 등의 종법 질서였다는 것을 의미한다.

이러한 질서의 전제가 되는 것은 당연히 넓은 의미의 천하일가 관념이다. 당과 유목민의 여러 국가들 사이에 임시로 만들어진 천하일가를 상정하고, 당의 천자와 번왕을 가족에 비견하여 양자의 관계를 규정한 것이다. 이는 또한 천조의 궁극적 이념인 천하일가의 모습이 눈앞에서 펼쳐진, 화와 이가 공존하는 넓은 의미의 천하에서 가시화시키는 것이기도 했다. 본래 군신 질서가 적용될 수 없는 유목민의 여러 국가들을 천하일가의 개념으로 연결시키면서 천조의 논리에 끌어들인 것이 종법 질서였다고 볼 수 있다.

군신 질서가 기능하는 천하와 종법 질서가 실현되었던 천하. 본래 이 두 가지 천하는 동시에 출현하는 것이 아니다. 그럼에도 불구하고, 당은 각각의 천하에 당을 중심으로 하는 상하 질서를 설정하면서 두 가지 천하를 출현시켰다. 말하자면, 차원이 다른 두 가지 천하를 구분해서 사용하는 것으로 천조의 천하 통치를 정당화했던 것이다. 당의 입장에서 가장 안성맞춤인 해석이 되었음을 확인할 수 있을 것이다.

동아시아의 소천하

이쯤에서 다시 동아시아의 국가들로 시선을 돌려보자.

중화 왕조의 압도적인 영향력 아래에서 자율성과 주체성을 강하게 지니고 있었던 동아시아의 여러 국가들에 있어서 이를 지탱했던 것은 왕권 강화와 각 국가의 독자적인 천하관이었다. 일본의 천하관에 대해서는 앞서 서술했고, 동아시아의 다른 국가로 예를 들어 고구려를 필두로 하는 한반도의 삼국에도 고유한 천하가 있어서 자국의 천하 속에서 왕권의 확립이 시도되었다. 이러한 천하관은 그 후 각 국가의 전통적인 하늘 관념 및 중국과의 관계에 따라서 영향을 받았고, 시대의 흐름과 함께 독자적인 변화를 이룩해간다.

통일신라와 그 북쪽의 이웃 국가인 발해에도 자국을 중화로 여기는 화이사상이 있었는데, 그중에서도 신라는 관념적으로 일본과 발해를 번국으로 간주했다는 것은 잘 알려져 있다. 실제로 신라는 650년 이래 당의 연호를 사용하면서 대천하 속에서 사대를 내세웠기 때문에 천조를 칭하지는 못했고, 자국의 천하를 공언하지도 못했다. 다만 신라가 잠재적으로 천조의 의식과 고유의 천하관을 유지하고 있었다는 것은 틀림없는 사실이고, 자국 중심의 화이사상도 그러한 천하관에서 유래한 것이다.

이는 신라의 뒤를 이은 고려(918~1392)도 마찬가지다. 4대 국왕인 광종(재위 949~975)의 시대에 왕은 고려 국내에서는 황제 혹은 천자라고 칭했고, 중국 황제를 모방하여 왕의 명령을 '제'制 혹은 '조'詔라고 불렀다고 한다. 950년에는 고려의 독자적 연호를 제정했고, 960년에는 왕도 개성을 황도皇都로 개칭하고 황제의 수도에 상응하는 도시 건설을 추진했다. 당시 중국은 당이 멸망하고 오대십국五代十國의 분열 시기에 돌입해 있었다. 이런 혼란에 편승하여 고려의 소천하가 대두하면서 천조 의식이 나타나게 되었을 것이다.

그리고 고려에서는 매년 11월 중순에 왕도 개성에서 팔관회八關會라 불리는 불교 연회와 수확을 기원하는 제 례祭禮를 아우르는 국가적 제사가 거행되어 태조 왕건(재 위 918~943)의 제사를 받들면서 국가의 기반 강화를 도모 하였다. 이 제사에는 고려의 관료 이외에 송의 상인, 여 진인, 일본인, 탐라(제주도) 사람 등도 참가하여 공물을 헌 상하며 신하로서 복종하는 자세를 보였다. 왕의 덕화와 이적의 모화慕化가 연출되었던 것으로, 바로 고려의 고유 한 천하 질서를 가시화했던 것이라고 볼 수 있다.

대천하의 휘하에서 자국의 천하를 법적으로 정비했던 것이 율령제하의 일본이었는데, 일본 이상으로 대천하와 소천하를 교묘하게 구분해서 사용했던 것이 약간 시대가 지나기는 하지만, 주변에서 패권을 외쳤던 남쪽의 중화 인 베트남(대월)이었다.

한대 이래 중국의 지배 아래에 놓여 있었던 베트남이 가까스로 독립했던 것은 당이 멸망한 이후인 10세기 중 반의 일이었다. 이후 베트남은 일시적으로 중국에 병합 되기도 했지만, 기본적으로는 독립을 유지하며 근대에 이르렀다. 이 기간에 중국에 대해서는 시종일관 충실한 조공국으로 행동하는 한편, 국내에서는 중국(중화)을 자칭하고 황제 혹은 천자의 호칭을 사용했으며 더 나아가 독자적인 연호를 제정하는 이외에 주변의 점성占城, 섬라暹羅, 조왜爪哇 등을 조공국으로 삼는 베트남 고유의 천하를 구축했다. 중국을 북조, 자국을 남조라고 불렀던 것도 베트남이 남쪽의 중화로서 가졌던 자신감과 긍지였다.

천하와 천하의 경합競合

이상과 같이 동아시아의 여러 국가들은 모두 고유의 천하를 가지고 있었고, 그 천하에서 자국은 항상 중화였다. 중화가 된 이상, 물론 다른 국가는 이적이었고 자국은 화이 질서의 상위에 위치하게 된다. 그래서 복수의 천하가 경합한 동아시아에서는 국가 간의 교류가 일어날 때에 중화들끼리의 상하 관계가 조정될 필요가 있었다. 누가 상위에 있는가는 국가의 위신과 관계된 것이었고, 더 나아가 왕권의 정당성에도 영향을 끼쳤기 때문이다.

이러한 경우에 중국과의 관계는 아주 단순했다. 중국을 중심으로 하는 대천하에 참가해서 화이 질서를 수용할 것인가, 혹은 처음부터 거절하여 대천하에 참가하지 않을 것인가? 참가를 하게 되면, 당연히 중국의 화이 질서 내에서 행동하지 않을 수 없다. 확실히 수에 조공했던 왜국처럼, 대등한 교류를 요구하는 국가도 있지만 당대에는 그러한 사례가 보이지 않는다. 오히려 동아시아의 여러 국가들은 당의 조공국으로서 대천하의 질서 내에서 서로 상하의 서열을 두고 경합했다. 현종 시기인 천보天寶 12재(12載, 753년) 원단에 수도의 대명궁大明宮 함원전含元殿에서 열린 조의朝儀에서 일본이 신라와 자리를 놓고 다툰 쟁장사건爭長事件이 그 전형이다.

대천하 안에서는 대천하의 질서에 따랐던 조공국이지만, 거꾸로 대천하의 질서가 조공국 내부에까지 관철되어 있었는가라고 묻는다면 반드시 그렇다고는 할 수 없다. 신라나 고려처럼 대천하의 질서를 기본적으로는 준수했던 국가가 있는 반면, 앞서 서술했던 일본과 베트남처럼 대천하의 군신 질서에 대해 결코 순종하지 않는 국가들도 존재했다. 자국의 소천하를 고집한 두 국가에 대해 중국 측도 결코 대천하의 질서를 강요하지 않았다. 조공국의 자주성을 묵인했던 것인데, 여기에 조공국의 이중 잣대를 가능하게 만드는 커다란 근거가 있다.

천하관의 경합과 대립은 중국과 조공국과의 사이에서

뿐만 아니라 같은 조공국 서로 간에도 인지되었다. 일본과 신라의 관계에 대해 말해보면, 일본은 신라를 번국(조공국)으로 간주하여 상표와 칭신을 요구했던 것에 반해, 신라도 관념적으로는 일본을 하위의 국가로 두고 있었다. 실제로 신라는 당의 위협으로 인해 일본에 대한 협조 외교를 전개했고, 일본의 하위라는 위치를 받아들이는 경우가 많았지만 그럼에도 끝까지 상표, 칭신은 하지 않았다.

그런데 일본은 상표와 칭신이 이루어지지 않았는데도 황제로서 위로의 조서를 활용하여 조공국으로 처우했고, 자국의 우위성을 담보하면서 자존심을 만족시켰다. 한편 신라는 신하의 증표인 표문을 결코 쓰지 않았고, 그 이외의 문서를 보내는 것으로 대등한 관계를 구축하고자 했다. 일반론적으로 말하면, 일본은 자국의 소천하에서 신라를 번국(조공국)으로 파악했고, 신라는 일본을 대등하게 여기면서(마음속으로는 번국으로 취급했다) 자국의 소천하 구조를 보호했다. 같은 사실을 쌍방이 서로 간에 별개로 해석하면서 두 개의 중화가 충돌하는 것을 회피했던 것이다. 이른바 해석의 비대칭성이다.

천하 시스템의 완성

당대의 동아시아를 내려다보면, 당을 중심으로 하는 대천하와 당의 주변을 둘러싼 주위 여러 국가들의 소천하가 유기적으로 연결되어 있음을 알게 될 것이다. 예전에 한 세대를 풍미했던 니시지마 사다오[西嶋定生]의 책봉 체제론은 이 중에서 대천하에 주목한 것으로, 당과 주변 여러 국가의 책봉·조공 관계로부터 동아시아 세계의 구조적 이해를 목표로 삼았던 것이었다. 대천하의 아래에서 주변 국가들은 당의 조공국이 되었고, 대천하의 화이 질서 속에서 자국의 위치를 확보했다. 책봉 체제론이 중국 중심 사관이라고 일컬어지는 것도 그 모델이 대천하인 이상 어떤 의미에서는 당연한 일이라고 하겠다.

대체로 대천하와 소천하는 화와 이로 구성된 같은 형태의 구조이고, 소천하는 대천하의 축소판이라고 할 수 있다. 그런 같은 형태의 구조로 된 기본적 틀을 제공한 것은 물론 중국이었고, 주변의 여러 국가들은 이를 모방하여 국가 건설을 추진했기 때문에 중국과 아주 흡사한 중앙집권 국가가 동아시아에서 탄생하게 되었던 것이다. 구조가 같은 천하관, 그 내부의 화이 질서, 천조, 천자, 황제, 조공, 연호 등등의 개념(제도)이 거의 그대로 보

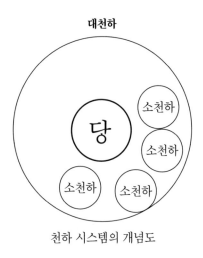

천하 시스템의 개념도

존된 형태로 동아시아의 국가들에 이입되었다.

이러한 개념은 모두 천하라고 하는 공간에서 처음 성립된 것이기 때문에 천하와 떼려야 뗄 수 없는 관계이다. 다만 화이 질서를 제외하면, 다른 개념은 각 국가들의 사정에 따라 나타나는 방법도 다양해서 모든 국가들에서 동등하게 나타났던 것이 아니다. 중국으로부터 비교적 멀리 떨어진 일본과 베트남이 거의 모든 것을 소천하로 재현했던 소제국小帝國의 양상을 드러냈던 것에 반해, 이웃 국가인 신라나 고려 혹은 발해 등은 대천하에 바짝 붙어 있었기 때문에 이런 개념들이 소천하에서 표면화한 일이 거의 없었다. 어디까지나 잠재적 요소로서 존재했던 것에 불과했다.

그렇지만 각 국가마다 독자적인 천하관을 유지하고 있었다는 것은 분명했고, 자국의 천하를 도외시하는 국가와 국가 간의 교류 등은 있을 수 없었다. 주변 여러 국가들이 대천하에 대한 천하관을 구분해서 사용했음은 물론이고(이중 잣대), 다른 국가의 소천하와 경합했을 때에도 자국 중심의 의미 부여를 서로 행하면서 자국의 천하를 지켰다(해석의 비대칭성). 이러한 것이 또한 여러 천하들이 정면으로 충돌하는 것을 결과적으로 회피하게 만드는 움직임이었음은 부정할 수 없다. 천하라고 하는 관념이 경합의 특성을 지니고 있으면서도 동시에 국가 간의 완충제 역할도 담당했다고 할 수 있다.

동아시아의 외교 무대에서 천하와 천하가 격전을 벌이는 한편, 이미 성립했던 국제 질서에서는 매우 애매한 부분도 남아 있었다. 이 애매함 자체가 동아시아의 특징인데, 이로 인해 천하와 천하의 대립이 적당하게 조절되었다. 이러한 동아시아의 국제정치 시스템을 일극적一極的, 일원적인 책봉 체제론 개념으로 파악하기에는 반드시 무리가 있다. 책봉(조공) 관계도 포함하는 대천하와, 중국 주변에 있는 여러 개의 소천하가 천하 관념을 매개로 하여 유기적으로 느슨하게 연결된 정치 시스템, 여기에서는 이를 '천하 시스템'이라는 명칭으로 부르고자 한다. 이는 또한 10세기 이후 다극화와 다원화의 경향이 강해지는 동아시아 세계를 이해하는 데에 새로운 관점이 된다.

천조 체제와 천조의 논리

동아시아의 천하 시스템이 언제 형성되었는지는 각 국가의 천하관 성립의 사정이 달라서 불명확한 점이 많기 때문에 일괄적으로 단정할 수는 없다. 실제로 중국의 주변 여러 국가들에서 천하 관념의 맹아가 보이는 것은 4, 5세기이기 때문에 이미 그 시기에는 존재했을 것이라 말할 수 있을지도 모르겠다. 다만 그것이 대천하와 소천하로 성립되어 명확한 정치 시스템으로서 기능한 것은 역시 중국에 대통일국가인 당이 탄생하고 주변 여러 국가들도 왕권을 중심으로 집권 체제를 확립한 7, 8세기가 되고나서부터이다.

이 시기에는 동아시아의 여러 국가들과는 별도로 당의

서방, 북방에서도 다수의 유목국가들이 대두하면서 명확하게 당에 위협이 되고 있었다. 당은 이들 여러 국가와의 사이에 종법 질서를 설정하고 천하일가의 형상을 만들어내는 것으로 간신히 국제 질서를 유지했다는 점은 앞에서 살펴보았다. 본래 군신 관계를 적용할 수 없는 여러 유목국가를 천하일가의 종법 질서를 통해 대천하 속으로 모순 없이 포섭했던 것이다.

그러나 안사의 난을 겪은 8세기 중반 이후가 되면, 여러 유목국가는 더욱 강대해지면서 당과 강하게 대립했고 당의 실효적 지배 영역은 점차 좁아져 간다. 그 연장선에서 다극적, 다원적 구조가 일상적인 상태가 된 것은 엄연한 사실이었는데 그에 대해서는 장을 바꾸어서 논하고자 한다.

여기에서 중요한 점은 남북조를 통일한 수의 계승 국가로서 당이 천하를 통치하던 모습이다. 당은 동아시아의 대천하에서는 천자의 '덕화'와 이적의 '모화'를 드러내는 책봉·조공의 군신 질서를 기능하게 하였고, 유목국가에는 의제적擬制的 가족제도(=종법 질서)를 적용하여 '천하일가'의 가시화를 실현했다. 본래 대천하의 범위 바깥에 있는 여러 유목국가를 '유덕군민'(有德君民, 덕이 있는 자가 백성의 군주가 된다)이라는 천조의 논리로 대체하여 당을 중심으로 하는 천조 체제 속으로 완전하게 배치시켰던 것이다.

당이 천조 체제에 얽매이고 있었다는 것은 실은 또 다른 측면에서도 확인할 수 있다. 예를 들면 당대의 화와 이의 관계는 국가들 사이에 사절 왕래만으로 한정되었던 것이 아니다. 민간에서도 이미 그 이전부터 외국 상인(이를 번상蕃商이라 한다)이 육로로 당에 도착했고, 왕성하게 교역을 행했다. 당과 이들 번상과의 교역이 설령 당 측에 이익을 가져오는 것이었다고 해도 겉으로는 어디까지나 덕이 있는 천자가 번이蕃夷에 대해 내리는 은혜로운 선물이었다.

당 측의 이러한 자세는 해로를 통해 도착했던 번상에 대해서 특히 단적으로 드러났다. 7, 8세기경부터 아랍·페르시아의 무슬림 상인이 당에 빈번하게 내항했다는 것은 잘 알려져 있다. 당은 광주廣州에 시박사市舶司를 설치하여 무역을 관리했고, 해당 지역에는 무슬림 상인의 거류 구역인 번방蕃坊도 설치되었으며 여기에서도 자치가 허용되었다. 해외무역은 시대가 지나면서 발전의 길을 걸었고, 송대가 되면 고려, 일본, 동남아시아 지역에 중국 해상海商이 건너갔으며 또한 많은 번상이 중국의 무역항에 내항하여 활발한 교역을 전개했다.

흥미로운 점은 당은 번상을 천자의 덕을 흠모하여 내조한 만이蠻夷로 간주하였고, 이들은 마치 조공 사절처럼 천자에게 진봉물(進奉物, 공납품)을 바쳤다. 당은 이들이 체재하는 동안에는 융숭하게 대우하였다. 이러한 대접은 송대에도 똑같았고, 번상이 귀국할 때에는 지방관이 연회를 베풀며 위로하면서 번상에게 향하는 천조의 은혜를 보여주는 것이 일상적인 일이었다. 즉 번상의 천조에 대한 '모화'와 천조의 '시은'施恩이 교역의 무대에서 의례화儀禮化되었던 것인데 경제적 행위인 무역 활동(당시 용어로는 '호시'互市)조차도 천조의 예치 체계 속에 편입되었음을 알 수 있다.

교역의 의례화

이상과 같은 천조와 번상의 구도는 거의 변하지 않은 형태로 동아시아 여러 국가들에도 이입되었다. 야마우치 신지[山內晋次]의 정리에 따르면, 동아시아의 여러 국가에서 해상이 내항했을 때의 상황을 대략 다음과 같이

홍려관 유적의 전시(사진, 후쿠오카시 제공)

정리할 수 있다.

먼저 일본은 송의 해상이 하카다[博多] 항구에 도착하면, 대재부大宰府의 관료가 수도의 조정에 내항을 보고하고 해상이 가져온 '화물'(貨物, 공납품)과 '화시물'(和市物, 교역품)의 목록도 바치면서 무역과 체재의 가부可否에 대해서 조정의 의사를 묻는다. 허락이 떨어지면, 해상은 귀국할 때까지 대재부에 있는 홍려관鴻臚館이라 불리는 외교 시설에 숙박하고 관리의 감시 아래에 교역을 행했다. 이사이에 조정은 당물사唐物使를 파견하여 경전, 약품, 향료 등의 고급 물품을 우선 사들이고 남은 상품에 대해서만 해상의 자유재량에 의한 거래를 허가했다.

이때 해상은 교역에 앞서 '화물'을 헌납했는데, 이는 천황에게 바치는 조공품으로서의 의미를 지니고 있었다고 여겨진다. 천황에 의해 덕화되었던 오랑캐가 그 덕을 흠모하여 내항을 했고, 천황의 은혜를 입어 교역을 허가받았다는 구도가 성립되는 것이다. 그래서 해상은 홍려관에 체재하는 중에는 모든 비용이 면제되었고, 국가의 손님으로서 정중하게 대접을 받았다. 즉 일본에서도 해상의 사적인 교역이 의례화됨과 동시에 덕을 갖춘 천황이 내려주는 선물이라고 간주되었던 것이다.

이러한 점은 고려에서도 똑같았다. 내항한 해상은 고려 관리의 마중을 받았고, 숙박하는 객관客館이 정해지면 수도인 개경(개성)의 장령전長齡殿이라고 하는 궁전에서 고려국왕에게 진상물을 바쳤으며 그보다 몇 배에 달하는 액수의 반례返禮 물품을 받았다. 해상의 내항은 고려국왕의 덕화가 해외에까지 미친다는 증거였고, 왕의 덕을 흠모하는 만이의 모화가 행동으로 나타난 것이었다. 마치 조공국이 늘어난 것이 중화 왕조의 전성기를 상징했던 것처럼, 해상의 내항에는 고려국왕의 덕을 찬양하는 역할이 부여되었다.

애초에 대천하와 똑같은 구도가 소천하에서 출현할 수 있었던 것은 일본을 포함한 당시 동아시아의 여러 국가들이 공통적으로 천조 의식을 가지고 있었기 때문이다. 설령 고려처럼 천조를 공언하지 않더라도 자국을 천조(중화)로 간주하고 주변에 이적을 배치하는 것은 당시 동아시아 여러 국가들의 통념이었다. 해상이 내항했을 때의 의례는 그러한 동아시아 여러 국가들의 천조 의식에 기반해서 왕권을 정당화하는 조치였다고 이해할 수 있다.

여러 차례 언급했듯이 동아시아에는 큰 것과 작은 것이 합쳐진 복수의 천하가 존재했고, 이 천하가 유기적으로 연결되는 것으로 정치 시스템으로서의 천하 시스템이 형성되었다. 그리고 이 시스템을 지탱하고 있는 것은 앞서 서술했던 각 국가의 독자적인 천하 관념이었을지도 모르겠다. 다만 그 관념의 근저에 있는 것 또한 각 국가의 천조 의식이었고, 그러한 관념과 의식들이 대천하와 소천하 및 소천하 상호 간에 지속적으로 조정을 행하면서 전체로서 동아시아의 느슨한 국제 질서를 만들어냈다. 필자가 애매하다고 서술했던 것은 이러한 국제 관계의 모습 그 자체이다.

얼마 지나지 않아 동아시아에서 종래와는 다른 새로운 세력이 탄생해 본고장의 대천하를 향해 천조를 주장하기 시작했을 때에 동아시아의 국제 질서는 당연히 요동치기 시작했다. 일찍이 대천하가 분열의 국면에 있었던 남북조시대에 중국 국내에는 두 개의 천조가 서로 대치했다. 그런데 앞으로 언급할 상황은 그것과는 완전히 다른 양상이었다. 중국의 대천하와는 별도로 이적의 땅에 대천하가 출현했고, 화와 이로 구성된 천조들이 중화의 땅에서 항쟁을 시작했던 것이다. 중화 왕조에서 고금을 통해 볼 수 없었던 커다란 사건이 당의 멸망과 동시에 곧바로 나타나려 하고 있었다.

제 **7** 장

천조의 행방

— 오대십국, 송, 요, 금

거란과 사타沙陀

안사의 난은 동아시아의 국제 정세에 커다란 지각변동을 초래했다. 당의 권위가 크게 추락한 한편, 난의 진압에 협력했던 북방의 위구르가 세력을 키웠고 또한 서방의 토번도 난의 말기에 일시적으로 장안을 점령하는 등 당, 위구르, 토번의 삼국정립 상황이 평상시의 구도가 되었기 때문이다. 이 시기에 삼국 서로 간의 이해 조정은 회맹에 의해 이루어졌고, 각각 정전협정을 체결하여 국경을 획정했으며, 이를 기념하는 회맹비를 국경 부근에 세우곤 했다. 10세기 이후 현저해지는 동아시아의 다극적, 다원적 구조의 원형은 이미 안사의 난 이후 당을 둘러싼 국제 정세에서 찾아보지 않으면 안 된다.

그러나 삼국정립의 상황은 오랫동안 지속되지 않았고, 9세기 중반에는 먼저 위구르가 자연재해와 내분으로 멸망하고 토번 왕국도 왕실의 내분과 국내의 반란으로 9세기 중반에는 와해되었기 때문에 끝까지 살아남은 것은 천조를 주장한 당이었다. 당도 각지에서 발호하는 절도사(군단의 사령관으로 번진藩鎭이라고 한다)의 전횡에 고통을 겪었고, 실효적 지배 영역도 한정되어 국내 통치도 뜻대로 되지 않는 상태에 빠져들었다. 머지않아 875년에 일어난 황소黃巢의 난으로 거의 숨통이 끊어진 당은 크게 동요하면서 통제 능력을 상실했고, 907년에 멸망의 때를 맞이하게 되었다.

때마침 몽골고원의 동쪽 끝에 있는 시라무렌강 유역을 거점으로 한 사람의 영웅이 등장하게 된다. 영웅의 이름은 야율아보기(耶律阿保機, 재위 907~926). 그는 거란(키타이)의 여러 부족을 통일하고 당이 멸망했던 907년에 카간(가한)을 칭하며 북쪽 지역에서 급속하게 세력을 확대해갔다. 916년에는 황제에 즉위하여 거란국을 수립했고, 926년에는 발해를 멸망시켜 단숨에 동방을 향해 영역을 확대했다.

야율아보기 본인은 발해 원정을 마치고 귀환하던 도중에 병으로 사망했지만, 중국 동북부로부터 몽골고원, 하북, 산서 북부를 200년 가까이 지배한 요遼 왕조(907~1125)의 기초는 그에 의해 만들어졌다. 이와 관련하여 오늘날 러시아어와 페르시아어로 중국을 키타이라고 부르는데, 그 어원은 거란이었음은 더 말할 것도 없다. 영어에서 중국을 의미하는 캐세이도 여기에서 파생된 말이니 그만큼 요 왕조의 존재는 서방에 임팩트를 주었다고 하겠다.

동방에서의 이러한 움직임과는 별도로, 중국의 서북방

에서도 변동이 일어나고 있었다. 이보다 이전에 위구르가 멸망하자 그 휘하에 있던 투르크계 사타족이 당에 접근했는데, 그중 한 사람인 주야적심朱邪赤心이 당을 도와 방훈龐勛의 난을 평정한 공으로 대동(산서성)절도사에 임명되고 이국창李國昌이라는 한인 이름을 하사받았다. 이씨는 당 황실의 성씨이다. 이국창의 아들이 애꾸눈 이극용李克用이다. 황소의 난을 진압하면서 공적을 세웠던 그는 하동(태원 일대)절도사와 진왕晉王의 관작을 받았으며, 황소의 군대를 배신했던 개봉開封의 선무절도사宣武節度使 주전충朱全忠과 당 말기의 정계에서 세력을 다투었다.

싸움에만 일가견이 있었던 이극용과는 달리 모략에 뛰어난 주전충은 점차 이극용을 고립시키면서 조정의 실권을 장악해갔다. 머지않아 주전충은 황제 소종昭宗을 시해하고 어린 애제哀帝를 옹립했고, 때를 기다렸다가 애제에게 선양을 압박하면서 새롭게 양(후량後梁)을 건국했다. 907년의 일이다. 그러나 후량의 천자도 오래 지속되지 못했고, 주전충은 그의 아들인 주우규朱友珪에게 살해되었으며 얼마 후 후량 자체도 이극용의 아들 이존욱李存勗에 의해 멸망했다. 이존욱이 당의 부흥을 주장하며 창설했던 것이 후당後唐이다. 중원에서는 후량, 후당에 이어

후진後晉, 후한後漢, 후주後周 등 다섯 개의 단명한 왕조가 어지럽게 흥망을 거듭했고, 그 주변에는 10여 개의 국가들이 탄생했기 때문에 이 시대를 오대십국五代十國 시대라고 부른다.

이 중에서 후당, 후진, 후한 세 국가와 후한의 잔여 세력이 건국했던 북한北漢은 사타족이 세운 왕조였고, 당과 마찬가지로 순수한 한족 왕조가 아니다. 또한 후주를 창설했던 곽위郭威도 후한의 무장이었고, 또 송의 태조 조광윤趙匡胤도 후주에 복무했던 것을 생각하면 오대와 송 등 여러 왕조들은 후량을 제외하면, 사타 혹은 사타계 왕조라고 해도 과언이 아닐 것이다. 9세기 중반 위구르 멸망의 여파는 여기에까지 미치고 있었던 것이다.

군신의 예에서 가인家人의 예로

당이 멸망한 이후인 10세기 전반에 중국에서는 사타족의 여러 왕조들이, 그리고 동북 지역과 북아시아에는 거란족의 요가 탄생하면서 신흥 왕조들이 장성 주변에서 남북으로 서로 대치하는 국면이 출현했다(엄밀하게 말하면,

거란족이 요라고 하는 국호를 사용한 것은 947년부터 982년까지, 그리고 1066년부터 멸망할 때까지인데, 나머지 기간은 거란이라고 칭했다. 이 책에서는 요로 통일한다). 이러한 상황은 중국 국내를 통일한 송이 성립한 이후에도 거의 변하지 않았다.

사타와 거란의 만남은 후당의 하동절도사였던 사타족 석경당石敬瑭이 936년에 태원太原에서 쿠데타를 일으켰을 때로 거슬러 올라간다. 정부의 군대에 의해 공격을 받아 궁지에 빠졌던 석경당이 궁여지책으로 요에 구원을 요청했던 것이다. 요의 태종 야율요골(耶律堯骨, 재위 927~947)은 이에 응하여 구원군을 보내 태원을 해방시켰기 때문에 석경당은 요의 비호 아래 즉위하여 후진을 건국했다. 이 사람이 후진의 고조(재위 936~942)이다. 석경당은 계속해서 요 군대의 힘을 빌려 후당의 수도 낙양을 공략해 들어갔고, 후당의 말제末帝 이종가李從珂를 무너뜨리고 후당을 멸망시키는 데에도 성공했다.

그러나 새로운 왕조를 창건한 대가는 결코 작지 않았다. 석경당은 요에게 연운십육주를 할양했고, 매년 비단 30만 필을 세폐歲幣로 보내는 것을 약속했기 때문이다. 연운십육주란 현재의 북경, 대동을 포함한 하북, 산서 북부 지역인데 할양으로 인해 요는 만리장성 이남에 처음으로 영토를 획득하게 되었다. 훗날의 금, 원, 청과 함께 요를 정복왕조라고 부르는 것도 중국 내지인 연운십육주를 지배했기 때문이다. 이 땅을 탈환하는 것은 후진 이후 중국 왕조의 현안이자 숙원이기도 하였다.

요가 후진과 관계를 맺으며 맹약을 맺는 과정에서 잊어서는 안 될 한 가지가 바로 두 국가의 명분 관계이다. 애초에 석경당은 요에 사신을 파견할 때 상표, 칭신하는 것을 상례常禮로 삼았다. 신하로서의 공순한 뜻을 표시하는 것이었는데, 태종은 도리어 너그러운 태도를 보이면서 무리하게 강요하지 않았다. 오히려 표表에서 서書로 형식을 변경하고 칭신을 하지 말라고 허락을 내렸으며 금후로는 '아황제'兒皇帝와 '부황제'父皇帝의 '가인의 예'로 관계를 형성할 것을 요구했을 정도였다.

군신 질서를 아버지와 아들의 종법 질서로 바꾸는 것은 요의 은혜로운 마음이었고, 결코 이 조치로 인해 두 국가의 관계가 대등해졌던 것은 아니다. 군신에서 부자로 변경되었어도 후진이 하위의 입장에 있다는 점에 어떠한 변화도 없었다. 처음부터 석경당은 10살이나 어린 태종에게 아들로서 섬길 것을 강요받았던 것이다. 본래 중국 측이 상위에 놓여 있었던 당의 종법 질서와는 비교할 수도 없는 것이었다. 당시 두 국가의 국력 관계 양상을 여실히 보여주는 것이라고 할 수 있다.

그것 때문인지 아닌지는 모르겠지만 석경당의 뒤를 이은 2대 황제 소제(少帝, 재위 942~946)가 상표, 칭신하지 않고 '손황제'孫皇帝로서 가인의 예로 즉위를 고했을 때에 태종은 그 무례함을 질책하면서 결국에는 군대를 일으키기에 이르렀다. 전후 4년에 걸친 전투 끝에 수도인 개봉은 요의 군대에 의해 함락되었고(946년), 후진은 불과 10년 남짓 만에 멸망했다. 후진의 입장에서 보면 요의 은혜로운 마음을 잘못 생각하면서 그 실력을 오인했던 것일지도 모르겠다. 가인의 예를 적용하면서 일견 대등하게 보였던 양국의 관계였지만, 실제로 주도권은 분명히 요가 장악하고 있었다.

요의 중원 지배

후진의 개운開運 4년(947) 2월 1일, 1월에 개봉으로 입성했던 태종 야율요골은 태상(太常, 종묘의 제사와 의례를 담당하는 관청)의 악무樂舞가 연주되고 있을 때에 중화 황제의 예복인 통천관과 강사포를 입고 정전正殿인 숭원전崇元殿에 행차했다. 궁전의 뜰에 열을 지어 위치했던 후진의 문무 관료와 거란의 관료들로부터 조하朝賀를 받은 태종은 후진을 바꾸어 대요大遼로 정할 것을 선언하고 연호를 대동大同으로 변경했다. 대동이란 말할 것도 없이『예기』禮記의 대동 세계大同世界에서 따온 것으로 여기에는 한족과 거란, 즉 화와 이의 넓은 의미의 천하일가에 대한 기대가 분명하게 들어가 있었다.

아마도 이때의 태종은 매우 득의양양했음에 틀림없다. 그는 3월에 같은 장소인 숭원전에서 장엄하게 거행된 백관의 조의朝儀를 눈으로 확인하고, 크게 만족하고 기뻐하면서 좌우의 신하들에게 다음과 같이 말했다고 한다.

한가漢家의 의례와 기물器物이 이처럼 성대하다. 내가 이 숭원전에 앉아 있을 수 있으니 어찌 진정한 천자가 아니란 말인가. (『신오대사』사이부록四夷附錄 제1)

태종이 중원의 개봉을 획득하면서 중화의 천자를 자부했다는 것은 명확하다. 실제로 중국식의 요라는 국호를 제정했던 것도 그 때문이었는데 혹시 그가 후량, 후당,

후진에 이은 네 번째 중원 왕조 건설의 의도를 가졌던 것일지도 모르겠다. 후진을 멸망시킨 직후 태종의 언동에서 그러한 생각이 보이지 않는 것도 아니다.

그러나 결과적으로, 그렇게 되지는 못했다. 새로 임명한 자사와 절도사가 빌려 쓰는 것이라고 칭하면서 민간으로부터 돈과 비단을 징수했고, 또한 군대의 양식 확보를 위해 '타초곡'打草穀이라 불리는 약탈을 행했던 것이 한인의 반발을 불러오면서 불온한 정세를 만들어냈기 때문이다.

게다가 북쪽의 태원에서는 후진의 무장 유지원劉知遠이 후한을 수립했는데, 각지의 절도사들 다수가 그에게 복종하고 있었다. 불안감을 느낀 태종은 북쪽으로 돌아갈 것을 결심했고, 허둥지둥 몸을 일으켜 개봉을 빠져나갔다. 그런데 연경(燕京, 현재의 북경)으로 가던 도중에 난성(欒城, 하북성)에 이르렀을 때, 정말 불행하게도 갑자기 병을 얻어 세상을 떠나고 말았던 것이다. 이때가 음력 4월 초여름이었다. 거란인은 태종의 배를 갈라 내장을 꺼내고, 소금을 채워 시신이 부패되지 않게 하여 북쪽 땅으로 운반했다고 한다.

그렇다고 해도 애써서 중원에 군림했으면서 불과 몇

개월 만에 포기할 수밖에 없었던 이유는 무엇일까? 여러 가지 요인이 언급될 수 있겠지만, 뭐라고 해도 거란인에게 아직 중원 통치의 노하우가 없었다는 것이 큰 요인이다. 화와 이를 융합하기 위한 통치 이데올로기가 준비되어 있지 않았던 것이다. 중원의 한인을 통치하기 위해서는 요를 중화로 삼는 새로운 천하 관념을 구축하지 않으면 안 된다. 당시 요의 문화 수준은 그 정도 단계까지는 도달하지 못했고, 이를 형성하기 이전에 화북에서부터 철수해야 하는 상황에 몰리고 말았던 것이다.

후주의 세종과 송의 태조

요 태종이 사망하고 7년이 지난 954년, 오대의 최후 왕조인 후주의 태조 곽위(재위 951~954)가 사망하자 황후의 조카인 시영柴榮이 뒤를 계승했다. 오대 시기에 제일 뛰어난 군주로 여겨지는 후주의 2대 황제 세종(재위 954~959)이다. 즉위 초기에 북한北漢의 공격을 물리친 그는 그 이후 내정에 적극적으로 몰두하여 군대의 개편 강화를 시작으로 국력의 증강을 추진해갔다. 내정에 전념했던 것은 1년 남짓이었다. 용의주도하고 철저하게 준비했다고 생각한 세종은 천하의 재통일을 계획하며 스스로 출정하여 사천의 후촉後蜀과 강남의 남당南唐을 공격하여 제압하는 것에 성공했다.

얼마 후 그는 북방으로 시선을 돌렸고 최대의 강국이었던 요와 그 속국인 북한을 향해 북벌을 개시했다. 요 국내의 내분에 편승하여 전광석화처럼 연운십육주를 공격해 들어가 막주莫州와 영주瀛州 2개 주를 탈환했다. 파죽지세의 후주 군대는 더 북상하여 유주(幽州, 북경)를 노렸는데, 여기에서 예상하지 못한 사고에 직면했다. 세종이 갑자기 병에 걸리는 바람에 어쩔 수 없이 철수했던 것이다. 수도 개봉으로 되돌아온 세종은 이로부터 보름 뒤에 천하 통일을 꿈꾼 채 숨을 거두었다. 39세라는, 너무 이른 나이에 맞은 죽음이었다.

세종의 천하 통일 사업은 후주를 대체한 송을 건국한 초대 황제 태조 조광윤(재위 960~976)에게 계승되었다. 본래 후주의 무장이었던 조광윤은 세종이 사망한 이후 부하들에게 추대되어 즉위하였고, 여러 가지 제도 개혁을 통해 중앙집권적 황제 독재 체제를 확립했다. 중앙에서의 병제兵制 개혁을 통해 군사권을 황제에게 집중시켰고,

지방의 번진(절도사)으로부터 군사, 행정, 재정의 권한을 빼앗아 다시 할거割據 상황으로 빠지지 않도록 선수를 쳤다. 이러한 조치들로 인해 황제 권력은 비교할 수 없을 정도로 강화되기에 이르렀다.

절대적인 권력을 지닌 그는 965년에 후촉을 멸망시켰고, 971년에는 남한南漢을 병합하는 등 송의 영토를 착착 확대해갔다. 남아 있는 대국인 강남(江南, 남당이 후주에 신하로 복종한 이후 국가의 명칭을 변경했다)도 975년에 정복하면서 남방의 여러 국가들은 조광윤의 시대에 거의 소멸했다. 다만 요의 지원을 받았던 북한만은 끝까지 굴복시키지 못했다. 북한을 겨우 병합한 것은 2대 황제 태종 조광의(趙匡義, 재위 976~997) 시대인 979년의 일이었다. 당이 멸망한 이래 극도의 분열에 빠졌던 중국 국내가 이제 연운십육주를 제외하면 일단 통일을 이룩했던 것이다.

전연澶淵의 맹

송과 요의 갈등이 물론 여기에서 끝난 것은 아니다. 북한을 제압한 기세를 탄 태종은 요의 영토 내로 공격해 들어가 한때 유주를 포위할 정도로 공격의 기세를 올렸다. 그러나 요 군대의 반격을 받자 계속된 전투에 지쳐 있었던 송의 군대는 대패를 당했고, 전사자도 1만 명 이상에 달했기 때문에 태종의 북벌은 이 전투로 인해 종말을 고했다. 그 이후 송은 내치에 힘썼고, 요도 내분 등으로 인해 대외 원정에 시간을 할애할 여유가 없었기 때문에 모두 상대방에게 결정적인 타격을 입히지 못한 채 시간만 흘러갔다.

　얼마 후 송의 태종을 계승한 진종(眞宗, 재위 997~1022) 경덕景德 원년(1004), 요의 연호로는 통화統和 22년 윤9월 가을, 요의 승천황태후承天皇太后와 그의 아들 성종聖宗 야율문수노(耶律文殊奴, 재위 982~1031)는 공개적으로 20만이라 칭한 군대를 이끌고 연경을 출발하여 남방의 송 군대를 계속 격파하면서 정주(定州, 하북성 보정시保定市)에 이르렀다. 이를 상대하는 송에서는 요 군대의 진격에 매우 당황하면서 사천이나 강남으로의 천도 논의까지 나오는 상황이었다. 그러나 재상 구준寇準은 천도를 강력하게 반대했고, 겁을 먹은 진종을 무리하게 친정親征으로 데리고 나가면서 송의 수도 개봉과 가까운 황하 연안의 전주(澶州, 아명雅名은 전연澶淵)까지 북상하여 요 군대와 서로 대치했다.

황제가 직접 와서 구원하면서 기세가 오른 송의 군대에 비해 요의 군대는 전선이 길어지면서 식량의 보급도 원활하지 못하면서 계속 고전하고 있었다. 그래서 송이 강화를 제의하자 요도 이에 응했기 때문에 몇 차례의 교섭을 거쳐 같은 해 12월에 화의가 성립되었고 맹약이 체결되었다. 교섭의 장소 이름을 따서 '전연의 맹'이라 불리는 이 화의에서는 양국이 지켜야 하는 사항을 서서(誓書, 서약서)에서 인정했고, 서로 만나 서서를 교환하면서 합의를 하게 되었다. 그 내용은 대략 다음과 같다.

1. 매년 송에서 요로 비단 20만 필, 은 10만 냥을 지급한다.
2. 변경의 주군州軍은 경계를 준수하고, 양쪽 지역의 인호人戶는 서로 침범해서는 안 된다.
3. 도적이 경계를 넘어 도망쳐왔을 때에는 은닉하지 말고 곧바로 인도한다.
4. 농경지와 농작물을 서로 황폐하게 만들지 않는다.
5. 이전부터 존재했던 것을 제외하고, 새롭게 성을 쌓거나 하도河道를 개착해서는 안 된다.

이외에 서서에는 명기되어 있지 않지만 다음과 같은 사항도 결정되었다. (1) 송 황제와 요 황제의 명분 관계를 형과 동생으로 한다. (2) 양국에서 주고받는 국서는 대등한 치서致書 문서로 한다. (3) 양국의 경조사, 황제 및 황태후의 생일에 사절을 교환한다. (4) 국경에 교역장(각장榷場)을 설치하여 양국의 상인이 무역하는 것을 허가한다.

이후 11세기 중반에 티베트계의 당항(黨項, 탕구트)족이 세운 서하(西夏, 1038~1227)와 송 사이에서 전쟁이 일어나자 그 혼란을 요가 이용하여 세폐 액수가 증가했지만 (1042년), 기본적으로는 이 맹약에 의해 100년 이상에 걸쳐 양국의 평화가 유지되었다.

맹약의 시대

전연의 맹의 특징은 뭐라고 해도 양국의 영토를 획정하는 명확한 국경선을 설정했다는 것이다. 그 국경을 유지하고 양국의 대립을 회피하기 위해 설정된 것이 앞서 언급한 약속이었고, 이후 중국과 주변 여러 국가들 사이에 맺어졌던 몇 개의 맹약들에서도 모두 전연의 맹이 그 본보기로서의 역할을 맡았다. 이로부터 복수의 국가가 공존하기 위한 이러한 구조와 그 구조를 통해 성립된 국제 질서의 총체를 오늘날에는 '전연 체제'(전연 시스템)라 부르는 경우가 많다.

실제로 1044년에 송과 서하 사이에 맺어진 '경력화약' 慶曆和約에서는 송을 군주, 서하를 신하로 삼는 군신 관계로 정했지만 세폐와 국경의 획정은 전연의 맹에 준하여 행해졌다. 또한 시대가 흘러 1142년에 금과 남송의 '소흥화의'紹興和議에서는 금이 군주이고 남송이 신하가 되면서 거꾸로 '군신 관계'가 맺어진 것을 제외하면 그 이외에 국경, 세공歲貢, 서서, 사절의 교환 등은 모두 전연의 맹이 본보기가 되었다. 11세기 초(요와 진왕 이극용 사이에 맺어진 '운중회맹'雲中會盟으로 거슬러 올라가면 10세기 초)부터 13세기 초를 '맹약의 시대' 혹은 전연 체제라는 용어로 통괄하는 까닭인 것이다.

주의해야 할 점은 이른바 맹약의 시대가 어떻게든 특이한 시대처럼 말하는 것이다. 확실히 앞뒤 시대와 비교하면 여러 가지 점에서 크게 다른 것은 틀림이 없다. 국제 환경의 다원화, 다극화 구조로의 변화는 가장 두드러진 점일 것이다. 이로 인해 중국 중심의 전통적인 체제와는 다른 새로운 국면에 주목하여 맹약의 시대가 가진 역사적 특질을 해명하는 것이 관심을 받고 있는 것도 사실이다.

다만 특질을 지나치게 찾다 보니 국가 간의 대등성을 일부러 강조하는 것은 그렇다고 쳐도 국경의 획정을 근대국가가 가진 영토 관념의 선례와 같다고 평가하는 것은 분명히 말하건대 과연 그럴까? 오히려 여기에서는 동아시아의 고유한 논리로 이해할 수 있는 측면도 있지 않을까? 시대의 특이성에 대해서 지금은 제쳐두고, 지역의 고유성과 보편성에 주목해보려는 것이다. 이 점을 조금 더 파헤쳐서 생각해볼 필요가 있을 것 같다.

두 개의 천하, 두 개의 천조

본래 대등한 국가 관계란 어떠한 상황을 가리키는 것일까? 적어도 당시의 송과 요가 오늘날의 의미에서의 주권국가들의 대등한 관계가 아니었다는 점은 분명하다. 양국이 대등하다고 여겨지는 것은 맹약에 의해 영토를 획정했고, 평등한 입장에서 서서와 치서 문서를 교환했고, 절대적인 군신 질서 대신에 상대적인 종법 질서를 적용했고, 혹은 서로 간에 북조와 남조 등의 호칭을 사용했다는 것에서 기인한다. 이전에 있었던 중국 중심의 일원적인 국제 관계와는 달리 다원적, 다극적인 양상을 드러내고 있어서 대등하다고 간주되고 있는 것이다.

물론 대등했다고 해도 양국의 관계가 완전히 평등하다는 것은 아니다. 예를 들면 상대적이라고 여겨지는 종법 질서도 송이 형이고 요가 동생이 되었듯이 명확하게 상하 관계가 포함되어 있었고, 송에게 일방적으로 부과되었던 세폐도 요가 상위의 입장에서 취한 조치였다고 생각할 수 있다. 요의 입장에서는 명분을 버리고 실리를 취했던 것이었고, 송은 그럭저럭 체면을 지켰다고 하는 것이 실상에 가깝다. 이것도 모두 송이 군사적으로 열세였기 때문에 생긴 일이었고, 요가 강력하게 나와 대등하게 행동했던 이유도 여기에 있다.

그렇지만 이렇게 획득한 대등성을 유지하기 위해서 요가 중국의 원칙에 따랐던 것은 충분히 주목할 만하다. 앞서 언급한 종법 질서도 그렇고, 치서 문서도 그렇다. 동아시아 세계에는 중국 모델의 원칙이 있었는데, 여기에 들어온 요의 입장에서 보면 그 원칙에 따르지 않을 수 없었다. 게다가 송과 원칙을 공유하면서 진정한 대등성을 확립하려고 한다면, 머지않아 송과는 다른 요의 독자적인 천하를 찾고자 했을 것이다. 요가 송과의 종법 질서와는 별도로 고려, 서하를 신하로 복종시키고 요 중심의 대천하를 구축하고자 했던 것도 그 때문이다.

동아시아의 여러 국가들이 중국에 대항하기 위해서는 새로운 천하를 창출하여 자국이 천조가 되지 않으면 안 되었다. 이전에 왜국이 왜국의 독자적인 천하를 만들어서 중국의 대천하로부터 이탈했던 것처럼 말이다. 이후에 드러나듯이 그것은 왜국만으로 한정된 것이 아니다. 천하는 천하로 대항하는 것이 동아시아의 철칙이었다. 여기에서 동아시아라고 하는 지역의 고유성과 보편성을 인식할 수 있지 않을까? 당대에 일단 완성되었던 천하 시스템은 이 시대가 되어서도 형태를 변화시켜 존재했던 것이다.

그런데 요의 천하 관념이 언제 확립되었는지는 사료상으로는 확인할 수 없다. 다만 전연의 맹 당시에 요와 송이 서로를 각각 북조와 남조라고 불렀다는 사실은 이미 이 무렵에는 독자적인 천하관을 요도 갖추고 있었음을 보여준다. 아마 천조 의식도 송에 대항하여 형성되었을 것이다. 게다가 요는 왜국처럼 이중 잣대를 가지고 송과 접촉한 것이 아니다. 바로 두 개의 천하가 정면으로 충돌했고, 두 개의 천조가 격렬하게 다투었던 것이 요와 송의 관계였다.

이상과 같이 요와 송은 대등한 국가로서 전연의 맹을 체결하여 국경을 획정했고 100년 남짓에 걸쳐 평화를 누렸다. 그러한 의미에서 동아시아의 역사상 전연의 맹이 했던 역할은 한없이 크다. 다만 당시의 국경은 요의 위세에 눌린 송이 할 수 없이 인정했던 것으로, 두 개의 천조가 두 개의 천하 사이의 경계를 서로 확인했던 것에 불과하다. 근대적인 의미에서의 영토 관념이 이 시점에서 탄생한 것이 결코 아니었다. 이 점을 계속 강조해도 지나치지 않을 것이다. 천하 관념은 전연의 맹의 성립으로 소멸된 것이 아니었기 때문이다.

송과 요의 화이관

전연의 맹에 의해 서로 대등성을 확인한 양국이지만 그것은 국가 간의 대우에 한정되었을 뿐이고 모든 측면에서 대등해졌던 것은 아니다. 무엇보다도 한인의 의식 속에 요는 야만적인 이적의 국가였고, 송의 국내에서는 요를 번蕃, 이夷, 노虜 등으로 칭하면서 여전히 멸시했다. 화이사상에 토대를 두고 있는 이에 대한 멸시관이 한인들 속에서 하루아침에 없어지는 것도 아니었고, 훗날까지도 요를 얕보는 우월감만은 지속되었다.

한편 거란인 측에도 전통적인 화이사상이 뼛속까지 스며들어 있어서 애초에는 그들 자신도 스스로를 당연하다는 듯이 번 혹은 이 등으로 불렀다. 거꾸로 송에 대해서는 천하의 중심인 중원 왕조라고 보았고 중국이라고 칭하며 우월하게 바라보았던 것 같다. 요의 황실이 이전 오호의 여러 국가들과 북위처럼, '헌원씨(황제)의 후예'라고 자칭한 것도 한인에 대한 그들의 콤플렉스가 발현된 것이었다고 파악된다.

머지않아 요에서도 자국을 중국이라 호칭하고자 하는데, 그럼에도 그들에게 있어서 송은 이전처럼 영원한 중국이었고 그 이후에도 송을 계속 중국이라고 불렀다. 요의 입장에서 보면, 두 개의 중국이 존재하는 것 자체가 대등함의 증표였을지도 모르겠다. 한편 송에서는 요를 북조라고 칭하면서도 자국의 호칭은 철저하게 중국이었고, 남조라는 명칭을 취하면서 북조인 요와 동급이 되는 것만은 애써서 피하고자 하였다. 중원 왕조인 송의 자부심은 요와 대등하게 취급되는 것을 떳떳하게 여기지 않았던 것이다.

요의 국내에서는 국인(國人, 거란인)과 한인에 대한 통치 방법을 달리했다. 거란인에 대해서는 거란 고유의 부족제를, 한인에게는 주현제를 적용하여 각각 북면관北面官과 남면관南面官이 관리했다. 정복왕조인 이상, 이중 통치는 당연한 조치였지만 그럼에도 당을 모방한 관제와 법령을 필두로 전체적으로 중국화가 되는 것을 피하지는 못했다. 특히 그러한 상황이 현저해졌던 것은 흥종(興宗, 재위 1031~1055)과 도종(道宗, 재위 1055~1101) 이후의 일이다. 요를 중국 혹은 하夏라고 칭하는 것이 일반화되었던 것도 그 무렵의 일이라고 여겨진다.

요의 중국화

도종에 관해서는 유명한 일화가 남아 있다. 어느 날 어전에서 열린 강의에서 한인 학자가 『논어』를 강론했는

데, 공자의 유명한 말인 "이적의 군주가 있으니 제하諸夏
가 (군주가) 없는 것과는 같지 않다."라는 구절에 이르렀다.
이때 한인 학자는 빠르게 읽어 내려가면서 그 뜻을 설명
하려 하지 않았다. 이를 본 도종은 다음과 같이 말했다.

> 고대의 북방 민족인 훈육獯鬻, 험윤玁狁, 탕蕩 등은 예
> 법이 없었기 때문에 이를 이夷라고 했던 것이다. 우리는
> 문물(예와 의)을 닦았으니 문화적으로는 중화와 다를 것
> 이 없다. 어찌 공자의 이 말을 싫어하겠는가?
>
> (『송막기문』松漠紀聞)

도종의 기분을 생각하여 해석을 회피했던 한인 학자에
게 도종은 도량이 넓다는 것을 보여주면서 다시 해석을
시켰다고 한다. 도종의 자신감이 어느 정도였는지를 보
여주는 일화인데, 여기에서 도종이 피력했던 이치는 화
이의 구별이 민족의 차이가 아니라 예와 의의 유무에 있
다는 논리였다.

그런데 그 자신은 '중화와 다를 것이 없다'라고 하면서
도 스스로가 화라고는 결코 이야기하지 않았다. 즉 그의
의식 속에는 아직도 중국에 대한 콤플렉스가 있었고 그

것이 의도치 않게 이 말에 드러나고 있었던 것은 아닐까? 도종은 즉위 이전에 연경의 개태사開泰寺에서 은으로 불상을 만들어 세웠는데, 그 뒷면에는 '원컨대 후세에는 중국에서 태어나라'(『전요문』권2, 은불배명銀佛背銘)이라는 글자가 주입鑄入되어 있었다. 이 중국이 중원에 있는 중국이고, 요가 아니라는 것만은 확실하다. 중국에 대한 도종의 생각과 동경이 어느 정도였는지를 알 수 있을 것 같다.

요 황제의 중국관과는 별도로 요 국내에 있는 한인의 상황은 어떠했을까? 이미 도종 시기에는 한인들 속에서도 요를 중국으로 보고 서북의 여러 민족을 번蕃으로 여기는 요 중심의 화이 관념이 존재했다. 한편 항상 수세의 입장에 놓여 있던 송에서는 요를 염두에 두고 일부러 오랑캐를 폄하하는 '화이의 구별'이 강조되었다. 요 국내에 있는 한인들의 입장에서 보면 이 만큼 유감스럽고 불쾌한 것은 없었다.

수창壽昌 2년(1096), 유휘劉輝라는 사람이 도종에게 다음과 같이 글을 올렸다.

송의 구양수歐陽脩가 『오대사』(신오대사)를 편찬하여 우리 조정을 열전의 사이 열전에 집어넣어 더 비방하고 헐

뜯고 있습니다.   (『요사』 유휘 열전)

유휘는 송이 건국했을 때의 사적을 『신오대사』의 체례
體禮를 모방하여 요의 『국사』國史에서 열전으로 삼을 것
을 요청했고, 도종도 '이를 가상하게 여겼다'고 한다. 『신
오대사』는 구양수 개인이 편찬한 것이고, 그 특징은 군신
도덕과 화이의 구별을 강조했던 점에 있다. 구양수로 대
표되는, 요를 멸시하는 송의 풍조를 유휘는 용서할 수 없
었던 것이다.

유휘의 주장은 한마디로 말하면 요는 문화적으로는 이
가 아니라 화라는 것인데 이는 도종의 생각과도 통하는
부분이 있다. 다만 그의 경우에는 정통론의 입장에서 송
에 대항하여 요도 화라고 주장했던 것인데, 도종이 자신
의 출신을 화의 관념으로 바꾸지는 않으려 했던 것과는
약간 다르다. 그렇지만 유휘와 같은 한인이 정복왕조인
요의 아이덴티티를 느끼고 있다는 것 자체는 요의 중국
화가 진전했다는 증거라고 할 수 있을 것이다. 이는 또한
요가 중국 문화에 길들여져 상무적 기질을 잃어버렸다는
것과도 일종의 표리일체를 이루는 것이기도 했지만 말이
다.

금과 남송

요의 황제들이 중국 문화에 푹 빠져 있었던 시기에 요의 동북쪽에서 새롭게 발흥했던 사람들이 수렵, 채집과 농경, 목축을 영위한 퉁구스계 민족인 여진(주선 혹은 주르첸)이다. 당시 여진은 문명화의 정도에 따라 생여진生女眞과 숙여진熟女眞 두 집단으로 구분되고 있었다. 현재 흑룡강성 하얼빈 부근의 안출호수按出虎水 근처에 있었던 것이 생여진이다. 그 족장인 완안아골타完顔阿骨打가 1114년에 요를 향해 병력을 일으켰고, 이듬해인 1115년에 황제에 즉위하여 국호를 대금大金으로 하고 회녕(會寧, 흑룡강성 아성시阿城市)에 수도를 두었으며 연호는 수국收國이라 하였다.

이러한 형세를 지켜보던 송은 단숨에 연운십육주를 탈환하고자 했고, 1120년에 아골타에게 사신을 보내면서 금과 송 사이에 요를 협격한다는 밀약이 성립되었다. 약속대로 아골타는 요를 공격하여 연경으로 다가왔기 때문에 요의 천조제天祚帝는 연경을 버리고 서쪽으로 도망쳤다. 이러는 동안에 송은 약해져 있던 요의 군대에도 패배를 거듭했기 때문에 결국 연경은 금의 군대에게 의해 공격을 받았고, 이에 실질적으로 요는 멸망했다. 그 이후 요의 황족인 야율대석耶律大石이 중앙아시아로 도망가 건설했던 것이 카라 키타이(중국 측의 이름으로는 서요西遼)이다. 요의 중국 지배는 종말을 고했지만 그 명맥은 서쪽에서 계승되어 약 100년 정도 존속되었다.

요가 멸망한 이후, 송은 연경을 포함하여 여섯 개의 주를 금으로부터 양도받았고 그 대가로 은 20만 냥, 비단 30만 필, 동전 100만 관, 군량 20만 석의 세폐를 납입하는 것을 승낙했다. 그런데 지불을 둘러싸고 송과 금 사이에 대립이 생기면서 이번에는 송 자체가 금 군대의 철저한 공격을 받게 되었다. 정강靖康 원년(1126) 송의 수도 개봉은 금 군대에게 함락되었고, 태상황제인 휘종徽宗과 황제 흠종欽宗 이하 황실, 관료 등 대략 2,500명이 포로가 되어 북쪽 지역으로 끌려갔다. 역사상 유명한 '정강靖康의 변變'이다. 이 사건으로 인해 송은 일단 멸망하기에 이르렀다.

이때 유일하게 난국을 피했던 사람이 흠종의 동생 강왕(康王, 훗날의 고종)이었고, 그가 강남에서 즉위하여 송을 부흥시켰기 때문에 그 이후를 남송이라 부르고 통일 시대의 송을 북송이라고 부른다. 금도 남송을 멸망시킬 만한 힘은 없었고, 머지않아 양국은 군사적으로 대립을 계속하면서 일진일퇴의 공방을 반복하게 되었다. 그러는 동안에 남송 국내에서도 화친파와 주전파가 대립하면서 정치가 어지러워졌는데, 재상 진회秦檜의 책동으로 결국 화친파가 승리하여 금과 교섭을 거듭하면서 간신히 화의에 도달하였다. 송의 연호로는 소흥紹興 12년(1142), 이른바 '소흥화의'의 성립이다. 양국에서 교환한 맹약의 내용은 다음과 같다.

1. 동쪽으로는 회수淮水의 중앙, 서쪽으로는 진령(秦嶺, 섬서성)의 대산관大散關 선을 양국의 경계로 삼는다.
2. 송은 금에 대해 신하를 칭하고, 금은 송의 황제를 책봉한다.
3. 송은 금의 황제의 탄생일과 원단元旦에 사신을 보내 경하한다.
4. 송은 매년 은 25만 냥, 비단 25만 필을 금에 공납한다.

이외에 서서를 교환하여 합의의 표시로 삼고, 국경을 따라서 교역장(각장権場)을 설치하는 등 전연의 맹이 이루어졌을 때와 똑같은 조치가 강구되었다.

그런데 소흥화의에는 전연의 맹과 결정적으로 다른 것이 있었다. 그것은 이때에 중국 황제가 외국 군주에 대해 처음으로 정식 신하를 칭했던 것이다. 소흥화의가 송에게 있어서 매우 굴욕적인 것으로 여겨진 이유는 명분상의 상하 관계까지 포함하여 모든 측면에서 송이 하위에 자리했기 때문이었다. 송의 입장에서는 당연히 정말로 받아들이기 어려운 내용이었다. 그러나 이 화의로 인해 송과 금의 전쟁 상태가 일단 종결되었고, 이후 약 20년 동안 소강상태를 유지했던 것은 사실이다.

해릉왕海陵王의 야망

소강상태는 금의 4대 황제 해릉왕 완안량(完顏亮, 여진 이름은 적고내迪古乃이다. 재위 1149~1161)의 남벌南伐로 인해 맥없이 무너졌다.

사망 이후에 황위를 박탈당하면서 일반적으로는 해릉왕이라는 이름으로 알려진 완안량은 3대 황제 희종熙宗의 폭정에 반발하여 쿠데타를 일으키고 자신의 칼로 종형(從兄, 사촌 형) 희종을 살해하고 황제의 자리에 올랐다.

해릉왕(하얼빈, 금상경역사박물관 소장)

그는 자신의 독재 권력을 확립하는 데에 있어서 장애물
이 되었던 황족, 중신重臣과 끝내는 적모嫡母인 도단황태
후徒單皇太后까지 숙청하면서 반대자들의 입을 틀어막았
다. 그 수법의 잔인함은 주색에 빠져 살육을 일삼았던 희
종 이상이었고, 『금사』의 평가에서는 "천하 후세 사람들
은 무도한 군주를 일컬을 때 해릉을 최우선으로 꼽았다."
라고 할 정도로 통렬痛烈했다. 어쨌든 그에 대한 평가는
역대 군주들 중에서도 유달리 낮다.

　그런데 자세하게 그의 행적을 살펴보면, 단순하게 '무
도한 군주'라는 평가만으로 끝나지 않고 그의 다른 측면
이 보인다. 훗날에 그는 자신의 뜻을 세 가지로 언급하고
있는데, 여기에서 그가 가진 황제로서의 정치적 자세가

단적으로 드러나고 있다고 생각된다. 세 가지의 뜻이란 국가의 대사는 모두 자기 한 사람이 결정한다, 송을 멸망시켜서 그 군주를 자기 앞에 무릎을 꿇게 하고 죄를 묻는다, 천하에서 최고의 절세미인을 얻어 처로 삼는다. 요컨대 중국풍의 황제 독재 체제를 확립한 바탕 위에서 최종적으로는 남북의 천하를 통일한다. 그렇게 되면 미녀의 획득을 시작으로 자신의 생각대로 되지 않는 것은 없을 것이다.

발해인 생모 아래에서 어렸을 때부터 한 문화의 훈도를 받아 길러졌던 해릉왕은 유가 사상에 깊은 조예와 생각을 가지고 있었다. 그가 원한 것은 중화 왕조를 창건하여 중화의 천자가 되는 것이었고, 그가 실시한 다양한 정책은 그 목표를 위한 조치였다. 한지漢地의 통치기관인 개봉의 행대상서성行臺尙書省을 폐지하고 중앙집권 체제를 강고하게 만들었고, 과거를 중시하여 인재를 발탁했다. 또한 국자감國子監을 설치하여 유학 교육을 시행했고 예제禮制의 측면에서 개혁을 행하는 등 해릉왕은 중화 왕조 건설을 위한 시책을 잇달아 내세웠다.

천도와 남벌

그중에서 최대의 국가적 사업이 연경으로의 천도였다. 건국 초기 이래의 수도였던 상경회녕부上京會寧府는 너무 북쪽으로 치우쳐 있어서 중화 왕조의 수도로서는 어울리지 않았다. 예전에 북위의 효문제가 평성平城에서 낙양으로 천도했던 것처럼, 해릉왕도 중화 지역으로의 천도를 계획했다. 번과 한을 동시에 지배하기 위해서 그가 선택했던 곳은 여진의 옛 땅도 아니었고 중원도 아니었다. 정확히 그 중간에 위치한 연경이었다.

금의 정원貞元 원년(1153), 대다수의 반대를 힘으로 제압하고 연경으로 천도를 단행한 해릉왕은 천하의 중앙이라는 의미를 담아 중도中都라고 이름을 지었다. 지금의 북경이 처음으로 역사의 정식 무대에 등장했던 순간이다. 천도와 동시에 개봉을 남경이라 하고, 대정大定을 북경으로 삼았다. 그리고 이미 존재하고 있었던 동경요양부東京遼陽府와 서경대동부西京大同府와 함께 새로이 금의 오경五京 제도가 확립되었다. 중화 왕조 수립을 향한 첫 번째 단계는 중도로의 천도를 통해 일단 정비되었다고 할 수 있다.

당면한 목표를 달성한 해릉왕의 야망은 이제 남송을

정복하여 남북의 천하를 통일하는 것으로 팽창해간다.

천하일가가 된 연후에 정통이 될 수 있습니다.

(『금사』 이통李通 열전)

해릉왕의 생각은 이 한 가지에 있었다. 정통 왕조가 되기 위해서는 여하튼 천하를 통일하지 않으면 안 되었다. 머지않아 해릉왕은 남송을 멸망시키기 위한 남벌을 계획하여 번, 한의 병력 61만 명, 말 56만 필을 민간에서 징발하고 출격의 날을 기다렸다.

정륭正隆 6년(1161), 공개적으로 100만이라고 칭한 금의 군대가 국경인 회수를 넘어 남송의 영토로 일제히 공격해 들어갔다. 20년 동안 지속된 금과 남송의 평화 관계가 이로 인해 완전히 무너졌다. 목표는 남송의 수도 임안(항주)이었다. 여진인을 주력으로 하여 거란, 해奚, 발해, 한인의 혼성 부대가 앞을 다투어 남하했다.

그러나 결론부터 말하면, 해릉왕의 야망은 성공을 거두지 못했다. 금의 군대가 장강을 건너는 것에 애를 먹고 있는 사이에 금의 동경(요양)에서는 해릉왕의 종제(從弟, 사촌 동생)인 완안오록完顔烏祿이 반기를 들었고, 동요하는 금 군대에서 반란이 일어나면서 해릉왕 본인이 살해되어 버렸기 때문이다. 해릉왕을 수행한 수많은 장병들은 이를 계기로 쌓인 눈이 무너져 내리듯 북쪽으로 철수하기 시작했고, 남송은 다시 회수의 선까지 잃어버린 땅을 회복하게 되었다. 남송에게는 뜻밖의 행운이라고밖에 할 수 없는 해릉왕의 갑작스러운 죽음이었다.

소요순小堯舜의 세상

해릉왕을 대신해 중도에 입성하여 5대 황제가 되었던 사람은 앞서 언급한 완안오록(중국식 이름은 옹雍), 즉 금 왕조에서 제일 뛰어난 군주라고 일컬어지는 세종(재위 1161~1189)이다. 비범한 그가 이 난국에 등장한 것은 금에게 있어서 어떤 의미로는 다행스러운 일이었다. 그가 내세운 정치적 방침은 대외적으로 남송과의 관계 회복을 도모하면서 국내적으로는 해릉왕의 지나친 중국화 정책을 시정하고 여진인의 전통문화를 부활하는 것이었다.

먼저 대외 정책에 있어서는 국경을 회수의 선으로 정한 소흥화의를 재확인함과 동시에 남송에게 양보하여 세폐의 액수를 줄여주었다. 은은 25만 냥에서 20만 냥으로, 비단은 25만 필에서 20만 필로 감소시킨 것이다. 또한 종래의 군신 관계를 중지하고 금과 남송이 숙부와 조카의 관계로 바뀌는 등 양국의 입장은 보다 대등한 쪽에 가까워졌다. 다만 의례의 측면에서 남송 황제는 금의 국서를 기립하여 존경의 뜻을 표시하며 받았던 것에 반해, 금의 황제는 남송의 국서를 앉아서 받는 등 금이 상위에 있다는 점은 확고하게 유지되었다.

전통문화의 부활에 있어서는 여진인의 한화와 궁핍화가 진행되는 와중에서 그들의 생활을 보장하고 민족적인 자각을 되찾기 위해 다양한 정책이 연달아 실시되었다. 한인으로부터 토지를 빼앗아 여진인에게 지급한 것을 시작으로, 여진인이 상무적 정신을 상실하지 않도록 기사騎射와 무예를 훈련하라는 명령을 내린 것 이외에 한인들의 성으로 바꾸는 것과 한인 복장을 착용하는 것을 금지시켰다. 그리고 여진문자의 학습을 장려하기도 했다. 유능한 여진인 인재를 양성하기 위해 여진국자학女眞國子學과 여진진사과女眞進士科를 설치했던 것도 세종 때의 일이다.

세종이 한인과 여진인을 구별하여 취급하고 있었다는

것은 그의 언동을 통해서도 파악할 수 있다. 상서우승尙書右丞 당괄안례唐括安禮가 "여진인과 한인은 지금 한 가족입니다."라고 찬사를 이야기했을 때에 세종은 그의 말꼬리를 붙잡고 문책하는 어조로 다음과 같이 말했다고 한다.

　　짐이 동경에서 즉위했을 때, 거란인과 한인은 모두 오지 않았고 다만 여진인만 찾아왔다. 이를 같은 부류라고 할 수 있겠는가?　　　　　　　　（『금사』 당괄안례 열전）

　세종이 염두에 두었던 것은 무엇보다도 여진인을 최우선으로 하는 왕조 국가의 구축이었다.

　그러나 실제로 그의 사고 패턴은 유교의 논리와 중국적 천하관에서 한 걸음도 벗어나지 못했다. 주위의 서하와 고려에 대해서 '사해의 군주'로 군림하고 있었고, 세종이 항상 입에 올렸던 말도 덕의 중요성이었다. 군주가 된 자는 "단지 덕을 닦는 것에 힘쓰면, 나머지는 무엇을 걱정할 수 있겠는가."（『금사』 세종본기)라고 했듯이 이것이 그의 모든 것이었다. 적극적으로 『역경』·『상서』·『논어』 등의 경전과 『사기』·『한서』 같은 역사서를 여진어로 번역시켰던 것도 여진 문화 위에서 한 문화를 도입하기 위함이었다. 그 자신은 결코 한 문화를 적대시하지 않았다. 그의 심성은 해릉왕과 마찬가지로 틀림없는 중화의 천자였다.

아마도 그는 거란이 그랬던 것처럼 여진이 점차 한화되어가고 있는 현실을 부끄러운 마음으로 바라보고 있었음이 분명하다. 이를 막기 위해서 분골쇄신 노력을 했는데, 번과 한을 통치하기 위한 근본이념이 유교의 논리인 이상 여진인의 한화라는 대세를 아무래도 막기는 어려웠다. 그러나 그러한 세종의 분투와 당시 남송과의 관계가 우호적으로 전환되었던 상황도 있어서 국내에서는 소강 상태가 이루어진 것도 사실이다. 직전에 해릉왕의 폭정이 있었다고는 하지만, 중원 사람들이 세종을 '소요순'小堯舜으로 부르면서 흠모했던 것도 그의 치적을 통해서 보면 지극히 당연한 일이었을 것이다.

남북의 화이관

금과 요를 비교하면 다양한 점에서 차이가 있다는 것

을 확인할 수 있다. 그중 하나가 요는 오호의 여러 왕조들과 마찬가지로 먼 조상을 '헌원씨(황제)'에게서 찾으면서 한인과 같은 기원을 가지고 있음을 주장한 것에 반해 금은 그러한 허구를 일체 만들어내지 않았고, 명확하게 북방 민족인 말갈의 후예라고 인식했다. 여진이 거란에 비해 민족적으로 자립하고 있었다는 증거인데, 그런 그들도 금 건국 초기에는 북송을 중국이라고 불렀다.

이 점은 요와 전혀 다르지 않다. 요도 처음에는 북송만을 중국이라 불렀고, 자국을 중국으로 칭한 것은 훨씬 뒤의 일이었다. 금이 중국을 자칭하게 되는 것은 화북을 지배하여 남송과 서로 대치하고 난 이후부터였다. 요도 금도 모두 고유한 천하관이 탄생한 이후의 일이었던 것이다. 그러나 연운십육주만을 지배했던 요와, 화북 전체를 영유했던 금이 똑같은 북쪽의 천하라고 해도 그 의미는 상당히 다르다. 중원의 귀추가 왕조의 정통성에 큰 영향을 끼쳤기 때문이다. 요가 마지막까지 북송을 중국이라 부르며 계속 동경했던 것도 북송의 치하에 중원이 자리했기 때문이었다.

그런데 금은 달랐다. 남북의 천하 통일에 실패했던 해릉왕 시대를 지나 북쪽과 남쪽에 두 개의 천하가 정착하면서 각각 국내에서의 정통화를 위한 이론 무장이 시도되었다. 금의 장종(章宗, 재위 1189~120)과 선종(宣宗, 재위 1213~1223)을 섬겼던 한인 조병문趙秉文 등은 여느 때처럼 『춘추』의 논법을 들고 나와 화와 이의 차이는 민족의 차이가 아니라 예와 의의 유무라는 것을 맹렬히 강조했다. 여기에 중원을 영유하고 있다는 정통 의식도 더해지면서 금도 후반으로 가면 남송을 '만황'蠻荒, '도이'島夷 등으로 부르며 이적으로 여기는 관점이 생겨났다.

한편 남송은 남송대로 금을 이적으로 여기면서 자국의 정통성을 주장했다. 금이 문화, 지역의 측면에서 자국을 중화로 여겼던 것에 반해 남송은 민족의 측면에서 금을 이적으로 여기며 폄하했다. 한인의 심층적 심리에 있는 민족적 멸시 관념이 금에 대항하여 단숨에 대두된 느낌이 있었다. 이는 주자학을 집대성한 유학자인 주희(朱熹, 1130~1200)에게서도 보이는데, 그의 사상 기조에는 '화이의 구별' 의식이 짙게 드러나고 있다. 주희에게 있어서 왕조의 정통론 측면에서도, 유학의 도통론道統論 측면에서도 남송만이 진정한 중화이지 않으면 안 되었다.

10세기부터 13세기까지의 동아시아에는 요와 북송, 금과 남송의 관계를 기축으로 중국의 주변에 서하, 대리大

理, 고려 등 몇몇 강대한 국가들이 출현했다. 당의 전성기와는 다른 다극, 다원적 상황이 드러나는 와중에 최종적인 대립 국면을 만들어낸 것은 금과 남송이었다. 확실히 남송은 금에게 신하로 복종했지만, 남과 북의 힘이 서로 버티며 대항한 측면도 있어서 금도 결국 남송을 병합하지는 못했다. 남북 대립의 국면이 그대로 정착되었고, 천하 통일은 다음 시대로 미루어지게 되었다.

천하일가의 실현은 결국 금, 남송과는 다른 새로운 세력에 의해서 달성된다. 그때까지 금이 계속 이적으로 여기면서도 지속적으로 골치 아파해온 몽골이 급격하게 성장하면서 유라시아의 거의 전역을 지배하게 되었던 것이다. 금도 남송도 몽골의 적수가 되지 못했고, 성난 파도와 같이 밀려드는 몽골 군대 앞에 어찌할 도리가 없이 지상에서 사라져갔다. 동아시아의 남과 북에 있던 천조는 몽골의 천조로 수렴되어 넓은 의미의 천하일가가 역사상 처음으로 현실 세계에서 실현되었다. 13세기, 이른바 '몽골의 세기'가 시작된 것이다.

제 8 장

천하일가의 완성

— 원

쿠빌라이의 한지 지배

1206년, 몽골의 여러 부족을 통일한 테무진은 오논강 근처에서 칸에 즉위하여 칭기즈칸(재위 1206~1227)이라는 이름을 취했고, 그 이후 동쪽과 서쪽을 향해 대군을 보내 초원의 군사력으로 광대한 지역을 석권해갔다. 칭기즈칸과 그의 자손들에 의해 이루어진 대사업은 유라시아 대륙의 태반을 몽골이 지배하는 대유목 제국의 건설이었다. 이전에도, 이후에도 이 정도로 큰 제국을 건설했던 것은 몽골을 제외하면 존재하지 않는다. 게다가 몽골의 치하에서는 비교적 평온하고 안정된 정세가 생겨났기 때문에 이 시대를 특별히 팍스 몽골리카(몽골의 평화)라고 평가하는 경향도 있다.

본래 몽골은 2대 카안인 태종 우구데이(재위 1229~1241) 시대에 금을 멸망시키면서 중국의 북쪽 절반(즉, 화북) 지역을 지배하게 되었다. 이 시점에서 중국의 남쪽 절반에는 아직 남송이 있었으니 동아시아에는 몽골과 남송이 남북으로 서로 대치하는 상태가 출현했다.

1251년, 4대 카안인 헌종 뭉케(재위 1251~1259)가 즉위하면서 쿠빌라이는 형인 뭉케로부터 막남한지대총독漢南漢地大總督에 임명되어 내몽골의 금련천(金蓮川, 훗날의 상도개

평부上都開平府)을 거점으로 삼아 화북 지역을 통치하기 시작했다. 쿠빌라이가 머지않아 중국으로 들어가게 되는 계기가 여기에서 생겨났던 것인데, 이 시점에서는 누구도 아직 쿠빌라이가 다음 카안이 될 것임을 예상하지 못했다.

뭉케는 1257년부터 남송을 향해 총공격을 개시했고, 쿠빌라이도 화북에서부터 출격의 명령을 받았다. 그런데 남쪽 정벌군 편성과 식량의 보급로 확보에 시간이 걸리면서 쿠빌라이가 남송과의 경계인 회수 강변에 도달한 때는 1259년 8월이었다. 점차 전투태세를 정비하던 쿠빌라이였는데, 그런 그에게 생각지도 못한 소식이 갑자기 날아들어 왔다. 형 뭉케가 사천의 진영에서 돌연 사망했다는 것이다. 진영에서 유행했던 전염병이 원인이었던 것으로 여겨진다. 총대장이 갑자기 사망함으로 인해 이미 몽골의 본대는 뭉케의 관을 받들고 수도인 카라코룸을 향해 철수하기 시작했다.

본래대로라면 쿠빌라이도 북쪽으로 돌아가야 했는데, 여기에서 그는 예상외의 행동을 취했다. 북쪽으로 돌아가지 않고 뭉케의 명령을 충실하게 지키면서 장강을 남쪽으로 건너 후세에 '악주鄂州의 역役'이라 불리는 악주

(무한) 포위전을 남송에서 착수한 것이었다. 무모하다고도 생각되는 쿠빌라이의 이 행동은 오히려 대담한 계획이라고 해석되었고, 이는 그 후 쿠빌라이의 운명을 결정했다. 자신을 지지하는 세력이 넓어졌음을 느낀 쿠빌라이는 머지않아 남송과 임시 화의를 맺고 방향을 바꿔 되돌아오기 시작했다. 그리고 근거지인 개평에 도착했을 때에 자신에게 유리하도록 만든 쿠릴타이(대집회)를 자기 편으로만 개최하여 카안의 즉위를 일방적으로 선언했던 것이다.

이때 몽골제국의 수도 카라코룸에서는 막냇동생 아릭부케가 뭉케의 빈자리를 지키고 있었는데, 쿠빌라이의 즉위에 승복하지 않은 그는 뭉케의 장례가 끝나자 새롭게 쿠릴타이를 개최하여 정식 절차를 밟아 5대 카안으로 즉위했다. 몽골제국 내에 2명의 카안이 탄생한 것인데, 이제 제국은 분열의 위기 한복판에 있었다. 그리고 이 사태를 해결하는 데에는 무력에 호소하는 것 이외에는 다른 수단이 없다는 것을 두 사람 모두 뼈저릴 정도로 인지하고 있었다. 이에 두 사람 사이에 전투가 벌어지기 시작하는데, 이것이 유명한 '아릭부케의 난'이다.

이 내란은 결국 군사력에서 우월한 쿠빌라이의 승리

로 끝났고, 1264년에 그는 명실상부한 몽골제국의 대카안이 되었다. 제국의 수도 카라코룸의 세력을 타파한 쿠빌라이는 곧바로 근거지인 개평을 상도上都라고 개칭하고, 금의 중도와 함께 몽골제국의 수도로 결정했다. 그것뿐만 아니라 일단 중국으로 중점을 옮긴 쿠빌라이는 더 나아가 중국과 가까운 지역에 거점을 두어 중도의 북동쪽 교외에 대도大都를 건설하면서 그 지역을 몽골제국의 수도로 삼았다. 세간에서 칭했던 카안의 수도, 칸발릭이 탄생한 것이다. 여름 수도는 상도, 겨울 수도는 대도였고 훗날 원의 두 수도 제도는 이렇게 탄생하게 되었다.

원조사元朝史와 몽골사

거란, 여진에 이어 중화 지역을 지배하게 된 몽골. 이 몽골에 의해 건립된 원조는 도대체 어떤 왕조였을까?

10세기 초에 당이 멸망한 이후 오대십국 시대라고 하는 일시적인 분열 시기가 지나고 이른바 중국 대륙에는 송, 원, 명, 청 4개의 통일 왕조가 각자 '중국'의 범위를 다르게 만들면서 잇달아 흥망을 거듭했다. 학계에서 통용되는 송·원 시대, 명·청 시대라는 호칭에서부터 알 수 있는 것처럼 일반적으로 이 4개의 왕조는 동급의 중화 제국으로 간주되고 이민족 왕조인 원과 청까지도 중국사의 문맥에서 파악되는 것이 일반적이었다.

그러다가 20세기 후반이 되면서 원과 청을 중화 제국의 개념으로 함께 취급해서 이해하는 것에 분명히 의심되는 부분이 드러났고, 두 제국의 고유한 성격으로 많은 관심이 모아지게 되었다. 그중에서도 원에 대해서는 지배 민족인 몽골이 유라시아의 거의 전역을 지배했던 것으로 인해 단순한 중국사 속에서 원조사元朝史로 파악하는 것이 아니라, 몽골 시대사 속에서 원조사의 의미를 묻는 자세가 주류를 점하고 있다. 지금은 몽골어, 페르시아어는 물론이고 티베트어, 투르크어 혹은 러시아어 등 다양한 언어의 세계에서 원조사도 받아들여지고 있는 중이라고 할 수 있다.

일본의 전통적인 중국 사학의 입장에서 말하면, 원조사에 관한 주요 사료는 『원사』를 필두로 하는 한문 사료였다. 이러한 한문 사료에 토대를 두어 메이지 시대 이래로 큰 성과가 이루어졌다는 것은 틀림없는 사실이다. 다만 최근의 연구가 강조하는 것은 한문 사료에는 한인 특유의 화이사상이 가진 편견이 들어 있고, 여기에 몽골인이 야만적인 이적이라는 선입견이 있기 때문에 진실과는 거리가 먼 모습이 드러난다는 점이다. 이러한 한문 사료만으로 과연 진정한 몽골의 모습이 보일 수 있을까라는 것이다.

중화 왕조라는 겉모습

실제로 한문 사료인『원사』등을 보면, 반드시 한인에게 유리한 기록이 눈에 보이고 쿠빌라이의 참모가 어떻게든 한인이 주체였다는 것처럼 보이는 이미지를 만들어냈다는 것은 부정할 수 없다. 그러나 쿠빌라이의 휘하에는 한인 이외에 몽골인, 위구르인, 여진인, 페르시아인을 필두로 실로 다양한 사람들이 모여 있었고 그들의 논의도 일설에서는 몽골어로 이루어졌다고 보기도 한다. 만약 그렇다고 한다면, 쿠빌라이의 참모는 한인들조차도 몽골어를 이해했다는 것이고 이는 한인이 주도하는 순수한 중화 왕조의 이미지와 당연히 겹쳐질 수 없다.

그러한 쿠빌라이 정권의 실태에 주목하여 쿠빌라이 국

가의 중화 왕조로서의 체재體裁는 실은 몽골제국의 겉모습에 불과하다는 견해도 있다. 겉모습의 안쪽에는 다양한 민족, 집단이 존재하고 매우 혼합적인 제국이 구축되어 있었다고 한다. 중화 왕조라는 겉모습에 미혹되어 몽골의 본질을 놓쳐서는 안 된다는 것이다. 과연 그러한지를 보게 되면, 분명히 그대로일 것이다.

다만 한편으로는 쿠빌라이의 국가가 중화 왕조의 겉모습에 계속 매달린 것도 사실이고, 이 점 역시 무시할 수 없는 중요성을 가지고 있지 않을까? 쿠빌라이의 한인 참모인 허형許衡의 다음 말은 어떤 의미에서 시사하는 바가 있다.

북방이 중하中夏를 전부 점유하면, 반드시 한법漢法을 행해야 오래갈 수 있습니다.

(『원문류』 권13, 시무오사時務五事)

한지漢地에는 한지에 적합한 통치 방법이 있다. 황제를 정점으로 하는 거대한 관료 조직을 갖춘 집권적인 통치 기구이다. 그리고 이를 지탱하는 유교 이데올로기에 기초한 천하관이 있다. 이 두 가지가 어우러져서 한법漢法

의 세계가 한지에 구축되어 있다. 쿠빌라이가 본보기로 삼고자 했을 요와 금도 한법의 실현에 고심했던 모습은 이미 살펴보았다.

쿠빌라이가 한법의 중요성을 어디까지 자각하고 있었는지에 대해서는 일단 제쳐두고, 결과적으로 쿠빌라이의 국가도 한지에서는 한법을 채용하지 않을 수 없었다. 아니, 오히려 적극적으로 한법을 도입하여 한지에 적합한 중화 왕조의 겉모습을 만드는 데에 전념했다는 편이 실상에 가까울 것이다. 그렇게 하는 것만이 한지 주민들로부터 승인을 얻고, 자신의 왕조를 정당화할 수 있었기 때문이다. 쿠빌라이의 국가에 있어서 한법이라는 중화 왕조의 겉모습은 필수불가결한 것이었다.

원은 언제 성립했는가?

중화 왕조의 겉모습에서 가장 중요한 것은 국호일 것이다. 본래 원元이라는 국호는 언제 제정되었던 것일까? 또는 원이라는 왕조는 언제 시작되었던 것일까?

원의 정사正史인 『원사』 권1 태조본기에는 칭기즈칸의

전기傳記가 수록되어 있고, 그를 원의 창시자로 보는 입장을 취하고 있다. 『원사』뿐 아니라 원의 위정자들도 칭기즈칸을 국조國祖로 추앙했는데, 이러한 해석에 따르면 그가 칸에 즉위했던 1206년이 원의 창설 연대가 된다. 그러나 알려져 있는 것처럼 이 시점에서는 원이라는 국호는 아직 제정되지 않았고, 칭기즈칸이 정한 국호는 예케 몽골 울루스, 중국식으로 말하면 대몽고국大蒙古國이었다. 원 이전의 정식 국호는 대몽고국이고 이를 간략하게 줄여 한지에서는 '대조'大朝라는 국호도 사용되었던 것 같다.

한편 개설서 종류들을 보면 오늘날 원 왕조의 창설 연대로는 크게 두 가지 주장이 통행되고 있다. 1260년이라는 주장과 1271년이라는 주장이다. 1260년은 쿠빌라이가 카안에 즉위한 연도이다. 1271년은 정식으로 원이라는 국호가 제정된 연도이다. 실질적인 측면을 중시하자면 1260년이라는 주장이 성립하고(혹은 1206년이라는 주장도 성립한다), 명분의 측면에서 말하면 1271년 이외에는 성립할 수 없다. 즉 어떠한 주장도 잘못되었다고는 할 수 없고 무엇을 기준으로 두는가에 따라 도출되는 결론도 자연스럽게 달라지는 것이다. 이것이 창설 연도가 정해지지 않은 큰 이유이다.

　사실 이렇게 창설 연도가 통일되지 못한 것은 만주족이 건설한 청조에도 해당된다. 청 태조 누르하치가 청의 전신인 후금국(아이신 국)을 수립한 것이 1616년이다. 청이라는 국호를 제정했던 것은 그의 아들 태종 홍타이지 시대인 1636년이다. 그리고 명을 대신해 중국을 지배하게 되었던 것은 세조 순치제順治帝 시기인 1644년이다. 일반적으로는 명·청 교체 연도인 1644년이 막연하게 청의 시작이라고 여겨지고 있는데, 이것도 전통적인 중국 중심 사관의 '구폐'舊弊 때문이라고 할 수 있다. 이 습관을 따른다면, 원도 같은 궤적을 걸었다는 것만으로 남송을 멸망시켜 전국을 통일했던 1279년을 원의 창설 연도라고 하는 것도 반드시 무리한 해석은 아니다.

　이 정도로 청과 원의 성립 연도를 특정하는 것이 어렵다. 그러나 청과 원은 국가의 성립 과정이 달라서 양국을 동급으로 논할 수는 없다. 왜냐하면 청은 후금국이 그대로 발전하여 중국을 영유한 국가인 것에 반해 원은 유라시아 규모로 팽창했던 대몽고국이 얼마 후 분열되어 동아시아를 중심으로 탄생했던 국가였기 때문이다. 요컨대 누르하치를 청의 창업자인 태조라고 부르는 것은 어떠한 위화감이 없지만, 칭기즈칸을 원의 태조라고 호칭하는 것은 반드시 유보할 필요가 있다.

이렇게 말하게 되면 칭기즈칸은 대몽고국 창설자이고, 원은 대몽고국이 분열된 이후에 탄생한 여러 칸국 중에서 하나에 불과한 것이 된다. 거꾸로 이야기하면, 칭기즈칸은 원의 창업자인 동시에 다른 여러 칸국의 창업자이기도 하다는 것인데, 이를 일부러 원 태조라고 하는 중화풍의 창업자로 만들어버렸던 것은 쿠빌라이의 국가가 조작한 결과였다. 중화 지역에서 성립한 쿠빌라이의 국가(=원 왕조)는 한법을 따라 칭기즈칸을 국가의 시조로 떠받들며 중화 제국의 겉모습을 보강했던 것이다.

중화개통中華開統

원은 대몽고국 이래의 전통을 한편으로 계승하면서 다른 한편에서는 중화 제국의 겉모습을 덧입으면서 한지에 적합한 국가를 만들어갔다. 그 전환점이 된 것은 쿠빌라이가 카안으로 즉위한 1260년이었다. 한지에 기반을 둔 쿠빌라이가 한지 지배를 위해 내놓은 기본 방침은 한인 참모와 함께 한법을 헤아려 중화 제국의 겉모습을 꾸미는 것이었다. 중서성과 육부 등 중앙행정기구를 필두로 추밀원(군정), 어사대(감찰) 등 한법에 따라 다양한 새로운 제도가 잇달아 실시되었다.

이러는 동안에 왕조의 정당화를 위한 조치도 지체 없이 강구되었다. 이를 주도한 사람은 쿠빌라이 정권의 최고 고문이라고 할 수 있는 한인 유병충劉秉忠이었다. 유교, 불교, 도교 세 종교와 풍수에 능통했던 기이한 승려 유병충은 쿠빌라이를 섬기는 고문이 되었고 머지않아 환속하여 중화 제국 창건을 위한 계획을 잇달아 실행해갔다. 유병충이 시행한 많은 정책 중 하나로 연호의 제정이 있다. 쿠빌라이가 자립했던 1260년 5월, 대몽고국에서 최초로 연호가 만들어졌다. 그 연호는 중통中統이었다.

본래 하늘의 아들(천자)이란, 공간(천하)과 시간을 지배하는 사람이고, 연호는 천자가 다스리는 천하에 흐르는 시간을 표시하는 것이다. 연호는 항상 천자에 뒤따르는 것이었고, 그 치세를 상징하는 기호의 역할을 맡았다. 중국 왕조가 전통적으로 책봉국에게 역曆을 수여했던 것은 책봉국들이 중국과 시간을 공유하면서 천자의 지배 아래에 들어가는 것을 명확하게 하기 위함이었다. 이를 '정삭

(正朔, 역)을 받든다'라고 한다. 쿠빌라이가 연호를 제정한 것은 한편으로는 그가 중화풍의 천자로서 중화 지역에 군림하고 있다는 것을 내외에 천명하는 것이기도 했다. 이때 내려졌던 '건원호조'(建元號詔, 연호를 세우는 조서)의 일부를 의역해보면 다음과 같다.

> 짐은 조종의 천하를 계승하여 강토疆土를 확충하고자 생각하여 열성列聖의 대법大法을 분석하고 이전 시대에 정해진 제도를 강구해왔다. 연호를 세워 세시歲時를 표기하여 황위가 만세에 걸쳐 계승된다는 것을 보이고, 시간을 적어 왕업王業을 기록하여 천하일가의 대의를 선명하게 하는 것이다. 『춘추』의 정시(正始, 정통의 시작)에 따르고 『대역』大易의 건원(乾元, 만물의 근원인 하늘)을 지켜서 천자의 대계大計를 명확히 하고 태평의 왕도王道를 열 것이다. 경신년庚申年 5월 19일부터 연호를 세워 중통 원년으로 삼는다.　　　　　　　　　　(『원사』 세조본기 1)

이 조서가 실은 쿠빌라이의 이름을 빌린 유병충 본인의 생각이었다고 해도 여기에 천하일가가 분명히 언급되고 있다는 점이 중요하다. 솔직하게 말해서 이 시점에서 천하일가는 실현되지 않았고, 쿠빌라이는 카안의 지위에 즉위했던 것에 불과하다. 그러나 천하일가를 선언하는 것으로 쿠빌라이 정권의 정당성이 전면에 내세워졌고, 중화에 대한 지배를 유리하게 이끌고 가는 것도 용이해졌다. 중점을 중국으로 옮기고자 생각했던 쿠빌라이의 국가만의 한인을 향한 선언이었던 것이 틀림없다.

그 점은 연호의 명칭에서도 단적으로 드러나고 있다. 중통이란 '중화개통'(『원문류』 권16, 동창로하평송표東昌路賀平宋表)을 일컫는 것으로 중화 지역에서 정통 왕조를 개창했다는 쿠빌라이 국가의 남다른 결의를 표명한 것 말고 그 무엇도 아니다. 물론 국호는 대몽고국 그대로였지만, 중통이라고 하는 중화풍 연호를 사용했던 것은 쿠빌라이의 국가가 한지 지배를 향해 크게 방향을 바꾸고 중화 왕조로서의 겉모습을 만드는 일에 힘을 쏟기 시작하는 첫 걸음이기도 했다. 이제 쿠빌라이의 국가는 예전 칭기즈 칸 시대의 대몽고국과 같지 않다. 머지않아 쿠빌라이의 국가가 가진 독자적인 천하관 아래에서 중화풍의 국호를 제정하게 되는 것도 시간문제였다.

하늘의 법칙

그런데 곧바로 그렇게 되지는 않았다. 중화풍의 국호 제정에 이르기까지는 계속 몇 단계를 밟지 않으면 안 되었기 때문이다.

1264년 아릭부케를 타도한 쿠빌라이는 유병충의 제안을 받아들여 연호를 중통에서 지원至元으로 바꾸었다. 적대 세력을 타파하고 몽골제국을 통일한 쿠빌라이는 자신의 국가가 새로운 단계에 이르렀음을 연호 개정이라는 행위로 표명했던 것이다. 이후, 쿠빌라이가 사망하는 1294년까지 정확히 30년 동안 지원이라는 연호를 그대로 사용했고 다시 변경되지 않았다.

새 연호인 지원은 『역경』의 "지극하도다, 곤원坤元이여. 만물이 그러므로 생겨나고, 이에 하늘에 순종하고 이어받는구나."에 근거한 것으로, 이때의 연호 개정에는 특별한 목적이 담겨 있었다. 이를 한마디로 말하면, 한지에서 전통적인 천조의 논리를 따라 쿠빌라이의 국가가 천조로서 가진 정당성을 이론적으로 보다 반석에 올려놓는 것이었다.

원래 이 문구 직전에는 『역경』의 유명한 구절인 "크구나, 건원乾元이여. 만물이 그러므로 시작되니 이에 하늘에서 통괄하는구나."가 있고, 곤원은 건원에 대응하고 있다. 알려져 있는 것처럼, 건원의 건乾은 하늘이고 곤원의 곤坤은 땅이며 원元은 시초始初를 의미한다. 즉 건원이란 천도天道의 시초이니 곧 천지 만물의 근원이 있는 우주 생성의 원리 혹은 하늘 그 자체를 가리킨다. 만물은 건원과 곤원이 감응하면서 생기는 것이기 때문에 곤원도 또한 천지 만물의 근원이라고 할 수 있는 것이다.

앞서 처음으로 연호를 제정할 때에도 '건원을 지키는' 왕조 국가의 건설이 표명되고 있었는데, 제정되었던 연호 자체는 '중화개통'에서 이름을 따서 중통中統이라고 했다. 이는 중화 왕조의 탄생을 선언한 것에 불과했다. 이를 대체한 지원이라는 연호는 '중화개통'의 본원本源에까지 거슬러 올라가 하늘의 법칙으로 쿠빌라이 국가의 중화 통치를 정당화하려 했던 것이었다. 중통에서 지원으로 연호를 개정하면서 쿠빌라이 국가의 천조화天朝化가 일단 진전되었음은 말할 것도 없다. 여기에서도 쿠빌라이의 참모들의 지혜와 능력이 유감없이 발휘되고 있었다고 하겠다.

천조의 수도

쿠빌라이의 중화 왕조 겉모습 만들기는 물론 연호 개정만으로 끝나는 것이 아니었다. 지원으로 연호를 바꾸고 3년이 지난 1267년, 드디어 쿠빌라이의 국가는 천조로서 본격적인 수도 건설을 시작했다. 하늘의 아래인 천하의 중심에 천자가 존재하고, 그 천자가 거주하는 천하의 중앙에 천조의 수도가 있다. 연호 제정을 끝낸 쿠빌라이의 국가가 설정한 다음 목표는 하늘을 대신해 천하에 명령을 내리는 천자의 수도를 건설하는 것이었다. 천자가 하늘에 대해 책임을 지는 이상, 천자의 수도도 당연히 하늘의 법칙에 맞지 않으면 안 되었다. 중화 제국의 겉모습 만들기에 애쓰고 있던 쿠빌라이의 국가로서는 특히 하늘을 강하게 의식했을 것이다.

국가의 위신을 걸었던 수도(대도)의 건설이었는데, 이 대사업도 또한 유병충의 주도 아래에 집행되었다. 그가 의거한 것은 유교 경전인 『주례』周禮였고, 「고공기」考工記의 「장인영국」匠人營國 조항에 근거하여 중앙의 궁성 남쪽에는 조정, 북쪽에는 시장, 동쪽에는 태묘, 서쪽에는 사직단을 설치한 '면조후시面朝後市, 좌조우사左祖右社'의 이상적인 수도가 역사상 최초로 나타났다. 옛 수도의 동

북경에 있는 대도 성벽 유적(통칭 '토성'이라고 한다. 저자 촬영)

북방에는 아무것도 없는 새로운 공간에 궁성과 궁전 및 성벽 그리고 중서성과 추밀원 같은 관청들이 계획적으로 건설되었다. 옛 수도의 주민 절반은 강제적으로 이주시켜 새로운 수도의 충실함을 도모하였다.

　세밀하게 계획된 설계 아래에 쿠빌라이 국가의 중화 통치를 향한 수도 건설은 실로 20여 년의 시간을 들여 1293년에 일단 완성되었다. 천조의 수도에 상응하는 경관과 기능을 갖춘 새로운 도성이 북쪽 대지 위에 탄생하게 되었다. 새로운 수도 자체는 한인을 의식하여 한지 지배의 기념비적인 색채를 띠었고, 다분히 중화 제국의 겉모습으로서 상징적인 역할을 맡고 있었던 것도 사실이다. 역대 국가들의 수도 중에서 가장 이상형에 가까운 이 도성은 이민족 왕조인 쿠빌라이의 국가 특유의 중화 통치가 만들어낸 것이라고도 할 수 있겠다.

크구나, 건원이여

수도 건설이 급속도로 한창 추진되고 있던 1271년 11월, 쿠빌라이는 새로운 국호를 정하고 천하를 향해 공표했다. 국호는 대원大元이었다. 정식으로는 대원 예케 몽골 울루스, 즉 대원대몽고국大元大蒙古國이고 줄여서 대원국이다. 이른바 원조元朝의 탄생이다.

대원의 국호를 정한 것을 시작으로 한지에서는 종래의 대몽고국 대신에 중화풍의 대원이라는 국호가 일반적으로 사용되었다. 한지의 주민들에게 있어서는 중화 왕조로서 원조의 통치가 시작된 것이다. 그 이듬해인 1272년에는 새로운 수도의 명칭이 중도에서 대도大都로 변경되었는데, 이것도 아마 애초부터 이미 정해진 방침이었을 것이다. 1260년에 중통으로 연호를 제정한 이후 1264년에 지원으로 연호를 개정했고 1271년에는 대원이 탄생했으며 1272년에는 대도로 수도 명칭이 변경되는 일련의 흐름은 쿠빌라이의 국가가 세운 치밀한 계획적 조치였다고 하겠다.

왜냐하면 중통과, 지원·대원·대도 세 가지는 그 명칭에 포함된 의미에 명확한 차이가 있기 때문이다. 즉 단순히 중화 왕조의 성립을 알리기 위한 중통과는 달리, 지원은 왕조 탄생의 근원까지 거슬러 올라갔고 우주 생성의 원리에 기초하여 이름을 지은 것이었다. 지원이라는 연호와 국호인 대원, 제국의 수도인 대도에는 모두 원元 혹은 대大라는 글자가 사용되었는데 여기에서 공통점이 확인된다. 이것이야말로 쿠빌라이의 국가가 중화 왕조의 겉모습을 한층 보강하여 천조화의 정도를 진전시켰던 증거라고 보아도 좋을 것이다.

여러 차례 언급했듯이 건원이란 하늘 혹은 천지 만물의 근원이니 당연히 대원의 원도 같은 의미를 지닌다. 대원이 『역경』의 '크구나, 건원이여'에서 따와서 이름을 지었다는 것은 대원의 '건국호조'(建國號詔, 국호를 세우는 조서)에도 명확하게 기록되어 있다. 대원이란 큰 하늘인데 게다가 이 하늘은 몽골 등 북방 민족 고유의 하늘인 텡그리도 포함하고 있었다. 당 태종이 북방 민족에 대해 칭했던 천가한에 있는 텡그리이다. 대원이 중화풍의 국호이긴 하지만, 북방 민족의 사상도 들어가면서 매우 보편적인 개념이 되었다는 것을 알 수 있다.

　중요한 것은 원이라는 글자에는 하늘 혹은 만물의 근원 이외에 또 다른 의미가 있다는 점이었다. 그것은 크다는 개념이다. 원대의 전고典故와 제도를 기록했던 『경세대전』經世大典의 서록序錄에는 다음과 같이 기록되어 있다.

　　원이라고 하는 말은 크다는 것이다. 그러나 대大라는 글자만으로는 충분히 다 말하지 못한다. 이를 원이라고 부르는 것은 원이 큰 것의 극치이기 때문이다.

　큰 것의 극치가 원이라면, 원과 대는 근본 토대에서 서로 통하는 것이니 거꾸로 대라는 글자에도 하늘이 있게 된다. 바꿔 말하면, 대도의 대는 수도의 모습을 나타내는 단순한 존칭이 아니라 큰 하늘[大天]의 의미가 들어가 있다는 것이다. 즉 쿠빌라이는 확실히 천조의 수도에 대도라는 이름을 붙인 것이고, 중도에서 대도로 명칭이 변경된 것은 중통에서 지원으로 연호를 바꾼 것에 대응하는 조치이기도 했다. 천명을 받은 쿠빌라이가 대원이라고 하는 천조를 창건하고 천하의 중앙에 대도를 건설하여 지원이라고 하는 시간을 지배하는 셈이다. 천자가 된 쿠빌라이는 연호, 국호, 수도 세 가지를 통해 하늘의 법칙을 구현했고 대원의 천하 통치를 정당화했던 것이다.

대원의 천하

대원이 의미하는 것은 이것만으로 그치지 않는다. 실은 대원이라는 국호에는 더욱 심오한 의도가 숨겨져 있었다.

대체적으로 역대 왕조들 중에서 원과 같은 추상적인 국호를 사용했던 것은 원 이전의 다른 사례에서는 보이지 않는다. 진, 한은 처음 흥기한 지역 명칭에서 유래한 것이었고 수, 당은 봉해진 작읍爵邑의 명칭을 토대로 이름이 붙여진 것이었다. 수의 창시자인 양견은 북주 시대에 수국공隋國公의 직함을 받았고, 당의 창시자 이연도 아버지 당국공唐國公을 계승했기 때문에 작위를 따서 국호를 정했던 것이다.

그러나 그들은 "대체로 지극히 공정한 입장에서 보자면, 조금 수준이 낮은 측면이 없지 않다."면서 국호로서는 공평성이 부족하다고 '건국호조'는 지적한다. 종래의 국호는 특정한 집단, 지역, 민족 등을 대표할 뿐이었고, 광대한 영역과 다양한 부류의 민족을 지배하는 쿠빌라이의 국가에서는 부적절했던 것이다. 이를 해결하기 위해서 모두를 포괄하는 추상적인 개념을 사용할 수밖에 없었다. 그 결과 선택된 것이 대원이었고, 여기에 포함된 의미는 앞서 누누이 서술한 대로이다.

이러한 명명命名 법칙은 똑같은 정복왕조인 청조에서도 변하지 않았다. 누르하치가 독립국을 수립했을 때에 그는 여진의 후계를 자부하면서 금이라는 국호를 내세웠다. 그러나 영역이 확대되어 몽골, 한인을 지배 아래에 두게 되면서 금이라는 국호에서는 모든 민족을 커버할 수 없게 되었다. 그래서 홍타이지 시대에 고안되었던 것이 또한 추상적인 개념이었던 대청大淸이었다. 대청의 의미에 관해서는 대원과 같은 전거典據가 없고, 여러 주장이 있어서 확정할 수가 없지만 어쨌든 대청이라는 국호로 인해 여러 민족 간 지극히 공평한 성격이 보장되었다.

원과 청 사이에 끼어 있는 명明도 또한 추상적인 국호를 이름으로 삼았다는 점에서는 두 왕조와 다르지 않다. 명의 국호에 대해서도 마니교(명교)에서 유래했다는 것 혹은 홍건군의 소명왕小明王에서 따왔다는 것 등 여러 주장이 있지만, 아직 정설은 없다. 말할 수 있는 것은 명도 그 영역 내에는 여진족이나 서남의 소수민족 등 한민족이 아닌 민족들을 포함한 다민족국가였다는 점이다. 다만 명의 경우는 원과 청에 비해 현격하게 영역이 좁았지만, 거꾸로 다민족국가의 이념적 측면이 두드러졌던 느낌이 없지도 않다. 이 점에 대해서는 다음 장에서 상세히 서술하겠다. 어쨌든 세 왕조의 공통점은 다민족의 복합국가였다는 것과 그 국가들이 갖추고 있는 세계적 특성이었다.

이를 상징적으로 보여주는 것이 국호 앞에 덧붙여진 대大라는 글자이다. 그 이전에도 대한大漢 혹은 대당大唐이라는 호칭은 존재했지만, 여기에서 대는 존칭이고 정식으로는 한, 당이었다. 그러나 원 이후에는 대원, 대명, 대청이 정식 국호였고 세 왕조는 송 이전과는 명확하게 구별된다. 대라는 글자가 영역의 광대함, 나아가서는 그 지배 아래에 있는 민족의 다양성을 함의하고 있다는 점은 더 말할 것도 없다. 쿠빌라이는 그가 존경해마지 않았던 할아버지 칭기즈칸의 사적을 '건국호조'에서 다음과 같이 현창하고 있다.

우리 태조 성무황제聖武皇帝는 건부(乾符, 천자의 증표)를 손에 쥐고 삭토(朔土, 북방)에서 흥기하여 신무神武로써 제도(帝圖, 천자로서의 술책)를 접수하고 사방으로 천성天聲을 울리며 대대적으로 토우(土宇, 국토)를 넓혔다. 여도(輿圖, 천하)의 광대함은 역고(歷古, 예로부터) 없는 것이었다.

쿠빌라이의 현창을 기다릴 것까지 없이 칭기즈칸 스스로 자신의 국가를 예케 몽골 울루스, 즉 대몽고국이라 불렀고 더 나아가 한지에서는 이를 줄인 칭호 대조大朝로 부르면서 대大를 강조했다. 영역의 광대함과 다민족성이야말로 원 이후 국가의 특징이고, 그것이 대라고 하는 개념으로 표현되었던 것이다. 전통적인 '송, 원', '명, 청'이라는 묶음이 얼마나 현실과 어울리지 않는 것인지를 이 점을 통해서도 이해할 수 있다. 굳이 분류를 한다면, '송'과 '원, 명, 청' 그룹으로 구별하는 것이 적절할까? 대원의 천하가 성립하기 이전과 이후는 천하의 내실도, 국가의 모습도 크게 변화했다고 말하지 않을 수 없다.

남북의 통일

이전에 쿠빌라이가 중통이라는 연호를 세웠을 때 그는 동시에 천하일가의 대의를 내외에 분명히 이야기했다. 물론 이 시점에서는 천하일가 등의 꿈은 꿈에 불과했고 우선은 아릭부케와의 골육상쟁을 끝내고 자신의 기반을 확립하는 것이 가장 중요한 사안이었다. 그 이후에 제국을 통일하여 대칸이 된 쿠빌라이가 중화 제국으로서의 대원 건설에 매진했던 모습은 앞에서 살펴보았다. 그러는 동안에 진정한 천하일가의 실현을 위해 남송과의 전쟁 준비도 국내의 체제 정비와 나란히 시행되어 착착 추진되었다.

천하 통일을 위한 본격적인 남송 공격은 쿠빌라이가 대도 건설에 착공하고 1년이 지난 1268년에 시작되었다. 이에 앞서 쿠빌라이는 화북 각지에서 징발한 민간의 선박과 새롭게 만든 다수의 전함으로 수군을 편성했고, 다가올 남송과의 전쟁에 대비해 장강으로 흐르는 한수漢水에서 여러 날에 걸쳐 훈련을 시행했다. 이렇게 충분히 준비하고 난 다음에 결국 남송과의 전투가 시작되는데 이것이 유명한 '양양襄陽, 번성樊城의 전투'(양양, 번성은 모두 호북성에 있다)이다.

한수를 끼고 마주보고 있는 이 두 도시는 남송의 입장에서 보면 북쪽의 최전선에 위치한 전략상의 요충지로, 육군과 수군을 결집시켰기 때문에 원조도 장기전을 각오하고 수륙 양면으로 대군을 투입하여 남송 군대를 공격했다. 『원사』에 따르면, 해당 지역에 결집한 원의 군대는 육상 부대가 10만 명, 수군은 병사 7만 명, 전함 5천 척이었다. 수치에는 다분히 과장이 들어가 있는 것 같지만, 그렇다고 해도 상당한 병력을 동원하여 공격을 했다는 것은 분명하다.

결국 원은 6년 만에 두 도시를 함락시켰고, 그 이후 1년 정도 준비 기간을 두고 다시 강남 지역을 침공하여 머지않아 1276년에 남송의 수도 임안(항주)을 접수했다. 이로 인해 남송은 사실상 멸망했지만, 송의 황실은 이후에도 해로를 통해 광동으로 도망쳤고, 광주만 입구의 애산崖山에서 전함을 띄우며 필사적으로 저항을 시도했다. 그러나 이미 기세를 타고 있는 원 군대의 적수가 되지 못했고, 결국 재상 육수부陸秀夫가 어린 황제를 등에 업고 물에 뛰어들면서 남송은 명실상부하게 멸망했다. 쿠빌라이가 남송 공격을 시작한 지 10여 년, 원의 연호로는 지원 16년(1279)의 일이었다.

원의 남송 공략은 10세기에 거란이 연운십육주를 점령한 이후 길게 계속되었던 남북 대치 상황에 종지부를 찍는 것이었다. 요의 태종과 금의 해릉왕 등 어떤 황제도 도전해서 이룩하지 못했던 남북의 통일이 막북에서 흥기한 원의 쿠빌라이에 의해 겨우 달성되었던 것이다. 분열되어 있었던 두 개의 천하가 하나로 변하면서 쿠빌라이가 내세운 천하일가의 대의는 현실이 되었다. 쿠빌라이라고 하는 천자에 의해 대원의 천하가 완성되고 진정한 천하일가가 실현되었다.

게다가 대원의 천하는 종래 여러 왕조의 천하와는 크게 다른 점이 있었다. 단순히 중국만으로 그치지 않고 더 나아가 사방으로 광대해진 영역이 펼쳐졌던 것이다. 이러한 현실은 이후 중국 역사에 엄청난 영향을 끼치게 된다. 이는 대원에 이어 대명, 대청이라고 하는 광대한 영토를 가진 왕조가 탄생했던 것을 통해서도 명확해진다. 도대체 대원의 천하는 중국 사회에 어떠한 임팩트를 주었을까? 혹은 한인의 천하관에 어떤 변화를 초래했을까? 이를 알기 위해서는 원의 시대에서 멀리 떨어져 있지 않은 명 초기의 유학자가 가진 의견을 살펴보는 것이 가장 쉬운 방법이다.

무한대의 천하

명이 성립하고 얼마 지나지 않은 홍무洪武 2년(1369) 2월, 당대 최고의 학자였던 송렴宋濂을 총재관總裁官으로 삼아 『원사』 편찬이 시작되었다. 전란의 여파가 남아 있던 혼란 시기에 불과 1년 반이라는 짧은 시간에 완성된 『원사』는 정사正史 중에서도 가장 두찬(杜撰, 전거나 출처가 확실하지 않은 내용을 쓰거나 오류가 많은 저술—역주)으로 일컬어지는 사정을 가진 책이다. 그런데 두찬이기 때문에 당시의 원 자료가 그대로 수록되어 있는 등 생각지 못한 장점도 존재한다. 또한 명 초기 문인들의 원조에 대한 관점을 편견 없이 그대로 솔직하게 표현한 부분도 적지 않다. 그 중 하나가 정치와는 가장 거리가 먼 '지리지'이다. 여기에는 원의 경역을 다음과 같이 기록했다.

봉건제가 군현제로 바뀐 이래 천하를 영유했던 것 중에는 한, 수, 당, 송이 강성했다. 그러나 판도의 광대함을 말한다면, 모두 원에 미치지 못한다. 한은 북적(北狄, 흉노)에 의해 북방이 가로막혔고 수는 동이(東夷, 고구려)를 복속시키지 못했으며 당은 서융(西戎, 위구르와 토번 등)이라는 근심이 있었고 송은 항상 서쪽(서하)과 북쪽(거란,

274

여진)에 의해 고통을 받았다. 원은 삭막(朔漠, 북방의 사막지대)에서 흥기하여 서역을 병탄했고 서하를 평정했으며 여진(금)을 멸망시켰고 고려를 신하로 삼았으며 남조(南詔, 대리)를 평정했고 마침내 강남(남송)을 함락하여 <u>천하</u>를 통일했다. 그래서 그 땅은 북쪽으로는 음산陰山을 넘었고 서쪽으로는 유사流沙의 끝까지 갔으며 동쪽으로는 요좌(遼左, 요하의 동쪽)에서 끝났고 남쪽으로는 바다를 넘었다. 생각건대 한은 동서로 9,302리, 남북으로 13,368리였다. 당은 동서로 9,511리, 남북으로 16,918리였다. 원은 동쪽과 남쪽에 이르는 거리가 한과 당을 밑돌지 않고, 서쪽과 북쪽은 한과 당 이상이니 그 거리 수치를 헤아리기가 어렵다.

밑줄 친 부분에서 보이듯이 이 기록에는 천하라고 하는 말이 2번 등장한다. 한, 수, 당, 송의 천하와 원의 천하이다. 문맥을 통해서도 분명히 드러나는 것처럼, 전자의 천하는 군현제(주현제)가 시행되는 왕조의 실효적 지배 영역, 즉 좁은 의미의 천하(=화의 지역)를 염두에 두고 있는 것이다. 이에 반해 후자는 중국 이외의 주변 여러 국가들도 포함하는 화와 이가 섞인 넓은 의미의 천하를 가리킨다. 똑같은 천하라고 해도 명확하게 구별되고 있다.

주의해야 하는 것은 '지리지'의 편찬자가 원은 넓은 의미의 천하를 통일했다고 분명히 말하고 있고, 넓은 의미의 천하를 실효적 지배 영역과 동등하게 취급하고 있다는 점이다. 즉 원은 남송을 멸망시키면서 좁은 의미의 천하일가를 실현했을 뿐만 아니라 넓은 의미의 천하일가도 지상에서 완성시켰다고 생각했던 것이다. 종래에는 관념적으로 존재하거나 혹은 수사적修辭的으로 언급했을 뿐이었던 넓은 의미의 천하일가가 역사상 처음으로 실체로서 대원의 시대에 등장했다고 할 수 있다.

명 초기 학자들에게서 보이는 이러한 인식은 바로 원이라는 시대를 살았던 동시대 사람들 특유의 몸으로 느꼈던 원조에 대한 관념이었다. 그들에게 있어서 원은 그 이전의 왕조들과 비교해도 상상을 뛰어넘는, 광대한 천하를 영유한 왕조였다. 적어도 북방과 서방을 향해서는 대원의 천하가 "거리 수치를 헤아리기가 어려"울 정도로 끝없이 무한대로 펼쳐져 있었다. 이러한 생각이 명의 위정자들에게 계속 주입되었다. 원을 대체한 명이 중화 통치의 정당성을 얻기 위해서는 원 이상의 천하를 실현하지 않으면 안 되었다. 명의 위정자들에게 있어서 왕조 성립의 시점부터 이러한 난제가 놓여 있었던 것이다. 그러나 이를 언급하기에는 아직 조금 이르다.

홍건의 난

쿠빌라이 시대에 상당한 전성기를 과시했던 대원이지만, 14세기에 들어온 후 시간이 조금 지나게 되면 정계 내부의 권력투쟁과 재정 정책의 실패 등으로 국가의 토대가 크게 흔들리게 된다. 여기에 매년 자연재해, 기근이 닥친 것 때문에 민중들의 생활은 괴멸적인 타격을 입었고 각 지역에서 불온한 정세가 생겨났다.

원조 최후의 황제인 순제順帝 토곤테무르(재위 1333~1370) 시기인 지정至正 11년(1351), 미륵불의 출현을 주장하는 백련교도가 반란을 일으켰고 이를 시작으로 원조의 압정壓政과 지주의 착취에 고통을 겪은 농민이 일제히 봉기했다. 이 백련교도는 반란군의 표식으로 붉은 두건을 머리에 둘렀기 때문에 이들을 홍건군紅巾軍이라 부르고 반란 자체는 홍건紅巾의 난이라고 칭한다. 이 반란군에 투신하여 단숨에 황제의 자리까지 올라간 인물이 명조의

홍건의 난

첫 번째 황제인 태조 주원장(朱元璋, 재위 1368~1398)이다. 명조부터 1명의 황제가 하나의 연호를 취하는 제도가 채용되었기 때문에 주원장 치세의 연호를 따서 홍무제洪武帝라고도 부른다.

호주(濠州, 안휘성 봉양현鳳陽縣)의 시골구석에서 빈농의 아들로 태어난 주원장이 머지않아 나란히 들어선 군웅을 타도하고 천하를 얻는 사람이 되는 성공 스토리는 피가 끓어오르는 흥분을 불러일으켜 흥미가 떨어지지 않지만 여기에서는 생략하고자 한다. 오히려 중요한 것은 결코 혜택을 입는 환경에 있었던 것도 아닌 그가 어떻게 최후에 승리하여 황제가 되었는가이다. 이 의문에 대해서는 뭐라고 해도 당시 중국의 경제적 선진 지대인 강남의 한

복판인 남경을 근거지로 삼은 것이 가장 큰 이유라고 언급할 수 있을 것 같다.

대원의 황혼

본래 중원의 입장에서 바라보면, 개척되지 않은 변경이었던 강남이 점차 개발되어 경제력에서 완전히 화북을 능가한 것은 송대, 특히 남송 시대에 이르러서였다. 영역의 측면에서는 북송보다 훨씬 뒤떨어진 남송이 금, 원에 대항할 수 있었던 것은 통치하에 있는 강남의 압도적인 경제력과 거대한 인구, 그리고 해당 지역의 지주와 지식인이 주도하는 문화적 선진성 등이 있었기 때문이다. 원에 의해 병합된 이후에도 원은 강남에 대해서 화북과 똑같은 세금 제도를 시행할 수 없었고, 옛 남송 영역의 한인을 남인南人이라 부르며 정치적으로도 소외시킬 수밖에 없었다. 강남을 완전히 통치할 만큼의 정치적 역량이 원에게는 충분히 갖추어져 있지 않았던 것이다.

그러한 강남에 눈길을 두고 호주에서부터 남하한 인물이 주원장인데, 이는 또한 홍건군의 주력부대가 대도를 목표로 삼아 북상했던 것과는 완전히 다른 행동이었다.

주원장에게 선견지명이 있었던 것인가에 대해서는 지금은 넘어가고, 여하튼 그의 판단은 틀리지 않았다. 장강을 건너 원의 강남 지배를 위한 요충지인 남경(당시는 집경로集慶路)을 공략했던 것이 1356년. 이곳을 거점 삼아 사방으로 영지를 확대했고, 12년 후에 주원장은 대명大明을 창설했다. 이미 장강을 건너기 이전에 그는 남경 공략을 최대 목표로 내세웠고, 이것이 이루어지자 남경의 명칭을 응천應天으로 지었다. 응천, 즉 천명에 응해 천하 통일을 노리겠다는 의사를 표명한 것으로 훗날 응천은 대명의 수도이자 천자의 수도가 되었다.

주원장이 남경 정권을 수립하자 강남의 지주, 지식인 중에는 빈사 상태에 이른 원조를 단념하고 인재와 자금의 양 측면에서 적극적으로 주원장을 지원하는 사람들이 나타났다. 주원장을 옹립하여 원을 대신한 새로운 천조를 강남 지역에 건설하고자 하는 목표를 가졌던 것이다. 빈농 출신으로 어떠한 속박도 없었던 주원장은 그들에게 있어서 안성맞춤의 인재였다.

앞서 언급한 송렴을 필두로 하는 주원장의 유학자 참모들은 전투 중에서도 빈 시간을 활용하여 배운 것이 없는 주원장에게 유학 교육을 행했고, 전통적인 중화 제국의 천자를 만들어갔다. 그들의 훈도를 받아 주원장 스스로도 어느덧 천자의 각오를 몸에 지녔고, 천조가 무엇인지를 이해하게 되었다. 이제 주원장 정권은 농민 반란군이 아니었고, 질서유지를 표방하는 지주와 지식인들을 위한 정권으로 변질되기에 이르렀다. 대원이 황혼의 시기를 맞이하는 와중에 주원장의 뇌리에 천하 통일의 네 글자가 떠오르게 된 것도 결코 이상한 일이 아니었을 것이다.

천하의 종언

주원장이 남경에서 새로운 왕조를 창설했던 홍무 원년(1368) 정월, 북쪽의 대도에는 아직도 원이 존재했다. 쿠빌라이에 의해 통일되었던 천하는 다시 남북으로 분열되었고, 예전 원과 남송의 대치 상황과 유사한 광경이 동아시아에 나타나게 되었다. 그러나 이번에는 이전처럼 북쪽이 남쪽을 압도했던 것과는 달리 남쪽이 현격하게 우세에 놓여 있었다. 오랜 중국 역사 속에서 남쪽에서부터 홍기해서 통일 왕조가 되었던 것은 이후에도 이전에도 명이 유일하다. 아직 중국이 한 번도 경험하지 못했던 새로운 국면을 주원장이라는 남자가 이제 곧바로 그 길을 열고자 했다.

명이 성립하기 1년 전인 오吳 원년(1367) 10월, '호로胡虜를 구축驅逐하고 중화를 회복하자'라는 슬로건을 내세우고 대도로 향하는 북벌 군대가 남경을 출발했다. 북벌군은 가는 곳마다 원의 군대를 격파했고, 1367년 말에는 산동을 거의 수중에 넣기에 이른다. 성난 파도처럼 진격했던 명의 군대는 이듬해 홍무 원년 2월에 하남에 도달하여 주변 지역을 공략했고, 이후 윤7월에는 드디어 통주(通州, 북경시 통주구通州區)까지 점령하면서 대도의 눈앞에까지 육박했다.

명 군대의 접근을 들은 대도의 순제는 패닉에 빠졌다. 명의 군대 따위는 제쳐놓고 북방으로의 도피책을 준비하는 모습이었다. 재상들이 간언을 올려도 그의 귀에는 아무것도 들리지 않았다. 이때 환관 조趙바얀부카가 통곡하며 호소했다.

천하는 세조 폐하의 천하이니 폐하께서는 이를 죽음으

로 지켜야 할 의무가 있습니다. 어찌 순순히 버리고 가신다는 것입니까. 신 등은 군대와 백성 및 모든 케식(친위대)을 이끌고 성을 나가 방어하며 싸우고자 하니 원컨대 폐하께서 경성京城을 굳게 지켜주십시오.

『원사』 순제본기 10)

대원의 천하가 세조 쿠빌라이의 것이라는 조바얀부카의 인식은 중국 전통의 천하관이 원의 위정자들에게도 공유되고 있었음을 말해준다. 그러나 공포에 떨고 있던 순제는 이 충고를 따르지도 않았다. 그날 밤 순제 일행은 건덕문健德門을 열고 궁전을 빠져나가 야음을 틈타 북쪽 땅으로 달아났다. 이로부터 4일 후, 명의 군대가 대도로 공격해 들어왔고 거의 아무런 저항도 받지 않고 수도를 제압하는 데에 성공했다. 쿠빌라이가 대도에 수도를 두고 100여 년이 지나 원조의 중국 지배는 종말을 맞이했다.

대도를 떠난 순제는 당분간 여름 수도인 상도에 머물렀지만, 머지않아 명 군대의 추격을 받자 응창(應昌, 내몽골 타르노르의 서남쪽)으로 도망쳤고 얼마 후 그곳에서 병에 걸려 사망했다. 1개월 후, 응창을 급습하여 황태손 마이다리발라를 사로잡은 명의 군대는 기세등등하게 남경으로 개선했다. 황태자 아유시리다라는 한 걸음 차이로 도망을 쳤지만, 대대적으로 '사막 평정의 조서'를 발포할 정도로 큰 승리였다.

승리로 인해 활기가 생긴 수도의 소란함 속에서 원·명 교체를 정당화하기 위한 방책도 빠지지 않고 수행되었다. 그중 하나는 남경에 호송되어왔던 마이다리발라에게 작위를 주고 후하게 대우한 것이다. 명의 천자가 가진 덕을 흠모하여 이적이 귀순했다고 하면서 숭례후崇禮侯라는 그럴듯한 작위 호칭을 수여하면서 천자의 덕화를 보여주는 증표로 삼았던 것이다.

그리고 대원의 천하가 종언을 고한 당시 상황에서 대원의 천자에게는 천명에 순응하여 중화를 떠났다고 할 수밖에 없었다. 이제 사망한 대원 최후의 황제 토곤테무르에게는 순제라는 시호를 주면서 정중하게 애도했다. 새로운 천자인 주원장으로서는 하지 않으면 안 될 최소한의 조치를 베풀었다고 할 수 있다. 주원장의 참모도 쿠빌라이의 참모에 뒤처지지 않았고, 교묘하면서도 만만치 않았다고 하겠다.

제 9 장

천하일가에서 화이일가로 ─ 명

원·명 혁명의 정당화

실은 주원장과 그의 참모에 의한 원·명 교체의 정당화는 이미 명이 성립되기 이전부터 시작되었다.

본래 전통적인 역성혁명(천자가 덕을 상실하여 천명이 바뀌고, 다른 성씨의 덕을 갖춘 자가 천자가 되는 것)의 논리로 말하면, 명은 원을 대체하여 천하를 통치하는 것이기 때문에 어떻든지 간에 원의 천하 지배를 일단 정당화하지 않으면 안 되었다. 이전 왕조인 원이 덕을 상실했기 때문에 이를 대신해 명에게 천명이 내려졌다고 하는 것으로 명의 천하 통치가 정당화될 수 있었기 때문이다. 다만 잊어서는 안 되는 것은 원·명 혁명이 일반적인 역성혁명과는 달리 이夷에서 화華로의 왕조 교체가 수반되었다는 점이다. 원의 지배를 정당화하는 것은 결국 이의 중국 지배를 정당화하는 것이기도 했다.

여기에서 상기해야 할 것은 화와 이의 차이에 관한 세 가지 관점이다. (1) 민족의 차이(한족인가, 그렇지 않은가), (2) 지역의 차이(중심인가, 외연인가), (3) 문화의 차이(예와 의의 유무), 이 세 가지 관점이 중국 통치에 있어서 시기와 경우에 따라 구분되어 사용되었다. 원·명 혁명에 대해서는 이 중에서 (2)와 (3)의 관점에 기반을 두어 교묘한 논리 조작으로 왕조 교체가 정당화되었다. 게다가 북송과 남송이 민족적으로 요와 금을 이적으로 바라보았던 것과는 달리 화(명) 스스로 이(원)의 중화 지배를 인정하고 이에서 화로의 왕조 교체를 논리 정합적으로 확인했던 것이다. 이는 북벌을 할 때 내린 격문檄文에서도 단적으로 드러나고 있다.

오 원년(1367) 10월, '호로를 구축하고, 중화를 회복하자'는 슬로건 아래에 정로대장군征虜大將軍 서달徐達, 부장군副將軍 상우춘常遇春이 이끄는 25만의 북벌 군대가 남경을 출발했다. 이에 앞서 주원장은 북방의 백성들을 향해 다음과 같은 격문을 발포했다.

예로부터 제왕이 천하를 통치하는데 중국은 안에 있으면서 이적을 제어했고, 이적은 밖에 있으면서 중국을 받들었다. 이적(이)이 중국(화)에 있으면서 천하를 통치했다는 일은 들어본 적이 없다. 그런데 송의 명운이 기울어지면서부터 원이 북적北狄이면서도 중국에 들어와 주인이 되어 사해(천하)의 내외에서 신복臣服하지 않는 자가 없었다. 이것이 어찌 사람의 힘이겠는가. 실제로는 하늘이 준 것이다. 그때(쿠빌라이 시대)는 군주도 총명하고 신하도 우수했기 때문에 충분히 천하를 통괄할 수 있었다. 그러나 도리에 통달한 자와 뜻이 있는 자들 중에는 상하의 위치가 뒤바뀌어버렸다고 탄식하는 자가 있었던 것도 사실이다. 이후 원의 신하는 조훈祖訓을 준수하지 않고, 인륜에 어긋나는 행위를 태연하게 행했다. …… 또한 군주의 후계자들도 황음에 탐닉하여 군신의 도리가 상실되기에 이르렀다. 이에 더해 재상은 권력을 전단專斷했고 어사대는 권력을 믿고 원한을 갚았으며 관료들은 백성을 학대했다. 그 결과 인심은 이반하였고 천하에서 반란 군대가 봉기하자 우리 중국의 백성들로 하여금 죽은 자의 간과 뇌가 땅에 널리게 만들었고, 살아 있는 자는 혈육조차도 서로 지키지 못하게 만들어버렸다. 비록 사람의 일에서 비롯된 것이었다고 해도 실은 하늘이 원의 덕을 싫어하여 원을 버리는 시기였던 것이다.　　　　　　　　(『명태조실록』오 원년 10월 병인)

이전에는 이였던 원도 덕을 갖춘 군주(쿠빌라이)가 천명을 받으면서 중국에 들어와 중화 지역을 통치했다. 그러나 이미 덕을 상실하여 이로 돌아가 버린 지금은 중화의 지역을 떠나 덕을 갖춘 새로운 군주(주원장)에게 그 지위를 양도해야 한다. 원이 이민족이기 때문에 중국에서 쫓아내려는 것이 아니다. 덕을 상실하고 이적으로 회귀한 원이 중화의 땅(=중국)에 계속 머무르는 것이 문제인 셈이다. "중국은 안에 있으면서 이적을 제어했고, 이적은 밖에 있으면서 중국을 받들었다"는 것이기 때문이다. 화이의 차이를 안과 밖(중심과 외연), 예와 의의 유무로 해석하면서 완벽하게 원·명 혁명이 정당화되고 있음을 확인할 수 있다.

중화의 부흥

홍무 원년(1368) 정월 4일, 대도로 향한 북벌 군대로부터 승리의 보고가 잇달아 날아드는 와중에 주원장은 경사京師의 남교南郊에서 하늘과 땅에 제사를 지내며 황제로 즉위했고, 국호를 대명大明으로 정했다. 엄숙한 즉위 의례를 지체 없이 끝내고 그는 세자(황태자)와 여러 아들들을 거느리고 조상의 신주(위패)를 태묘에 올리면서 고조부, 중조부, 조부, 부친의 4대에 이르는 조고(祖考, 사망한 부친과 사망한 조부)와 그 비(妣, 조고의 부인)를 추존하여 각각 황제와 황후로 봉했다. 중화 왕조의 통치자에게 어울리는 스스로의 혈통을 만들어서 예치 국가의 체제를 우선 정비했던 것이다.

새로운 왕조의 성립에 뒤따르는 예제의 정비는 여러 방면에서 이루어졌다. 2월에는 의관衣冠 제도에 관해 다음과 같은 방침이 나왔다.

조서를 내려 의관의 제도를 당唐의 제도로 되돌리고자 한다. 이전에 원 세조 쿠빌라이는 삭막朔漠에서부터 흥기하여 천하를 영유했고, 모든 호속胡俗으로 중국의 제도를 변경해 버렸다. …… (화의 백성 중에서) 심한 경우는 호胡의 이름으로 성씨를 정했고 호의 언어를 익혔기 때문에 호속이 오랫동안 지속되었어도 누구도 전혀 괴이하다는 것을 알지 못했다. 그러나 황상(주원장)은 오랫동안 이 상황을 싫어하여 이에 이르러 명령을 내려 모든 의관 제도를 당의 제도로 되돌렸다. …… 그 변발辮髮, 추계(椎髻, 상투—역주), 호복胡服, 호어胡語, 호성胡姓을 모두 금지하고 적당히 헤아릴 것은 모두 성심(聖心, 천자의 마음)에 기초를 둔다. 이에 100여 년 동안 지속된 호속은 모두 중국의 옛것으로 되돌아갔다.

새로운 왕조가 출발할 때에 중화 풍속으로의 회귀를 내세우면서 대원의 시대가 종언을 고했음을 천하에 드높이 선언한 것이었다.

이러한 조치들, 그리고 북벌에서 내세웠던 '호로를 구축하고, 중화를 회복하자'는 슬로건 때문에 일찍이 원·명 혁명은 한민족 국가의 부흥, 즉 민족 혁명이었다고 평가하는 경향도 있었다. 주원장은 몽골의 지배로부터 한민족을 해방시킨 민족의 영웅이고 원·명 혁명은 신해혁명과 같은 민족 혁명이었다고 간주했던 것이다. 여기에는 원은 이, 명은 화라는 전제 아래에 이에서 화로의 변화를 단순히 한민족 국가의 부흥이라고 파악하는, 한족 중심주의에 근거한 큰 오해가 존재했다.

명확히 말해서 주원장은 이때 중화의 회복과 중화 문화의 부흥을 주장하면서도 한민족의 복권復權과 그 습속을 부활한다는 것은 어디에서도 말하지 않았다. 주원장 자신이 격문에서 다음과 같이 분명히 말하고 있다.

몽골인과 색목인(중앙아시아, 서아시아 사람들)은 화하華夏

의 족류族類가 아니지만, 똑같이 하늘과 땅 사이에서 생을 누리는 사람들이다. 예와 의를 알아서 신민이 되는 것을 원하는 자가 있다면, 중화의 백성과 똑같이 보살피겠다.

중화의 예와 의를 체득하면 몽골인이나 색목인이라고 해도 화로 대우하겠다고 한 것이다. 그의 말에는 민족주의적인 색채가 전혀 없고 하물며 민족 혁명을 선동하는 것과 같은 언동 등은 조금도 확인되지 않는다.

명의 국내에는 원과 마찬가지로 다수의 비非한민족이 존재하고 있었다. 그러한 상황 아래에서 일방적으로 한민족 국가의 부흥을 주장하는 것은 새로운 왕조에게 있어서 좋은 방책이었을 리가 없다. 앞서 언급한 조서에서도 "당의 제도로 되돌렸다." 혹은 "중국의 옛것으로 되돌아갔다."라고는 했어도 '한속漢俗으로 되돌아간다'는 말은 어디에도 발견되지 않는다. 여기에서 주원장과 그의 참모들의 주도면밀한 계책을 확인할 수 있을 것이다. 다민족국가인 명이 표방한 것은 어디까지나 호속을 배제하고 전통적인 중화를 소생시켜서 새로운 대명의 천하를 수립하는 것이었다.

대명의 천하일가

원 말기의 혼란으로 피폐해진 국토를 재건하고 새로운 왕조의 중화 통치를 시작하기 위해서 주원장은 대명의 체제 만들기에 열심히 매진했다. 특히 강남의 지주와 지식인들에 의해 지탱되던 남인 정권인 대명의 입장에서, 통일 왕조의 정치적 기반을 어디에 둘 것인지에 따라 왕조의 성격도 정해져 버린다. 이전처럼 강남의 지주와 지식인들에 의지할 뿐이라면, 너무나 남쪽에 치우쳐서 남쪽의 이익을 대표하는 정권이 되지 않을 수 없다. 남쪽을 억누르고 북쪽을 우대하는 것은 통일 왕조를 유지하기 위한 필수적인 요건이었다. 왕조가 성립하고 얼마 지나지 않은 홍무 원년 3월, 주원장은 다음과 같은 방침을 발표했다.

지금 천하가 한집안이 되었으니 사람을 등용하는 도리는 지공무사至公無私를 으뜸으로 한다.

『명태조실록』 홍무 원년 3월 갑술)

여기에서 지공무사는 단순한 일반론으로서의 시정방침을 언급한 것이 아니다. 남북이 통일되어 천하일가가 된 지금, 관료의 임용에 있어서 지역을 따지지 않고 평등하게 처리하겠다는 주원장의 확실한 결의가 표명된 것이었다.

하지만 결론부터 말하면, 이러한 조치가 설령 인재 등용 측면에서의 공평성을 실현할 수 있었다고 해도 구조적으로 강고한 강남 우위의 구도가 근본적으로 바뀐 것은 아니었다. 대명이 성립하기 이전부터 정계의 지위를 독점했던 강남 출신 사람들은 남경을 중심으로 지연과 혈연의 유착 메커니즘을 만들어냈고, 이권의 그물을 널리 둘러치고 있었다. 그들의 입장에서 보면 이러한 기득권을 보장받기 위해서 주원장의 국가 건설을 적극 지원해왔던 것이다. 그들의 의식에서 대명은 바로 자신들을 위해 탄생한 왕조였다.

한편 대명의 군주가 된 주원장의 생각은 또 달랐다. 유학자 참모들로부터 철저하게 유학 교육을 받은 그는 마땅히 가져야 할 천하관을 이미 갖추고 있었다. 그것은 천자를 정점으로 신분의 상위자와 하위자가 자신의 본분을 다하는 것으로, 상하 관계가 안정적으로 유지되는 세계였다. 군주와 신하, 관료와 백성, 사대부와 서민, 주主와 전佃(지주와 소작인), 주와 복僕(주인과 노예), 장長과 유幼(연장자와 연소자) 등이 각각 자신의 본분을 다하게 되면 천하의 질서는 틀림없이 유지된다. 이를 게을리했기 때문에 원 말기의 반란처럼 질서가 붕괴되었던 것이다. 주원장의 이러한 생각은 어느덧 신념이 되었고, 잠시도 그의 뇌리를 떠난 적이 없었다.

분명히 새로운 왕조가 성립하면서 황폐했던 국토도 점차 회복의 조짐을 보이고 있었다. 그러나 이는 또한 그때까지의 혼란에 의해 숨겨져 있었던 여러 모순이 도리어 백일하에 드러나는 것을 의미하기도 했다. 주원장의 눈앞에 펼쳐진 대명의 천하에는 관료의 부정부패, 지주의 대토지 소유가 광범하게 만연해 있었고, 상위자의 사사로운 이득 추구로 인해 하위자인 가난한 사람과 약자는 스스로의 거처조차 마련할 수 없었다. 이렇게 되면 이적으로 타락한 대원의 천하와 아무것도 달라지지 않은 것이 아닌가? 주원장에게 있어서 자신이 실현했던 천하일가의 실태는 그의 이상과는 동떨어져 있는 것이었다.

어찌할 도리가 없는 사태를 목격한 주원장은 과감한 대책을 내놓았다. 이는 인재 등용의 측면에서 지공무사함 따위의 느긋한 것이 아니었고, 횡행하는 강남 출신자 개개인의 사익을 적발하면서 이를 샅샅이 뒤져 말소시키는 가혹한 정책이었다. 주원장이 스스로 천조에 의한 유교 국가의 실현을 체념했던 것은 아니다. 오히려 이를 강하게 원하고 있어서 먼저 장해가 되는 것들을 제거하는 작업이 필요하다는 것이 그의 생각이었다.

이른바 형벌은 때에 따라 가볍고, 때에 따라 무겁다.

(『명사』형법지)

이러한 신념 아래에 주원장은 천조의 실현을 향해 철저한 법치를 시행하게 된다.

공포정치

강남 출신자의 유착과 연쇄를 단절시키기 위해 주원장의 개혁은 관계官界와 민간의 양쪽 측면에서 동시에 시행되었다. 관료 계열에 대해 말하면, 본래 명 초기의 관료 제도는 원의 제도를 그대로 채용한 것이었는데, 명조 고유의 것으로 변경이 가해졌다.

홍무 9년(1376), 지방에서 절대적인 권력을 장악하고 있던 12곳의 행중서성行中書省이 폐지되고 성省마다 포정사사(布政使司, 행정), 안찰사사(按察使司, 감찰과 사법), 도지휘사사(都指揮使司, 군사)의 삼권분립 체제가 확립되었다. 이후 홍무 13년(1380)에는 중앙의 재상부宰相府인 중서성을 폐지하고 육부(이부, 호부, 예부, 병부, 형부, 공부)를 관료 기구의 정점에 배치하여 황제에 직속시켰다. 고대 이래로 끊이지 않고 존재해왔던 재상이 없어지면서 관료의 권한은 분산되고 축소되었는데, 황제의 권력은 비교할 수 없을 정도로 강화되었다.

게다가 이러한 개혁들은 지방관의 부정부패 정리(공인空印의 안案), 재상의 모반(호유용胡惟庸의 옥獄)과 같이 절반은 날조된 의옥疑獄 사건과 연결되면서 단행되었다. 다수의 관료가 좌천이나 처형 등 괴로운 일을 겪으면서 관료계의 대대적인 쇄신이 시도되었던 것이다. 이때 탄압을 받았던 것은 관료만이 아니었다. 민간의 상인과 지주및 지식인, 일반 농민 등 모든 계층이 포함되었으며 건국공신들과 주원장의 참모들조차도 이를 피할 수가 없었다. 그들은 호유용의 옥에서 '호당'(胡黨, 호유용의 일당)이라는 죄명으로 체포되어 제대로 된 심문도 받지 않고 잇달아 처형되었다. 그 숫자가 대략 15,000명이었다.

이러한 의옥 사건은 홍무제 시기에만 전후 다섯 번에 걸쳐 일어났고 그때마다 많은 사람들이 숙청의 대상이 되었다. 처형된 사람들은 죄인 본인은 물론이고, 가족 또는 일족 전체가 대상이 되었으며 일설에는 10만 명 이상의 희생자가 나왔다고 한다. 또 처형 방식도 본보기를 보이는 것을 목적으로 삼았기 때문에 매우 잔인했고 차마 볼 수 없는 광경이 각지에서 벌어졌다. 마땅히 공포정치라고 불러야 하는 살육의 광풍이 주원장의 치세 동안에 격렬하게 불었다.

질서의 상위에 있는 사람들을 과감하게 정리하는 한편, 하위에 있는 사람들에 대해서도 스스로의 본분을 알게 하는 조치가 꼼꼼하게 시행되었다. 하위에 있는 사람들의 대다수를 점하는 농민은 이갑제里甲制라고 하는 향촌 조직으로 편성되어 세금과 요역을 부담하는 것은 물론이고, 늘 '육유'六諭를 통해 유교 도덕을 주입받았다. "부모에게 효순孝順하라. 연장자를 존경하라. 향리에서 화목하라. 자손을 가르쳐라. 각자의 생리(직업)에 안주하라. 비위(비행)를 저지르지 마라." 여기에서는 상위에 있는 사람에게 순종하고 동시에 자신의 분수에 안주하며 결코 질서를 어지럽히지 않는 하위자가 이상적인 인물이라고 기대되었던 것이다.

본래 유교의 이념에서는 천자를 필두로 각자의 본분을 지키면서 덕과 예를 실천하면, 모든 대립이 없어지고 질서가 유지된다. 그러나 대명의 천하에서는 주원장이라는 인물에 의해 타율적으로 본분이 지켜졌고, 강압적인 유교 국가의 건설이 추진되었다.

그렇지만 주원장의 의식에서 자신은 틀림없는 유가의 사람이고, 법치는 덕치를 갖추기 위한 사전 준비 작업에 불과했다. 부패한 관료나 부정한 지주를 숙청하는 일에 아마 어떠한 아픔도 느끼지 않았을 것이다. 진시황제 이래로 수많은 황제를 탄생시킨 장구한 중국의 역사에서 광기와 신념의 비인간적인 황제를 명 초기라는 시대가 만들어냈던 것이다.

장성長城**과 해금**海禁

명 초기의 통제적인 국가 체제는 국내에만 한정된 것이 아니었다. 대외적으로도 매우 통제적인 정책이 추진되었다.

원을 중국으로부터 쫓아낸 주원장은 기세를 타고 홍무 5년(1372)에 원의 옛 땅인 몽골리아를 급습했으나, 오히려 크게 패하면서 북방에 대해서는 오로지 방어하는 것으로 방침을 전환했다. 만리장성을 따라 다수의 군대를 배치했고, 이후에는 주원장의 여러 아들들이 왕이 되어 중요 지점에 분봉을 받아 북방 수비의 요점이 되었다. 명에게 있어서 장성은 거의 방위선이 되었고, 이후 명조 내내 이 선을 사이에 두고 몽골과 대치하게 되었다. 오늘날에 남아 있는 장성의 태반은 명 중기 이후에 건설된 것이다.

　명의 국방은 북방에서만 이루어진 것이 아니었다. 동쪽을 향해 무한히 펼쳐져 있는 해양에도 세심한 주의를 기울일 필요가 있었다. 송대 이래 해외무역의 발전은 원대에 정점에 도달했지만, 오히려 해상을 왕래하는 상선을 목표로 삼은 해적 활동도 활발해졌다. 이후 14세기 중반이 되면 남북조시대의 쟁란으로 혼란했던 일본에서부터 왜구가 침입하여 한반도와 중국 연안 지역은 막대한 피해를 입었다. 명이 성립한 무렵에는 중국의 해적과 함께 왜구의 활동 범위가 점점 확대되면서 중국 해적과 왜구가 협력하여 연안 지역에 침입하기도 했다.

　이러한 상황에 대처하기 위해 주원장이 단행한 것이

해금海禁이었다. 연안 지역의 백성들이 바다로 나가는 것을 금지하여 해상 세력과의 결탁을 막았던 것이다. 얼마 후에는 해상海商을 통한 민간의 해외무역도 모두 금지시키면서 대외 교류는 국가 간의 조공 제도로 한정되었다. 해외무역은 조공 무역으로만 이루어졌고 그 이외의 교역은 모두 밀무역으로 간주되었다. 이후의 해금은 종래의 해방海防에 더하여 밀무역의 단속까지 담당하면서, 조공 제도를 운영하는 데에 보완 장치로 기능하게 된다. 해금과 조공 제도가 결합한 명대의 독자적인 체제, 이른바 해금=조공 시스템의 성립이다.

북방에서는 장성이 화(명)와 이(몽골)를 나누고 남방에서는 해금이 화(명)와 이(해외의 여러 국가들)를 분리시켰기 때문에, 주원장의 대외 정책은 내향적이면서 소극적이라는 평가가 일반적이다. 송대와 원대에는 활발하게 해외무역이 행해졌기 때문에 명의 대외 정책이 특별히 그렇게 보이는 것은 어쩔 수 없다. 예전에 중국의 연구자들 중에는 이러한 명의 방침을 '폐관쇄국주의'閉關鎖國主義라고 부르면서 중국의 근대화가 뒤처지게 된 큰 요인으로 간주하는 견해도 존재했다. 그러나 명의 대외 정책을 과연 명이 국내에만 틀어박힌 쇄국 등이라고 하는 개념으로 표현하는 것이 옳은 것일까?

화이의 군주이다

실은 언뜻 보기에, 소극적인 대외 정책으로 보이는 화와 이의 분리 정책이지만 조공 제도의 운영 측면에서는 매우 유리하게 움직이고 있었다. 왜냐하면 국제 교류를 국가 간으로 한정했기 때문에 다수의 주변 여러 국가들이 명의 책봉을 받으면서 동아시아에 국제 질서가 나타나게 된 것이었다. 무역을 목표로 하는 국가와 명의 권위를 필요로 하는 국가가 끊임없이 입공入貢했고, 그때까지 중국과 국교가 없었던 국가들 중에서도 새로운 조공국이 탄생하기에 이르렀다. 명은 민간에서의 화와 이의 분리를 역으로 이용하여 국가 간에서의 화와 이의 통합을 추진해갔다.

확실히 명은 민간무역의 측면에서는 폐쇄적이었다고 할 수 있을지 모르지만 대외 정책 자체는 소극적이지 않았다. 오히려 국가 간에는 다른 시대 이상으로 적극적인 교류가 전개되었다. 홍무 연간에만 해도 17개의 국가가

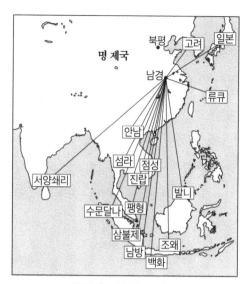

홍무제 시대의 조공국
(단조 히로시, 『명대 해금=조공 시스템과 화이질서』
교토대학학술출판회에서 인용)

내공來貢하여 명 황제와의 사이에서 군신 관계가 맺어졌던 것은 적극적 외교의 표방이라고 간주할 수 있다. 명의 대외 정책이 가진 근본이념은 넓은 의미의 천하에서 책봉과 조공에 기초한 명 중심의 예적 질서(국제 질서)를 확립하고, 화이 통합의 형상을 만들어내서 대명의 천하 통치를 정당화하는 것이었다.

주원장이 이렇게까지 화이 통합에 힘을 들인 데에는 당연히 이유가 있다. 무엇보다도 원·명 교체기의 혼란으로 붕괴되었던 국제 질서를 재확립할 필요가 있었다. 새로운 왕조인 명에게는 그러한 의무가 있었다.

또한 명의 직전에 있었던 원이 화와 이를 포함한 광대한 영역을 보유한 다민족 복합국가였다는 점도 중요하다. 명이 원을 대신해 새롭게 천명을 받은 이상, 그 지배를 정당화하기 위해서는 원에 필적하는 혹은 원 이상의 영역을 지배하지 않으면 안 되었다. 단순히 중화의 부흥을 강조하는 것만으로는 충분하지 않았고, 이夷에 대한 지배도 실현할 필요가 있었다.

물론 현실적인 문제에서는 이것이 매우 곤란한 상황이었다고 말하지 않을 수 없다. 명은 원을 대도에서부터 쫓아냈지만 몽골을 완전히 지배 아래에 두지 못했다. 그럼에도 불구하고 주원장은 화와 이의 통합을 내외에 적극적으로 어필했고, 명의 정당성을 주장했다. "화이를 통일한다", "화이를 구별하지 않는다", "화이의 군주이다" 등의 말이 그러하다. 이 중에서도 "화이의 군주이다"라는 말은 관료와 백성 및 번왕에게 내리는 조칙, 하늘과 땅에 제사를 지내는 제문祭文 등 다양한 국면에서 활용되었고, 화이 통합을 향한 주원장의 기개가 담겨 있음을 드러냈다.

정말로 이러한 말들이 물론 완전히 엉터리인 것은 아

니다. 앞서 서술했듯이 명대에는 주변 여러 국가들의 태반이 명의 책봉국 혹은 조공국이 되었고, 주원장이 화이의 군주를 자칭했던 것도 어떤 의미에서는 당연했다. 그러나 여기에서 주의해야 하는 것은 주원장이 "화이의 군주이다"라고 말했지만 화와 이의 넓은 의미의 천하가 한 집안이 되는, 즉 천하일가라는 말은 한 번도 사용하지 않았다는 점이다.

아마도 주원장이 이렇게 주저했던 것은 오랑캐 중의 오랑캐인 몽골의 존재를 생각했기 때문이었을 것이다. 이 시기의 몽골은 약체화되기는 했어도 여전히 명에 반항할 정도의 세력을 유지했고, 항상 중국 내지를 노리고 있었다. 해외의 여러 국가들을 염두에 두고 "화이의 군주이다"라고 말은 했어도 몽골의 존재를 생각하면 '천하일가'를 공언할 수도 없었다. 화이의 통합을 목표로 하는 주원장의 입장에서 보면 최대한의 표현이 "화이의 군주이다" 혹은 "화이를 통일한다"였다고 생각된다.

이미 주원장은 왕조 성립의 시점에서 좁은 의미의 천하일가를 선언했다. 한편 '사막 평정의 조서'를 발포했을 때에도, 훗날에 원의 잔존 세력인 나하추[納哈出]를 항복시켜 요동을 획득했을 때에도, 그는 넓은 의미의 천하일가를 선언하지 않았다. 그의 인식에서 좁은 의미의 천하는 한집안이 되었어도 넓은 의미의 천하는 아직 한집안이 되지 않았고, 두 개의 천하에는 모순이 있었던 것이다. 이 모순이 해소되어 두 개의 천하가 모두 한집안이 되는 것은 화이의 통합에 명운을 건 영락제의 시대를 기다리지 않으면 안 된다.

홍무에서 영락으로

홍무 31년(1398) 윤5월, 태조 주원장이 파란만장한 일생을 마감하고, 뒤를 이어 즉위한 사람은 주원장의 손자 건문제(建文帝, 재위 1398~1402)였다. 어린 건문제는 북쪽 변경 지대에 분봉되어 있던 제왕諸王인 숙부들을 두려워해 그들의 병권을 강제적으로 회수하는 '삭번'削藩을 단행했다. 이에 반발하여 남경 정부에 반기를 든 인물은 이전 원의 수도 대도(명의 북평北平)에 분봉된 연왕燕王 주체朱棣였다. 그는 '군주 측근의 근심을 다스리겠다'는 명분으로 병력을 일으켰고 '정난靖難의 변'이라 불리는 이 내란에서 승리하여 3대 황제로 즉위했다. 이 사람이 성조成祖 영락제(永樂帝, 재위 1402~1424)이다.

찬탈이라는 비합법적인 방법으로 즉위한 영락제는 처음부터 원죄를 등에 업고 있었다. 주원장이 원·명 교체의 정당화라는 과제를 부여받았던 것에 반해, 영락제는 여기에 더하여 스스로의 즉위를 정당화하는 것도 이룩하지 않으면 안 되었다. 게다가 그렇지 않아도 반발이 강했던 남경에서 새로운 정권을 발족시켰기 때문에 앞으로의 길에 어려움이 많을 것이라는 점은 누구라도 예측할 수 있었다.

영락제는 즉위 후 얼마 지나지 않아 건문제 정권에서 시행한 삭번 정책을 주모한 사람과 건문제에게 충성을 다하면서 자신에게 복종하지 않는 관료와 지식인들을 역신逆臣으로 여겨 체포했고, 그들의 가족과 친족 및 친구들을 함께 숙청했다. 그 숫자는 1만 명 이상이었다. 그는 아버지 주원장과 마찬가지로 치세에 장해가 되는 것들을 먼저 제거하여 정권의 안정을 의도했던 것이다. 그러나 즉위 초기에 발생한 '임오순난'壬午殉難으로 불리는 이 대대적인 살육으로 인해 영락제에 대한 반발이 한층 고조되었음은 상상하기 어렵지 않다.

역신의 처형을 명분으로 일종의 보복 조치를 시행하면

서 영락제는 여러 사람들이 둘러싸고 있는 적지敵地 남경에서 자신의 지위에 대한 정당화를 도모하지 않으면 안 되었다. 이것이 엄청난 어려움을 수반했음은 말할 것도 없다. 정당화의 수단으로서 생각할 수 있는 것은 단지 한 가지였다. 천명을 받은 주원장의 정통 후계자로서 대명大明의 천하를 통치하는 진정한 천자의 형상을 만들어내는 것이었다. 특별히 영락제의 경우에는 원죄를 갚아야 하기 때문에라도 내정과 외정 양 측면에 걸쳐 누구도 진정한 천자라고 인정할 정도의 현저한 실적을 올릴 필요가 있었다. 그의 뛰어난 점은 이러한 역경 속에서 실제로 이를 달성하여 후세에 영락永樂이라는 이름을 남겼다는 것이다.

내정의 측면에서 영락제는 참모들의 협력을 얻어 영락제 시대를 통해 문치에 전념했다. 덕화의 증표로서 문운文運이 융성한 모습을 영락제 시대에 실현했던 것이 하나의 사례이다. 중국 최대의 유서(類書, 백과사전)인 『영락대전』永樂大典을 시작으로 황태자를 위해 군주의 마음가짐을 설파한 『성학심법』聖學心法 등, 칙령을 내려 저술된 많은 책들이 잇달아 편찬되었다. 특히 『영락대전』은 2천 명 이상의 학자와 지식인을 총동원하여 완성된 것인데, 여기에는 그들을 편찬 사업에 몰두하게 하여 영락제 자신에 대한 비판을 피하고자 했던 그의 만만치 않은 계산도 작용하고 있었다.

그리고 육경(역, 서, 시, 예, 악, 춘추)에 기록된 하늘의 도리를 명확하게 하고, 사람들에게 가르침을 전하는 것을 목적으로『사서대전』四書大全,『오경대전』五經大全,『성리대전』性理大全이라는 세 종류의『대전』이 간행되었다. 이 책들은 주자학의 해석에 토대를 둔 주석서였고, 과거시험을 위한 국정교과서로 정해지면서 전국의 학교에 배포되었다. 영락제는『대전』의 편찬을 통해 주자학을 국가 공인의 체제 교학體制敎學으로 삼고, 지식인의 사상을 통제하고자 했던 것이다. 아버지 주원장이 목표로 삼았던 타율적인 유교 국가의 건설은 영락제에 의해 최종적으로 완성되었다고도 할 수 있다.

화이일가를 목표로

내정의 측면에서 이룬 치적은 물론이고, 영락제의 진면목이 가장 발휘되었던 것은 뭐라고 해도 외정의 측면이었다. 앞서 살펴보았듯이 주원장은 "화이의 군주이다" 라고 주장했지만, 천하일가라는 말은 끝까지 입에 올리지 않았다. 영락제는 즉위 초부터 아무런 망설임 없이 그 말을 사용했다. 게다가 그는 명 이전에는 누구도 사용한 적이 없었던 그의 독특한 말로 천하일가를 표현했다. 영락제에 의해 처음으로 제창되어 천하일가를 대체한 새로운 천하관은 바로 화이일가였다.

쿠빌라이가 건설했던 국제도시인 대도에서 청년 시절을 보내면서 몽골과 여러 차례 전투를 치렀던 영락제는 내지인 남경에서 일생을 마친 부친 주원장에게는 없었던 뛰어난 국제적 감각을 지니고 있었다. 당시에 북평北平으로 이름이 바뀐 이 도시에서는 한민족 이외에 많은 이민족들이 거주했고, 독특한 이국異國 정서가 생겨나고 있었다. 게다가 영락제(그 당시에는 연왕)의 주변에는 쿠빌라이의 흔적이 여기저기에 남아 있었다. 무엇보다도 연왕이 거주하는 융복궁隆福宮은 쿠빌라이가 황태자 친김[眞金]을 위해 특별히 건설한 것이었다. 영락제가 쿠빌라이를 의식하지 않았을 리가 없다.

『원사』의 지리지에 기록되어 있는 것처럼, 명 초기의 사람들에게 있어서 쿠빌라이가 건국한 대원은 화와 이의 넓은 의미의 천하를 실제로 통일한 최초의 왕조였다. 무한대로 펼쳐진 천하를 영유했던 것은 이전 왕조인 대원 이외에는 아직 존재한 적이 없었다. 그러한 대원의 수도인 대도에서 성장하고 몽골과의 항쟁에서 단련되었던 영락제가 대명의 새로운 천자가 된 것이다. 찬탈자인 자신의 지위를 정당화하기 위해서 쿠빌라이를 뛰어넘겠다는 것을 목표로 삼은 것도 결코 이상한 일이 아니다. 아니, 그에게 있어서 그것 이외에는 길이 남아 있지 않았던 것이다.

부친 태조 주원장의 시대에 주변 여러 국가들과 조공 관계를 맺으면서 화이의 통합을 실현했던 명은 "화이의 군주이다"를 반복적으로 주장하면서 그 체제를 정당화했다. 그러나 이 말은 본래 해외의 여러 국가들을 염두에 둔 것이고, 모든 이夷가 명의 신하가 되었음을 의미한 것은 아니었다.

한편 영락제는 부친이 실현하지 못한 몽골의 제압도 포함하여, 화이 전체에 군림하는 것이야말로 진정한 천자가 될 수 있는 길이라고 생각했다. 적어도 영락제의 이후 언동을 통해 판단해보면 그렇게 이해하는 것이 옳다. 그것은 부친 주원장을 능가하는 것일 뿐만 아니라 쿠빌라이와 동등한, 혹은 쿠빌라이를 뛰어넘는 일로 처음으로 달성되는 것이다. 영락제에게는 "화이의 군주이다"보다도 한층 고차원의 새로운 통치 이념이 필요했다. 그는 이를 화이 통합의 궁극적 경지, 화와 이가 하나의 가족이 되는 화이일가의 관념에서 발견했다. 영락제에게 있어서는 화이일가의 실현만이 자신의 정당성을 건 필생의 과제가 되지 않을 수 없었던 것이다.

쿠빌라이를 뛰어넘어

영락제는 22년 동안의 치세에 화이일가의 형상을 만들어내기 위해 화려한 대외 정책을 전개했다. 그 시작은 즉위와 동시에 주변의 여러 국가들에 사신을 파견하여 적극적으로 조공을 재촉하는 것이었다.

이에 응하여 많은 국가가 내조했는데, 그중에서도 영락제를 기쁘게 했던 것은 일본국왕 아시카가 요시미츠[源道義]의 사신이 내조해온 것이었다. 쿠빌라이도 두 번이나 전쟁에서 패배를 맛보게 했던 일본이 스스로 영락제의 즉위를 경하하며 조공을 했던 것이다. 일본의 목표가 명과의 무역에서 발생하는 이익이었다고 하더라도 영락제가 감격하지 않을 리가 없었다. 영락제는 아시카가 요시미츠의 충의忠義를 높게 평가하고, 아시카가 요시미츠가 사망했을 때에는 공헌왕恭獻王이라는 시호를 내려주면서 그 충성심에 응했다고 한다.

화이일가를 향한 영락제의 야망은 그칠 줄을 몰랐다. 그는 영락 3년(1405) 이래 환관 정화鄭和에게 전함 60여 척(작은 선박을 더하면 200척 남짓), 병사 27,000여 명의 대함대를 이끌게 하여 전후 6차례에 걸쳐 남해 원정을 거행했다. 목적지는 동남아시아에서부터 인도양, 아라비아, 멀리는 아프리카 동해안까지였고, 영락제는 천하의 끝까지 천자의 위광威光을 널리 알리고자 했다. 그 결과 내륙의 여러 국가들을 포함한 60여 개 국가가 내조했고, 명의 책봉을 받아 군신 관계가 맺어졌다. 특히 조공국의 숫자로만 한정한다면 영락제는 부친 주원장은 물론이고 쿠빌라이까지 능가했다고 말할 수 있다.

많은 국가들을 조공 체제에 편입시키는 한편, 영락제는 명의 영토 확장에도 왕성한 의욕을 보였다. 영락 4년(1406) 10월, 정난의 변 이후의 혼란한 시기에, 안남(베트남)이 명의 영토를 침범하며 제멋대로 행동했다는 것을 구

실로 영락제는 공개적으로 80만을 칭하는 군대를 보내 안남을 공격하게 했다. 명의 군대는 이듬해(1407) 5월에 안남을 점령했고, 영락제는 그 지역을 교지交趾라고 이름을 바꾸고 국내와 똑같은 행정제도를 통해 완전히 내지화했다. 이전에 쿠빌라이를 물리쳤던 안남을 항복시키고 영토로 차지했다는 것은 일본의 조공과 마찬가지로 영락제의 자존심을 매우 만족시켜 주었음에 틀림없다.

남쪽의 안남과는 별도로 북쪽을 향해서도 명의 영토는 현격하게 팽창했다. 동북 방면의 여진족에 대해서 적극적인 초무招撫 정책을 시행했던 것이다. 이를 담당한 사람은 여진인 환관 이시하[亦失哈]인데, 그는 영락 9년(1411) 이래 함선을 이끌고 흑룡강 하류에 진출하여 해당 지역에 누르칸도사[奴兒干都司]라는 군사 기관을 설치하고 요동 경영을 실행했다. 그 결과 홍무 연간에 불과 다섯 곳이던 여진족의 기미위소羈縻衛所가 영락제 시대에는 200여 곳으로 증가했다. 동북 방면에서도 영락제의 노력으로 인해 원에 뒤지지 않을 정도의 광대한 영역을 확보했다고 할 수 있다.

영락제의 전성기

영락제의 대외 정책 중에서 당연하게도 최대의 계획은 황제 스스로 50만의 대군을 이끌고 감행했던 몽골 친정일 것이다. 영락 8년(1410)을 시작으로 그가 사망하는 영락 22년(1424)까지 전후 다섯 차례에 걸쳐 막북의 몽골 및 또 다른 부족인 오이라트를 번갈아가며 공격했다. 실질적인 전투와 전쟁의 성과가 어느 정도였는지는 지금은 논하지 않겠다. 여러 차례 되풀이된 황제의 시위示威 행동으로 인해 북쪽 변경의 소란이 일단 진정되었음은 틀림이 없다.

영락제의 이러한 적극적인 공세로 인해 일시적이기는 했지만, 몽골과 오이라트 모두 명에 항복하여 책봉을 받고 영락제로부터 금인과 관작을 받은 것은 대명이 탄생한 이래 특기해야 할 사건으로 주목할 수 있다. 몽골과 오이라트는 결코 진심으로 영락제에게 복종한 것이 아니었지만 순녕왕順寧王, 현의왕賢義王, 화녕왕和寧王 등 명의 왕작을 받으면서 표면적으로는 신하로서 복종했다. 부친 주원장도 이룩하지 못했던 몽골과 오이라트의 제압에 어떻게든 영락제는 성공을 거두었기 때문에 그가 얼마나 득의양양했을지를 알 수 있다.

그러는 동안에 영락제는 남경에서 북경으로 천도했고, 북쪽과 남쪽을 균등하게 위엄으로 제압하면서 확고한 체제를 구축했다. 유목과 농경의 접경지대에 위치한 북경은 화와 이 양쪽을 통치하는 데에 있어서 적합한 도시였다. 요, 금, 원의 정복왕조는 각각 남경(연경), 중도, 대도라고 부르면서 모두 이 지역에 수도를 설치하여 중국을 지배했다. 이는 명의 경우에도 들어맞는다. 남경에서 북경으로 수도를 이동한 것은 명에게 있어서 필요한 일이었고, 화이일가를 목표로 삼은 영락제로서는 피할 수 없는 하나의 단계였던 것이다. 북경에서 영락제는 사방으로부터 조공 사절을 불러들였고, 유일무이한 진정한 천자를 맡으면서 영락제의 전성기를 만들었다.

영락제 시대의 특징은 조공 사절뿐만 아니라 국왕이 직접 내조했다는 것이다. 발니(渤泥, 브루나이), 만랄가(滿剌加, 말라카), 소로(蘇魯, 술루군도)의 국왕은 일족과 측근 및 문무백관을 거느리고 입조했고, 신하의 예를 다하며 영락제를 알현했다. 이런 경사는 오랜 중국 역사 속에서도 거의 사례가 보이지 않는다. 또한 영락 21년(1423) 9월에는 16개의 국가, 총인원 1,200명의 사절이 정화의 함대에 나누어 타고 와서 입공하여 자금성에서 영락제에게 배알했다. 봉천전(奉天殿, 훗날의 태화전太和殿)의 궁전 뜰에 나란히 선 사절들의 만세 소리를 들으면서 영락제는 필시 화이 일가를 흠뻑 실감했을 것이다. 영락제의 전성기는 틀림 없이 영락제의 강렬한 개성과 쿠빌라이를 뛰어넘는 것을 목표로 삼은 그의 천하 구상이 만들어낸 것이기도 했다.

화이일가의 실체화

정당화를 향한 영락제의 계획은 물론 이것만으로 끝나 지 않았다.

영락제와 그의 참모들은 주원장과 그의 참모들보다도 어떤 의미에서는 훨씬 교묘했다. 영락제 조정의 통치 이 념인 화이일가의 관념을 단순한 공리공론에 그치지 않고 현실 정치 위에 실체화시켰기 때문이다. 확실히 영락제 의 치세에 화이일가가 실현되는 것을 넓은 의미의 천하 에서 구현하고 가시화시켰던 것이다. 구체적으로는 주 변 여러 국가들의 국왕(번왕)을 책봉할 때에 인장과 고명 (誥命, 임명장)과 함께 관복冠服을 하사하는 것으로 실체화 가 이루어졌다.

전반적으로 중화 왕조가 주변의 여러 국가들에 관복을 수여하는 것은 명에게만 한정된 것이 아니라 모든 왕조에서 행해졌다. 다만 이 관복에는 관복官服, 상복常服, 예복禮服 등이 있어 꼭 하나로 정해져 있는 것은 아니다. 한편 영락제가 수여한 관복은 황제와 황제 일족(종실)이 중요한 의례에서 착용하는 예복이 중심이고, 이것과는 별도로 상복 등도 하사되었다. 즉 영락제가 중시했던 것은 우선은 종실 전용의 예복인데, 여기에서 영락제와 그의 참모들이 가진 주도면밀한 생각을 확인하지 않으면 안 된다.

명대의 황제와 종실이 착용하는 예복에는 크게 면복冕服과 피변관복皮弁冠服이 있는데, 이것들은 국가 의례의 중요도에 따라 구분해서 사용되었다. 면복은 가장 중요한 의례인 천지, 종묘 제사에서 활용되었고 피변관복은 그다음으로 중요한 의례, 예를 들면 '강조'(降詔, 조서를 내리는 의례), '진표'(進表, 표문을 바치는 의례), 혹은 조공 사절이나 과거시험의 진사 급제자 접견 등에서 사용되었다. 면복과 피변관복은 모두 명 이전에는 종실 이외의 사람들도 착용했지만, 명대에는 황제와 종실 전용의 예복으로 변경되었다. 예복들에도 각각 상하의 위계가 있어서 황제,

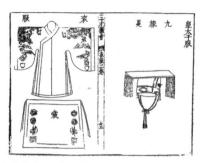

황태자의 곤면 그림(『삼재도회』의복 2권에서 인용)

황태자, 친왕親王, 군왕郡王 등 종실 중에서도 신분에 따라 그 양식이 달라졌다.

번왕이 수여받았던 것은 이 중에서 친왕(황제의 아들)급의 면복 혹은 군왕(황제의 손자)급의 피변관복이었다. 영락제와 참모들의 목표는 황제와 번왕의 관계를 아버지와 아들, 혹은 할아버지와 손자인 '의제적 가족 관계'로 만들어내는 것이었다. 면복을 하사한 조선과 일본은 아버지와 아들, 피변관복을 하사한 류큐와 안남 등 그 이외의 국가는 할아버지와 손자의 관계가 되어 모든 번왕이 가족 질서 속에 배치되었다. 화이 질서는 가족 질서로 전환되어 마땅히 화이일가의 상황이 화와 이의 넓은 의미의 천하에서 구현되고 가시화된 것이었다.

새삼스럽게 말할 것도 없는데, 화이일가의 구현 배경

에는 대외 정책이 조공 제도로 일원화되었던, 명의 독자적인 이른바 조공일원체제의 존재가 있었다. 해금을 통해 명이 민간무역을 금지시키면서 주변 여러 국가들은 모두 명을 중심으로 하는 조공 체제에 참가하여 조공 무역을 전개했다. 이는 해외의 여러 국가들은 물론이고 내륙의 여러 국가들도 예외가 아니었다. 태조 주원장의 시기에 성립된 이 체제는 영락제의 적극적인 움직임으로 인해 지역적으로도 조공국의 숫자상으로도 단숨에 확충되었다. 조공일원체제로 인해 모든 번왕이 책봉을 받고 관복을 수여받는 것으로 명의 황제와 번왕 사이에 가족 질서도 설정될 수 있었던 것이다.

일반적으로 중국을 중심으로 하는 국제 질서를 조공 체제라고 칭하는데 단적으로 말해서 조공 제도가 완전히 체제화했던 것은 이후에도 이전에도 명대뿐이다. 영락제는 이를 화이일가의 관념으로 보강했고, 게다가 넓은 의미의 천하에서 실체화했다. 부친 주원장 이래의 숙원이던 화이의 통합을 겨우 달성했던 영락제 특유의 일종의 퍼포먼스이기도 했다. 조공 체제는 영락제 시대에 역사상 최초로 명실상부하게 완성되었다. 자신의 즉위를 정당화하기 위한 것이었다고 하지만, 이를 실현시켰던 영락제와 그의 참모들의 외교 수법은 실로 완전한 것이었다고 하겠다.

화이일가의 붕괴

영락 시대에 완성되었던 이 체제도 영락제 치세의 말기에는 약화되기 시작했고, 황제 스스로가 체제의 유지에 급급하지 않을 수 없었다. 영락 19년(1421)에 북경으로 천도한 이후, 3년 연속으로 무언가에 홀린 것처럼 몽골 친정을 반복했던 것도 그 때문이었는데 이미 몽골은 이 체제로부터 다시 이탈하기 시작했다. 화이일가를 유지하기 위해서는 누가 뭐라고 해도 몽골을 제압할 필요가 있었다. 영락제가 마지막 친정을 마치고 돌아오는 도중에 몽골 지역에서 사망한 것은 숙적 몽골의 타도에 운명을 걸었던 그의 집념을 보여주는 증표이기도 했다.

영락제가 사망하고 얼마 지나지 않아 15세기 중반이 되면, 화이일가의 파탄은 이미 어떻게 해도 막기 어려운 상태가 된다. 장성의 수비도 무너졌고, 해금도 이완되면서 북쪽과 남쪽에 있는 화이의 경계가 모두 애매해져 버렸다. 명의 정통제(正統帝, 재위 1435~1449)가 오이라트의 포로가 되었던 정통 14년(1449)의 '토목土木의 변變'은 그러한 명의 국력 저하를 보여주는 상징적인 사건이었다. 같은 시기에 동남쪽 연해 지역에서도 밀무역이 활발해지면서 화이가 뒤섞인 상태가 두드러지지만, 명은 북쪽에 대한 대응에 쫓기면서 남쪽에 대해서는 충분히 대처하지 못하는 모습을 보였다.

16세기에 접어들면 이러한 상황은 더욱 진전되어 남북의 변경은 거의 무질서 상태에 빠지게 되었다. 이를 부추겼던 것은 해외로부터 성난 파도처럼 유입된 대량의 은이었다. 해금의 그물망을 빠져나가 일본과 중남미에서 은이 들어왔기 때문에 동남부 연해 지역의 이곳저곳에 밀무역 거점이 생겨났고, 화이가 뒤섞인 사태가 점점 고조되었다. 북쪽 방어를 위해 투입된 은을 노리면서 북쪽 변경에도 상인이 모여들었고, 이 지역에서도 밀무역이 전개되었다. 남북 변경에서는 교역 붐이 끓어올라 이것이 또한 변경의 무질서 상태를 만드는 배경이 되었다.

16세기 중반의 중국을 특징짓는 '북로남왜'北虜南倭 현상은 당시의 이러한 사회 정세를 배경으로 하여 조공일원체제 구조를 돌파하려는 남북 변경으로부터의 도전이었다. 구체적으로는 몽골의 침입으로 명의 북쪽 변경이 큰 타격을 받았고, 왜구가 날뛰면서 동남쪽 연해 지역에 막대한 피해를 입었다. 몽골과 왜구 모두 그 목적은 명의 물자를 획득하는 것에 있었기 때문에 명은 이 사태의 해결을 위해 북방에서는 마시(馬市, 변경의 교역장)를 열었고, 남쪽에서는 해금을 완화하여 민간에서의 대외 교역을 용인했다. 이 조치로 인해 북로남왜의 재난은 일단 표면적으로 해소되기에 이르렀다.

장성과 해금을 통한 화이의 분리가 명의 방침 전환으로 인해 부분적으로 완화되면서 해외 여러 국가들과의 민간 교역이 공적으로 부활했다. 교역의 대상 바깥에 있었던 유일한 국가가 다름 아닌 일본이었다. 해금이 완화되기는 했지만, 일본은 왜구의 국가라는 이유로 제외되어 여전히 상인의 왕래는 금지되어 있었다. 그러나 교역의 붐은 이때까지도 늘어나면서 고조되는 모습을 보였고, 그러한 '교역의 시대' 한복판에서 일본에서 시작된 최대의 왜구가 대륙 침공을 계획하게 된다. 이 왜구는 대륙 침공의 첫걸음으로 한반도를 표적으로 삼고 침략을 개시했다. 일본에서 말하는 도요토미 히데요시의 조선 출병이다.

중국 침입

조선 출병에 관해 여기에서 상세히 논할 여유는 없지만, 요약하면 일본을 통일했던 도요토미 히데요시가 당(唐, 중국)으로 들어가겠다는 명분으로 출병하여 조선의 산하를 유린한 사건이었다.

1592년(일본의 문록文禄 원년, 명의 만력萬曆 20년), 20만의 일본 군대가 현해탄을 넘어 부산에 상륙했고 단숨에 북상하여 조선의 수도 한성(서울)을 함락시켰으며 명과의 국경인 압록강까지 한반도의 거의 전역을 석권했다(임진왜란, 일본에서는 '문록文禄의 역役'이라 한다). 이후 명의 지원군과 일본군 사이에서 전투가 반복되면서 일시적으로 화의의 움직임도 보였지만, 도요토미 히데요시가 다시 출병하면서(정유재란, 일본에서는 '경장慶長의 역役'이라 한다) 그가 사망할 때까지 족히 7년에 걸쳐 한반도는 전화에 휩싸였다.

도요토미 히데요시의 조선 출병이 구체화된 것은 물론 일본 국내의 천하 통일이 이루어진 이후의 일이었다. 이미 1585년에 중국 침입을 표명한 도요토미 히데요시가 1587년에 시마즈씨[島津氏]를 항복시키고 규슈를 평정하자 분명하게 조선, 명, 남만南蠻의 여러 국가들의 정복을 공언했다(이후에는 천축도 포함되었다). 도요토미 히데요시에게 이러한 심성이 생겨난 이유는 확실히 그의 이상할 정도의 명예욕과 권력욕에 있었을 것이다. 스스로를 '태양의 아들'로 호언장담했던 그는 좁은 소천하인 일본뿐만 아니라 명, 남만, 천축을 복종시켜 대천하에 자신의 이름을 퍼뜨리고자 생각했던 것 같다.

물론, 보다 현실적인 의도도 있었음은 말할 것도 없다. 천하를 통일하여 천하를 얻은 사람이 된 도요토미 히데요시가 휘하의 다이묘[大名]들을 묶어두기 위해서는 그들에게 항상 은상恩賞을 내려주지 않으면 안 되었다. 특히 새롭게 점령한 규슈의 다이묘들에게는 무슨 방법을 써서라도 영지를 지급하지 않으면, 언제 그들이 다시 반란을 일으켜도 어찌할 도리가 없었다. 하지만 국내에서는 획득할 토지 따위는 어디에도 없었다. 당연히 외지에서 영지를 찾지 않을 수 없었고, 이것이 새로운 천지인 조선으로의 출병으로 표명되었다고 할 수 있다.

또 한 가지는 일본과 명의 무역이 부활되는 것을 계획하면서 침략을 실행했다는 관점이 있다. 1547년에 오우치씨[大內氏]에 의해 견명선遣明船이 파견된 것을 마지막으로 그 이후 견명선은 감합勘合이 준비되지 않았다는 것 등을 이유로 모두 거절되었고, 일본과 명의 무역은 완전히 단절되었다. 16세기 중반 명에서는 북로남왜가 맹위를 떨치고 있어서 명은 일본과의 무역에 그리 적극적이지 않았다. 해금이 완화된 이후에도 일본과 명 사이에서는 민간 교역이 허락되지 않았음은 앞서 서술했다. 이렇게 폐쇄적인 상태를 타파하기 위해서 일본의 국력을 과시하고 무역을 부활시키겠다는 것이 이때 중국 침입으로 이어졌다고 하겠다.

대천하의 위기

조선 출병의 이유는 많이 있겠지만, 분명히 말할 수 있는 것은 도요토미 히데요시가 일본이라고 하는 소천하에 만족하지 않고 명의 대천하에까지 손을 뻗쳐 해당 지역의 지배를 목표로 삼았다는 사실이다. 그가 생각했던 대천하는 중국 중심의 대천하와는 전혀 같다고 할 수 없을 것이다. 아마도 본조(本朝, 일본), 진단(震旦, 중국=당), 천축으로 이루어진 일본의 독자적인 삼국 천하관이었을 것이다. 하지만 대천하를 획득하기 위해 중국 침입을 감행하면서 전후 처리에 관해 도요토미 히데요시가 말했던 계획을 보면, 그도 역시 중국의 천하관에서 강력한 영향을 받았다는 것을 확인할 수 있다.

일본군이 파죽지세로 한반도에서 북상하던 와중에 나고야성(名護屋城, 사가현佐賀縣 가라쓰시唐津市)의 본진에서 잇달아 승전보를 접한 도요토미 히데요시는 조카인 관백關白 도요토미 히데쓰구에게 문서를 보내 명을 정복한 이후의 마스터플랜을 표명했다. 첫 번째, 도요토미 히데쓰구를 대당(대명)의 관백으로 삼는다. 두 번째, 북경으로 천황의 행차를 받든다. 세 번째, 북경 근처에 조정의 소유지를 설치한다는 것 등이었다. 또한 같은 날, 자신은 영파寧波에 거처를 짓고 천축을 공략하겠다고 말하고 있는데 이는 명확하게 일본과 명 사이의 무역에서 나오는 이익을 독점하겠다는 목표를 나타낸 것으로, 도요토미 히데요시의 출병 목적이 일본과 명 무역의 부활에 있었다는 주장도 이에 납득이 간다.

한편, 천황을 북경으로 행차시키겠다는 계획은 일본이라는 소천하를 통일했던 도요토미 히데요시가 과대망상적으로 상상하고 있던 대천하 통치 계획이었다. 자신은 영파에서 황제처럼 생활하면서 소천하의 명목적 통치자인 천황을 북경으로 옮겨, 일본의 천자(천조)가 대천하에 군림하는 모습을 연출하고자 했던 것이다. 도요토미 히데요시의 입장에서 보아도 대천하를 통치하는 데에 있어서 일본은 너무 멀기 때문에 대천하의 중심인 북경으로 도읍을 옮길 필요가 있었다. 이夷가 화華가 되기 위해서는 주변 지역에서부터 중심 지역으로 들어가지 않으면 안 된다고 하는, 중국 전통의 화이관(천하관)을 여기에서 확인할 수도 있을 것이다.

거꾸로 명에게 있어서 도요토미 히데요시의 중국 침입은 북로남왜 이래 최대의 외환이었다. 이전에 이 출신의 쿠빌라이가 중화를 통치했던 것과 마찬가지로 도요토미 히데요시의 중국 침입은 이가 화를 대체하는, 바로 대천하의 위기였다. 다행인 것은 도요토미 히데요시가 쿠빌라이 정도의 군사력도 없었고 능력도 없었기 때문에 명을 정복하겠다는 야망이 덧없이 무너져 버리고 말았다는 점이다. 도요토미 히데요시의 중국 침입은 중국과 조선 백성들 사이에서 일본에 대한 뿌리 깊은 불신감과 혐오감을 만들어냈을 뿐이었고, 도요토미 히데요시 자신이 쿠빌라이가 되는 일은 끝까지 일어나지 않았다.

그러나 도요토미 히데요시의 소동을 지나 17세기에 접어드는 시기에는 명을 둘러싼 국제 환경에 새로운 사태가 발생하게 된다. 피폐해진 대천하의 동북쪽 구석에서 도요토미 히데요시를 뛰어넘는 강력한 이 집단이 대두하게 되는 것이다. 머지않아 이 집단은 남하하여 화인 명을 대체해 중화를 지배하기 시작한다. 그들은 무력으로 화와 이를 통합하면서 대명 이상으로 대규모 다민족 복합국가를 건설하기에 이른다. 최후의 중화 제국이자 최후의 정복왕조인 만주족의 대청大淸 왕조가 탄생한 것이다.

제 10 장

화이변태와 중외일가

― 청

청의 흥기와 화이변태華夷變態

만주족은 원래 여진(주선)족이라고 불렸는데, 명 초기 영락제 시대에는 200여 곳의 기미위소로 편성되어 명의 지배 아래에 놓여 있었다. 명 말기에는 크게 야인野人, 해서海西, 건주建州 세 집단으로 나뉘었고 이 중에서 가장 중국에 가까웠던 건주여진에서 태어난 사람이 청 태조 누르하치(재위 1616~1626)이다. 그는 명과의 교역에서 실력을 키웠고, 사회·군사 조직인 팔기제도八旗制度를 확립하여 여진족을 통일했다. 그리고 1616년에는 한汗의 자리에 올라 후금국(後金國, 만주어로는 아이신 구룬)을 수립했다. 이미 누르하치 시대부터 스스로를 만주滿洲라고 칭하고 있었지만, 정식으로 민족 명칭이 변경된 것은 누르하치의 뒤를 이은 홍타이지 시대였다.

1618년, 누르하치는 명을 통렬하게 비판하는 '칠대한' 七大恨을 내세우며 반기를 들었고 명으로의 진격을 개시했다. 천하의 경계인 사르후에서의 전투에서 명과 조선 연합군을 격파했고, 1621년에는 허투알라(요녕성 무순撫順의 동쪽)에서 요양으로 천도했다. 이후 1625년에는 심양에 수도를 정하고 본격적인 궁전 건설을 시작했다. 훗날 청의 부도副都가 되는 성경봉천부盛京奉天府이다. 이듬해인

1626년, 누르하치는 명을 공략하기 위해 요충지인 산해관으로 향했는데 도착하기 직전에 있는 영원성寧遠城에서 포르투갈에서 만든 대포를 사용한 명의 반격을 받아 크게 패배했고, 머지않아 사망해버렸다. 일대의 영웅 누르하치에게 있어서 첫 패배이자 마지막 패배였다.

누르하치의 뒤를 이은 사람은 누르하치의 아들 태종 홍타이지였다. 그는 먼저 조선을 공격했고, 이어서 반항의 자세를 보인 원조의 직계 후손인 차하르부를 공격했다. 1635년에는 내몽골을 제압하고 원 황제의 옥새를 손에 넣었다. 이듬해인 1636년, 그는 휘하의 만주족, 몽골 제왕諸王, 한족 무장의 추대를 받아 황제로 즉위했고 다민족국가에 상응하는 대청大淸이라는 국호를 제정했다. 이것이 청조의 시작이다. 이후 청의 황제는 만주, 몽골 등 북아시아의 민족에게는 한汗으로서, 한족에 대해서는 황제로서 군림하게 된다.

그러나 홍타이지도 부친 누르하치처럼 대명만은 끝내 공략하지 못하고 1643년에 갑자기 사망했다. 게다가 후계자를 결정하지 않고 사망했기 때문에 일시적으로 정권 내부는 혼란에 빠졌는데, 최종적으로는 홍타이지의 아홉 번째 아들인 푸린이 선택되어 즉위했다. 청조의 3대 황제인 세조 순치제(재위 1643~1661)이다. 이때 순치제는 불과 여섯 살이었다. 어린 푸린을 대신해 섭정이 된 사람이 부친 홍타이지의 동생 도르곤이었고, 그를 중심으로 청 초기의 정치가 운영되어간다.

청에게 있어서 행운이었던 것은 이때까지 돌파하지 못했던 산해관을 명의 내부 붕괴로 인해 쉽게 통과할 수 있었다는 점이다.

1644년 3월, 이자성李自成이 이끄는 농민 반란군이 북경을 함락하자 명조 최후의 황제인 숭정제(崇禎帝, 재위 1628~1644)는 자금성의 뒷산에서 스스로 목을 매어 자살했고 대명의 천하는 붕괴되었다. 산해관을 지키는 장수 오삼계吳三桂는 이 소식을 듣고 급히 청과 손을 잡고 함께 이자성을 공격하여 북경을 탈환했다. 그러나 북경은 그대로 대청이 점령하게 되었고, 이후 대청의 중화 통치가 시작되었다. 화였던 명에서 이인 청으로 천하의 주인이 교체된 것이다.

명·청 교체가 중화 지역에서 일어나던 당시에 일본은 쇄국 체제에 돌입하면서 태평성대를 계속 누리고 있었다. 중국을 포함한 해외의 정보는 나가사키에 내항하는 당선唐船으로부터 당통사唐通事가 들어서 취득하고, 나가사키 봉행奉行의 책임 아래에 '당선풍설서'唐船風說書로 만들어 에도에 보고하였다. 이 정보들은 훗날 막부의 유학자 가문인 하야시[林] 가문에 의해 정리되고 편찬되어 『화이변태』라는 이름이 붙여졌다. 명(화)에서 청(이)으로의 왕조 교체를, 있을 수 없는 상태로 완전히 변했다는 의미를 담아 그런 이름을 붙인 것이다. 중화가 이의 지배 아래에 들어갔다는 것은 동이인 일본에게 있어서도 중대한 사안이었던 것이다.

중하中夏의 주인

만주족이 오삼계의 안내로 북경에 입성하여 중국 지배를 시작하게 된 것을 일반적으로 '입관'入關이라고 부른다. 산해관을 통해 중화 지역에 들어왔다는 의미이다.

입관 이전인 누르하치와 홍타이지 시대에 그들은 명을 '대명', '조정'朝廷, '천조'라고 부르며, 천조가 통치하는 중원을 중심으로 하는 지역을 중국(중화, 중하)으로 간주하고 있었다. 관점을 바꾸면, 이 시기에 만주족은 스스로를 이라고 자각했고 중화인 명으로부터 이적으로 여겨지고 있다는 것을 받아들였다는 뜻도 된다.

만주족 자신과 자신들이 거주하는 만주 지역을 이, 중국 본토를 화로 바라보는 통념은 청이 중국에 들어온 이후에도 곧바로 바뀌지는 않았다. 이는 황제인 순치제의 다음과 같은 말을 통해서도 알 수 있다.

숙부 도르곤이 대군을 이끌고 산해관에 들어와 도적의 병사(이자성의 군대) 20만을 격파하고 마침내 연경을 탈취하여 중하를 평정하고 짐을 맞이해 들어와서 황위에 즉위시켰던 것이다.　　　　　(『청세조실록』 순치 원년 10월 갑자)

여기에서 말하는 중하(중화)란, 명이 통치하고 있었던 중국 본토이고 그곳에 만주와 몽골의 땅은 당연히 포함되지 않는다.

짐은 상제(上帝, 하늘)의 은총을 받아 조종의 공적 덕택에 중하에 들어와 주인이 되었고 다방(多方, 천하)을 모두 차지했다.　　　　　(『청세조실록』 순치 3년 3월 임술)

만주족의 입장에서 보면, 장성 이남은 중하(중화)였고

그곳은 순치제에게 있어서도 조부와 부친 2대에 걸쳐서 계속 꿈에서만 바라보았던 숙원의 땅이었다. 그러한 중화에 간신히 들어왔다는 생각이 그의 이 발언에서 잘 드러나고 있다. 거꾸로 말하면, 만주와 몽골 지역은 순치 연간이 되어서도 그들의 의식 속에서는 중화와는 다른 이夷의 영역이었던 것이다. 입관을 이룩하고 새롭게 '중하의 주인'이 된 순치제였지만, 여전히 이라는 의식을 떨쳐내지 못했다는 것을 이 사실은 이야기하고 있다.

그러나 그러는 한편으로 순치제는 신하들을 향해 다음과 같은 말도 내놓고 있다.

> 지금 천하일가가 되었으니 만족滿族과 한족漢族의 관료와 백성은 모두 짐의 신하이다. 각각 서로 친목하고자 한다. ……　　　　　　　　(『청세조실록』 순치 5년 8월 임자)

순치제가 말한 천하일가란, 직접적으로는 청이 입관하여 북경을 점령하고 한지를 지배했던 것을 가리킨다. 즉 만주 지역(몽골도 포함)과 한지를 결합한 천하 통일을 천하일가라고 표현했던 것이다. 물론 여기에서의 천하는 청조가 실질적으로 지배하는 좁은 의미의 천하이다. 게다가 그 좁은 의미의 천하는 청조의 경우, 주현제가 시행되는 중화의 범위만으로 제한되지 않았다. 전통적인 중국 본토와 만주 및 몽골 지역, 즉 장성을 사이에 둔 남북의 양쪽 지역이 만주족에게 있어서는 좁은 의미의 천하였다.

만한일가滿漢一家

과연 순치 연간에는 실질적인 의미에서의 천하 통일이 아직 달성되지 않았다. 남방에서는 명의 잔당이 수립한 남명南明 정권과 이를 지원하는 정성공鄭成功 등의 저항이 여전히 계속되고 있었기 때문이다. 입관 이래 만주족에 대한 한족의 반발은 강렬했고, 각지에서 빈번하게 민족 대립이 일어나면서 청조에 의한 한족 탄압이 반복되고 있었다. 특히 복종의 징표로 한족에게 변발을 강제한 것이 그들의 반발에 박차를 가했다. 청이 전체 지역을 평정할 때까지 몇 만, 몇십 만의 한족을 살육했는지는 헤아릴 수도 없다.

이러한 처사를 한편에서 행하면서도 청은 실제로 지배

하는 좁은 의미의 천하에서 자신들의 정권을 정당화하고자 시도했다. 이는 예전에 몽골의 원조가 채용한 것과 똑같은 방법이었고, 즉 중화 왕조의 겉모습을 꾸미는 것으로 일단 추진되었다. 중앙과 지방의 관료 기구 및 예와 법 등은 명의 제도를 거의 그대로 물려받아 이자성에 의해 멸망한 명의 후계자를 자임했던 것이다. 변발과 호복 등 양보할 수 없는 경계선을 제외하면, 이 시기의 청조는 철저한 중국화를 추진했다는 점이 특징이다.

이제 또 한 가지는 천하일가의 내용과 관계된다. 앞서 순치제의 말에서도 나타났듯이, 천하일가의 실질實質을 얻으려면 만주인과 한인의 융화를 도모할 필요가 있었다. 새로운 한지 지배를 천하일가의 선언만으로 해결할 수는 없었다. 이는 당연히 청 황제의 통치 방침과도 관련되었던 것 같다. 순치제는 다른 기회에 다음과 같이 말하고 있다.

예로부터 제왕은 천하를 한집안으로 삼는다. 짐이 중국에 들어온 이래로 만인滿人과 한인漢人을 구별해본 적은 일찍이 한 번도 없다. (『청세조실록』 순치 6년 4월 경자)

순치제가 말한 천하일가란, 위정자가 만주족과 한족을 구분하지 않고 보살피는 것으로 두 민족이 가족과 같이 일체화한 상황을 의미한다. 이것은 때로는 '만한일체'라는 말로 바뀌어 표현되었고, 혹은 만한일체의 극치로서 '만한일가'라는 말로 표현되곤 했다.

병부와 호부 두 부서에 깨우친다. 짐은 백성들을 물과 불 속에서부터 구출하여 천하를 통일하였다. 이로 인해 만한일가가 되어 모두 태평을 누리고 있으니 어찌 한인을 차별할 도리가 있겠는가. (『청세조실록』 순치 4년 4월 정유)

명의 영락제는 전통적인 천하일가를 대신하여 화이일가라는 관념으로 자신의 천하 통치를 정당화했다. 이가화를 지배하는 청대에는 이라는 단어의 사용을 꺼렸고, 만한일가라는 청조 특유의 독자적인 관념을 만들어냈던 것이다.

게다가 청조는 이 관념을 실제 정치에서도 구현해 보였다. 이를 전형적으로 보여주는 것이 만한병용책滿漢倂用策이다. 관청의 정점에는 반드시 만주인과 한인 두 사람을 두어 어느 한쪽으로 치우치는 것을 피했던 것이다.

예전에 원조에서 관청에 반드시 몽골인으로 다루가치라는 감찰관을 두어 한인에 대한 감시를 행했던 것과는 좋은 대조를 이룬다. 청조는 가능한 한 만한滿漢이 대등해 보이는 조치를 시행했다. 만한 서로 간의 통혼을 장려했던 것도 하나의 예이다. 만한의 대립이 남아 있던 국가 초기에는 청조가 만한일가를 정치 이념으로 내세운 것도 당연하다면 당연한 일이었다.

만한일가에서 중외일가中外一家로

만한의 융화가 중요한 과제였던 순치, 강희 연간(1644~1722)에는 만한일가라는 관념이 기회가 있을 때마다 강조되었다. 그러나 본래 만한일가는 만인(때로는 몽골인도 포함)과 한인에 한정되는 개념이었고, 이 용어 자체는 그 이상으로 넓어질 수가 없었다. 다민족국가인 청조에게 있어서는 결코 만족할 수 있는 개념이 아니었다. 그 때문인지는 모르겠지만, 만한일가와 함께 천하일가라는 용어도 국가 초기 이래 일반적으로 활용되었다. 다만 실정에 가장 적합한 화이일가만은 청조에서 계속 단연코 거부했다.

그러한 와중에 새로운 주장이 나왔는데, 바로 '중외일가'라는 용어이다. 원래 중외中外는 조정과 지방, 혹은 국내와 국외 등 안과 밖, 중심과 주변의 지리적, 공간적인 범위를 표시하는 개념이다. 이는 또한 장성을 사이에 두고 그 남쪽의 중국과 북쪽의 만주와 몽골, 나아가서는 중심인 중화와 주변의 이적이라는 관계를 순수하게 지리적인 관점에서 다시 파악한 개념이라고 할 수 있다. 화이일가라는 솔직한 표현을 싫어했던 청조에게 있어서 가장 알맞은 용어였고, 전 시대에 걸쳐 천하일가와 함께 청의 통치 방침으로서 선전되었다.

하나의 사례를 언급하면, 순치제에게 올린 관료의 상주문 속에 다음과 같은 말이 있다.

중외일가가 되었다고는 하지만, 만한의 자법字法은 아직 글자가 같이 쓰이는 전성기를 보이지 않고 있습니다. 청컨대 만주어 글자를 천하에 반행頒行하셔서 모두에게 익히고 번역하게 하십시오. 황상께서도 정무를 보시는 틈에 한어를 배우셔서 한자를 습득하십시오.

『청세조실록』 순치 2년 12월 계묘)

중외일가가 되기 위해서는 만, 한이 모두 상대방의 언어를 배워 서로 이해할 필요가 있었다. 여기에서 '중'은 중국이고 '외'는 만주 지역으로, 중외일가가 앞서 언급한 만한일가를 보다 보편화하고 추상화시킨 개념이었음을 알 수 있다.

주의해야 하는 것은 중외일가도 천하일가와 마찬가지로 넓은 것, 좁은 것 두 가지 의미가 있었다는 점이다. 넓은 의미의 중외일가에서 '중'은 중국에 만주 지역 등을 더한 청의 실질적 지배 영역이고, '외'는 그 이외 주변의 여러 국가들과 여러 민족을 가리킨다. 오늘날의 개념으로 말한다면, 국내(중)와 국외(외)의 차이라고 바꿔 말할 수 있다. 다만 넓은 의미의 용법이 출현한 것은 좁은 의미의 용법에 비하면 다소 늦고 순치 연간에는 아직 확인할 수 없다. 중국 국내조차 통일되지 않았던 이 단계에서는 주변 여러 국가를 포함한 넓은 의미의 중외일가를 공언할 수는 없었을 것이라고 생각된다.

결국 넓은 의미의 중외일가 용법이 점차 일반화되는 것은 청 중기인 건륭 연간(1736~1795) 이후의 일이다. 그것이 언제인가 하면, 국내 통치에 주안점을 둔 순치, 강희, 옹정 시대를 지나 오히려 적극적인 대외 팽창정책을

추진했던 건륭제 시대가 되어 새로운 중외일가 관념이
생겨났던 것으로 보인다.

증정曾靜 사건

그런데 이런 건륭제의 치세에 접어들기 이전에 청의
중국 지배를 뒤흔들 수도 있던 한 사건이 터졌다. 무력을
동반하는 대소동으로까지는 발전하지 않았지만, 옹정제
(雍正帝, 재위 1723~1735) 시기에 만과 한의 사이에서 민족문
제가 발생했고 옹정제가 직접 발을 벗고 나서지 않을 수
없었던 것이다.

옹정 6년(1728), 호남성 영흥현永興縣의 지방 유학자인
증정이 청조 전복을 계획하고 이것이 성공하든 그렇지
않든 행동에 나섰다. 증정은 청 초기의 주자학자인 여유
량呂留良의 '이하지방'(夷夏之防, 화이의 구별) 주장에 심취하
여 평소에도 반청, 반만주인 사상을 품었고, 불만이 심해
지고 있었다. 그의 저서인 『지신록』知新錄에서 "이적이 천
조를 훔쳤고, 화하를 더럽게 만들어버렸다."라면서 통렬
하게 청조를 공격했던 그는 천섬총독川陝總督 악종기岳鍾

琪에게 제자인 장희張熙를 파견하여 악종기를 부추겨 그
에게 모반을 권유했다.

만주인에 대한 증오로 사로잡힌 증정은 악종기가 반
드시 기대에 부응할 것이라는 확신과도 같은 생각을 가
지고 있었다. 왜냐하면 악종기가 남송의 충신 악비岳飛
의 후예였기 때문이다. 여진족의 금에 철저한 저항을 주
장하다가 화평파인 재상 진회의 책동으로 비운의 죽음을
맞이했던 민족의 영웅 악비. 그의 자손이기 때문에 반드
시 여진(만주)에 원한을 품고 있음에 틀림없을 것이었다.
당연히 교섭에 응하고자 결심했던 증정이었지만, 그의
계획은 완전히 빗나가 버렸다. 악종기는 모반을 일으키
기는커녕 오히려 그의 음모를 옹정제에게 고발했기 때문
에 증정은 어이없이 모반죄로 체포되고 말았던 것이다.

본래대로라면 모반은 사형이고 게다가 극형인 능지처
사로 다스리게 되는데 증정은 사형을 면했다. 그 대신에
옹정제가 직접 엄혹하게 심문하여 철저히 설복시켰고,
증정은 자신의 오류를 인정하기에 이르렀다. 증정이 주
장했던 옹정제의 10가지 대죄는 황제에 의해 조목조목
논파되어 아무런 근거가 없는 잘못된 주장으로 단정되
었다. 이 과정에서 발생한 두 사람의 문답을 정리한 재판

기록이 『대의각미록』大義覺迷錄이다. 옹정제의 커다란 의
(義, 덕)로 말미암아 증정이 미혹함이 깨어났다고 하는 의
미를 담고 있고, 어떻게든 의미를 부풀리고자 이런 이름
을 붙였던 것이었다.

『대의각미록』은 전체 4권으로 되어 있다. 옹정제가 내
린 상유上諭 10편, 심문에 대한 증정의 공술 47개 조목, 장
희 등의 공술 2개 조목 이외에, 증정이 자신을 비판한 책
인 '귀인설'歸仁說을 부록으로 책의 끝에 수록하고 있다.
천조를 배신한 인물을 천자의 덕으로 바르게 고치면서
청의 정통성은 더욱 강화되지 않을 수 없었다. 옹정제는
이 책을 출판하여 중앙과 지방의 관청에 배포하고 동시
에 증정을 전국에 파견하여 천자의 덕을 칭송하게 했다.
증정을 살아 있는 광고판으로 적극 이용했던 것이다.

옹정제의 화이일가

아주 흥미로운 점은 『대의각미록』에 앞선 황제들이 가
능한 회피한 화이일가라는 용어가 당당하게 기록되어 있
다는 것이다. 이 용어를 사용한 것은 청대의 황제 중에서

는 이전에도 이후에도 옹정제뿐이다. 그는 다음과 같이 말하고 있다.

지금 역적들은 천하가 일통되고 화이일가의 시대가 되었는데도 함부로 중외를 구분하고 이유 없는 분노와 반발을 품고 있다. 하늘을 거역하고 이치를 어기며 아버지도 없고 군주도 없으니 벌과 개미만도 못한 금수라고 해야 할 놈들이 아닌가? 『대의각미록』권1)

여기에서 화이일가는 영락제가 주장한, 넓은 의미의 천하에서 이루어지는 화이일가와 같은 의미는 아니다. 옹정제가 말한 화이일가란, 천하일통과 나란히 등장하고 있는데 이는 어디까지나 청조가 실질적으로 지배하고 있는 영역, 화(한인)와 이(만인)의 좁은 의미의 천하를 염두에 두고 있는 것이다. 청조 국내의 한인과 만인의 융화를 목표로 삼았던, 오히려 순치제가 말한 만한일가와 비슷한 개념이라고 생각할 수 있다.

대체로 옹정제가 일부러 이 시점에서 화이일가를 주장한 것은 중화 지배에 대한 절대적인 자신감에서 비롯된 그의 계산이 있었다. 그는 한인에게 호胡 혹은 이적夷狄이라는 글자를 금지시킬 필요는 결코 없다고 말한다. 오히려 그러한 글자들을 다른 글자로 변경시켜 기피하곤 하는 것이 '이치를 멀리하고 의를 범하는 것이니 심한 불경不敬'이라고 힐난했다. 자기 자신은 민족적으로는 이夷일지 모르겠지만 문화적으로는 틀림없는 화였다. 민족적으로 이라는 것이 어디가 나쁘다는 것인가? 한인을 향한 그의 말은 실로 날카롭다. 옹정제는 계속 이렇게 말한다.

예로부터 중국이 일통의 시대였다고 해도 그 영토는 멀리까지 펼쳐져 있지 못했다. 그 영역 안에서 화화(중국화)로 향하지 않는 자가 있으면, 이를 배척하여 이적이라고 불렀다. 예를 들어 삼대(三代, 하, 은, 주 세 왕조) 이전에 묘苗, 형초荊楚, 험윤玁狁이 있었던 곳은 지금의 호남湖南, 호북湖北, 산서山西 지역이다. 이를 오늘날에도 이적이라고 할 수 있겠는가? 한, 당, 송의 전성시대에는 북적北狄과 서융西戎이 대대로 변경의 근심이 되었다. 그들은 신하로 복종하지 않으면서 그 지역을 영유했고, 그래서 화와 이, 서로 간의 경계가 존재했던 것이다. 우리 청조가 군주로서 중국에 들어와 천하에 군림하면서 매우 멀리 떨어진 몽골의 여러 부락을 병합하여 모두 판도에 편입되었다. 이는 중국의 영토가 개척되어 멀리까지 펼쳐진 것이니 중국 신민의 큰 행운이다. 어찌 화와 이, 중과 외에 구분이 있다고 논할 수가 있겠는가!

(『대의각미록』권1)

예로부터 중국은 이를 흡수하여 화로 삼는 것으로 영역을 확대해왔다. 본래 화와 이 두 가지를 포함한 다민족 복합국가가 중국이다. 그 최종 형태가 화이일가의 대청인 것이기 때문에 화와 이, 한과 만을 구별할 이유가 어디에도 없다는 것이다.

청조에게 있어서 만주는 마치 중국 사람들에게 있어서 본적과 본관이 있는 것과 같다. 순舜이 동이 사람이고, 문왕은 서융 사람인데 일찍이 그것이 어찌 그들의 성덕聖德을 훼손시켰는가?

(『대의각미록』권1)

옹정제에 따르면, 화와 이의 차이는 같은 천하에서 출신 지역의 차이에 불과하다. 순, 문왕 등 고대의 성왕도 이였는데 덕을 몸에 지니면서 중화에 군림했다. 설령 만주족이라고 하더라도 덕을 갖추고 예와 의를 아는 사람이라면, 천자로서 중화에 군림해도 아무런 문제가 없다는 것이다. 화와 이의 차이를 예와 의의 유무로 구별하는 이러한 논법이 보다 설득력이 있는 이론으로 전개되고 있음을 이해할 수 있다.

십전노인十全老人의 천하

일견 평온해 보였던 청의 천하에서 뜻밖에 발생한 모반 사건은 옹정제의 솜씨 좋은 전후 처리로 인해 일단 무사히 종료되었다. 조금만 일이 잘못되었다면, 처참한 사건으로 발전할 수도 있었던 만큼 그 기회를 포착하여 반전의 공세로 나온 옹정제의 수완은 확실히 옹정제 특유의 대단함이었다. 그러나『대의각미록』의 반포를 통해 청조의 중국 지배가 완전히 정당화되었는가라고 말한다면, 결코 그렇지 않다. 문제는 여기에서 끝나지 않았다.

옹정제의 뒤를 이은 건륭제(乾隆帝, 재위 1735~1796)가 즉위 직후인 옹정 13년(1735), 증정의 죄상을 다시 심문하여 그와 그의 제자를 다시 체포해 능지처사의 형벌에 처했기 때문이다. 이때『대의각미록』도 금서로 처분하여 이를 회수할 것을 명하였다. 부친 황제가 출판한 책을 금서로 만드는 것은 본래대로라면 생각할 수 없는 소행이었다. 그럼에도 불구하고, 감히 그 처분을 결단한 이유는 『대의각미록』에 드러난 화이사상의 해석에 건륭제가 모종의 위험성을 민감하게 느꼈기 때문이었을 것이다.

그렇다면 건륭제 스스로는 만주족의 중국 지배를 어떠한 논리로 정당화하고자 했을까?

강희제, 옹정제라는 두 명의 훌륭한 군주로 인해 청조의 지배는 견고해졌고, 이를 고스란히 물려받은 사람이 건륭제였다. 그의 시대에 청조는 최전성기를 보여주었고, 대외적으로도 확장 정책을 펼쳤기 때문에 청의 영토는 최대한으로 팽창했다. 10번의 원정군을 파견하여 10번 모두 승리했다고 호언장담한 건륭제는 자신의 '십전무공'十全武功을 과시하며 스스로를 '십전노인'이라고 불렀을 정도였다. 입관 이후의 영역에 새롭게 티베트(서장西藏), 신강(회부回部)을 추가하면서 청의 천하가 최종적으로 완성되었다. 현재 중국의 영토는 건륭제 시대의 영역을 거의 계승한 것이다.

청조는 직할지인 중국 본토와 발상지인 기지(旗地, 팔기의 지역)라 불리는 특별행정구역인 만주 지역을 제외하고 몽골, 청해靑海, 티베트, 신강 등을 번부藩部라고 칭하며 간접 통치를 행했다. 이 번부를 통괄하는 것이 만주인과 몽골인이 임명된 북경의 이번원理藩院이었고, 육부 등 일반적인 통치 기구와는 별도로 기능했다. 즉 청조의 영역은 개념적으로 말하면 중앙의 직할지가 있는 주현제 시행 지역(중국 본토)과 그 주변의 기지(만주 지역) 및 번부로 크게 구분되어 존재했다고 할 수 있다.

황청皇淸의 중하中夏

이를 상징적으로 보여주는 것이 청의 황제가 지니는 다양한 면모이다. 건륭제는 중국 본토에서는 황제로서 군림했고, 만주와 몽골 지역에서는 한汗이었으며, 티베트에서는 불교의 전륜성왕轉輪聖王이었고, 신강 위구르에서는 이슬람교의 보호자로서 행동했다. 바로 다민족 국가인 청조의 성격을 한 몸에 체현한 사람이 건륭제였던 것이다.

오족(五族, 만·한·몽·회·장)으로 대표되는 다양한 민족이 독자적인 문화를 계속 유지하면서 평등하게 공존하는 세계. 이른바 오족 공존五族共存의 세상이야말로 건륭제가 바라마지 않는 이상적인 천하였다. 번부의 민족은 일부러 화화(중국화)를 추구하지도 않았고, 종교와 습속 등 각 민족의 독자성을 유지하면서 청의 통치 아래에서 스스로의 거처를 확보했다. 청의 황제가 민족마다 자신의 면모를 구분하여 활용했던 이유이다.

그러나 한편에서는 청이 마음속에 두고 있던 천조의 수도를 북경에 정하고 중화 제국의 겉모습 만들기에 전념했던 것도 사실이었다. 특히 한족의 정치적, 경제적 지원이 없이 존립할 수 없는 현실은 한족을 향한 중화 통치의 정당화라고 하는 과제를 청조가 여하튼 추구하게 만들었다. 이것은 단적으로 말해서 만한일가나 화이일가와는 다른, 오족을 포섭한 대청의 천하를 정당화하는 논리이지 않으면 안 되었다. 이런 어려운 요구에 건륭제 자신이 대응한 것이 그가 만들어낸 '황청의 중하'였다.

황청의 중하(중화)란 건륭제가 오족의 지역에 부여한 특별한 개념으로 '황청의 대일통大一統'이라고도 한다. '대일통'이란, 앞에서도 서술했듯이,『춘추공양전』에 나오는 말로 '일통을 크게 하다'로 읽을 수 있다. 천하가 통일되어 안정되는 것을 의미하고, 일반적으로는 천하 통일과 거의 같은 의미로 사용된다. 예로부터 역대 왕조들은 대일통의 이념하에 항상 통일 왕조가 되는 것을 목표로 삼아왔다. 남과 북으로 분열되었을 때에도 어느 쪽으로 통일되는 것은 대일통의 역학이 작용했기 때문이었고, 청조의 경우 중국 본토와 만주, 번부의 통일을 황청의 대일통이라고 부르면서 그 지역을 황청의 중하라고 이름을 붙였던 것이다.

대일통이 이루어진 황청의 중하에서는 그 명칭 그대로 오족이 모두 중화의 백성으로 여겨졌고, 원칙적으로는 서로 평등하다는 점에 특징이 있었다. 그러나 중화라고 하더라도 건륭제가 독자적으로 해석한 중화였고, 전통적인 중화 개념과는 크게 다르다. 중화인가 그렇지 않은가의 구별은 청조에 대해서 공순恭順한가 아니면 반역적인가에 따라 이루어졌고, 순종과 거역의 이치가 양자를 구분하는 기준이었다. 청조의 판도에 들어오면 중화이고, 그래서 복종하는 번부의 백성은 황제에게 덕화된 중화의 백성으로 여겨지면서 겉보기에는 중국 본토의 백성과 같은 수준으로 취급되었다.

이때 황청의 중하를 실체화하기 위해서 열렬하게 강조되었던 것이 중외일가의 관념이었다. 중국 본토를 '중',

만주 지역과 번부를 아울러서 '외'로 보는 이러한 관념은 황청의 중하에 있는 오족을 하나의 가족으로 간주하면서 청조의 천하 통치를 정당화하려는 것이었다. 실제로는 청조의 번부 지배를 천자의 덕화가 이루어진 결과로 바꿔 해석하면서 중외일가의 관념으로 표현했던 것에 불과하다. 번부의 입장에서 보면 강제로 가족에 편입시킨 것이나 다름이 없었으니 중국 측의 독선적인 관념이었다고 해도 과언이 아니었다.

훗날 근대가 되어 번부 측에서부터 분리의 움직임이 일어날 징조가 보였지만, 중국 측의 강압에 의해 저지되어 뜻을 이루지 못한 채 지금에 이르고 있다. 예전의 번부는 오늘날의 중화인민공화국에서 민족자치구가 되었고, 해당 지역의 소수민족도 중국 본토에서 압도적 다수를 차지하는 한족과 함께 법적으로는 똑같이 중국인이다. 황청의 중하와 중외일가의 관념은 어떤 의미에서 현대 중국에도 그대로 계승되고 있는 것이다. 건륭제의 유산은 광대한 영토뿐만 아니라 중국의 개념에까지 미치고 있다고 말하지 않을 수 없다.

중화와 외이

순치제의 만한일가를 시작으로 해서 옹정제의 화이일
가를 거쳐 드디어 건륭제에 이르러 중외일가로 자리를
잡았던 청조인데, 그러는 동안에 반청과 반만주적 언동
에 대해서는 철저하게 단속했다. 특히 강희 연간에 시작
되어 옹정, 건륭 연간을 통해 맹위를 떨쳤던 필화 사건인
'문자文字의 옥獄'은 한인의 사상 통제를 목적으로 계획적
으로 발생시킨 것이었다. 한인이 기록한 일부 서적이나
문장에 청조나 만주족을 비방하는 의도가 있다면서 트집
을 잡아 집필자는 물론이고 때로는 일족과 관계자들까지
사형에 처했던 것이다.

그리고 건륭제가 편찬하게 한 세계 최대의 총서인『사
고전서』四庫全書도 사상 검열을 위한 것이었고, 이적夷狄
과 유사한 글자를 사용하거나 위험 사상이라고 간주된
서적은 총서의 편찬 과정에서 모두 발행 금지 처분을 받
아 금서로 지정되었다. 그래서 약 3,000종의 서적이 금
서의 대상이 되었고, 금서 목록을 작성하여 회수를 명령
했을 정도였다. 부친 황제가 출판한『대의각미록』조차
예외가 되지 못했다. 건륭제는 청조 국내에서 일체의 반
만주적인 언사와 화이사상을 배제했고, 청조 전체를 중

화로 삼는 황청의 중하를 실체화하기 위해 노력했던 것이다.

그렇지만 이적이라는 글자가 완전히 청조의 천하에서 소멸되었던 것은 아니다. 새로운 이적 관념이 넓은 의미의 천하에서 조정措定되었다. 황청의 중하에 포함되지 않은 주변의 여러 국가들과 여러 민족은 '외이'外夷로 규정되었고, 중화와 외이처럼 중외中外의 관계로서 파악되었다. 중앙에 중화가 있다면 반드시 외연에는 이적이 존재하고 있다는 동아시아의 천하 관념은 청조에서도 엄연히 계승되고 있었다고 할 수 있다. 건륭 이후가 되면 황청의 중하와 그 이외의 외이를 한집안으로 간주하는, 이른바 넓은 의미의 중외일가가 끊임없이 주장되었던 것이다.

이전부터 존재했던 넓은 의미, 좁은 의미의 두 가지 천하는 청대에는 넓은 의미, 좁은 의미의 두 가지 중외라고 하는 개념으로 드러났다. 좁은 의미에서는 중국 본토(중)와 만주 및 번부 지역(외), 또한 넓은 의미에서는 황청의 중하(중)와 그 이외의 외이(외)를 가리킨다. 물론 여기에서의 외이에는 번부 백성들은 포함되지 않는다. 그들을 제외한, 서방의 내륙 여러 국가들과 동남아시아 여러 국가들, 조선, 일본, 러시아 등이 외이에 포함되었다. 건

룽제에 의해 이름이 정해진 황청의 중하와 그 주변에 펼쳐진 외이, 이 두 가지에 의해 성립된 유라시아 동반부의 세계가 바로 황청의 대천하였다.

조선의 소중화사상 小中華思想

명에서 청으로의 왕조 교체, 즉 화이변태는 중국 국내는 물론이고 주변 여러 국가들에도 지대한 영향을 끼쳤다. 이때까지 중화로서 동경의 대상이 되었던 중국 지역에 오랑캐가 갑자기 난입했으니 당연한 현상이었을 것이다. 그 충격을 제대로 받았던 것이 이웃 국가인 조선이었다. 이미 청조가 입관하기 이전인 홍타이지 시대에 두 차례의 침략(정묘호란, 병자호란)을 받았던 조선은 서울 근교의 삼전도三田渡에서 국왕이 직접 홍타이지에게 삼궤구고두 三跪九叩頭의 예를 행하면서 청조에 대한 신종臣從의 태도를 표명했다. 1637년 1월의 일이었다.

이전의 명을 중심으로 하는 대천하 아래에서 조선은 명을 향한 사대를 고수해왔다. 그렇다고 조선을 중심으로 하는 소천하의 의식을 결코 상실했던 것은 아니다. 중

삼전도(현재 서울)에 위치한, 홍타이지에게
무릎을 꿇고 있는 인조의 부조

화가 된 조선의 주위에는 야인(여진), 일본, 삼도(三島, 쓰시
마·이키·마쓰우라), 류큐의 네 오랑캐가 배치되었고 그중에
서도 여진은 가장 야만적이었기 때문에 야인이라고 칭해
졌다. 그런 여진에게 신종하는 것이 되었기 때문에 조선
의 지식인 양반들이 얼마나 분노했을지는 쉽게 상상할
수 있다. 머지않아 그들의 굴욕감은 명에 대한 모화로 바
뀌었고, 명이 멸망한 이후에도 최후의 숭정 연호를 계속
사용했을 정도였다.

양반에게 있어서 중국 본토가 이적인 만주에 의해 점
령되었다는 것은 중화 문명이 소멸되고 중국이 화가 아
니라는 것을 의미했다. 그래서 명의 정통성을 계승하여
중화 문명을 이어받은 것은 다름이 아닌 우리 조선이라
는 '소화'小華, '소중화' 의식이 고조되었던 것이다. 양반들
중에서는 고대 기자조선箕子朝鮮의 창시자인 기자箕子에

의해 공자 이전에도 조선에는 유교가 도입되었다는 말을 진실인 것처럼 믿었다. 그리고 주자학의 도리와 가르침을 철저하게 추구하는 것으로 조선을 예와 의의 국가로 간주하는 자존 의식을 강화해갔다.

실제로 중국의 입장에서 보면 조선이 동이라는 것은 양반들도 충분히 알고 있었다. 그러나 예와 의를 체득하면 이라고 하더라도 화가 된다는 논법으로 그들은 조선이 중화라는 것을 증명하고자 했다. 실은 이러한 생각은 청이 중국 지배를 정당화할 때에 내세웠던 논리와도 다를 바가 없다. 만주족도 예와 의를 몸에 지니면 화가 된다는 옹정제의 주장은 조선의 양반이 스스로를 화로 여기는 근거와 완전히 똑같다. 다른 점이 있다면, 만주족은 중화의 땅에 청조를 수립했고 조선은 그 청조의 지배 아래에 있다고 하는 입장 차이이다.

하지만 그 차이가 매우 큰 것이다. 청조는 중화의 땅에서 대천하를 이끄는 존재가 된 것에 반해, 조선은 청조를 향해 소천하조차도 주장할 수 없었고, 게다가 청의 정삭(역)을 받들면서 신하로 복종했기 때문이다. 소화, 소중화 주장은 본토의 중화가 영원히 될 수 없는 동이의 조선이 야인의 국가인 청조에 대해 힘껏 허세를 부리는 것이었다. 명을 향한 모화는 그러한 조선의 굴절된 심정을 반영하는 것이라고도 할 수 있다.

조선만이 중화의 계승자라는 소중화 의식은 소중화의 방식을 둘러싼 다양한 의견을 사상계에 만들어냈다. 그러한 와중에 조선의 주자학을 대표하는, 잘 알려진 도학자道學者들이 잇달아 출현했다. 조선의 지식인들은 화이변태의 시대에 살고 있었지만, 현실에서는 존재하지 않는 이상적인 중화를 추구하며 독선적으로 고뇌했다. 그러한 양반들의 사상적 영위營爲의 기반 위에서 소중화가 성립되었던 것이다. 그러니 각양각색의 소중화가 존재했던 것도 당연한 일이었다. 실제로 이것이 대천하에 바싹 붙은 형태로 조선의 땅에서 개화한 소중화의 실태였다.

일본형 화이 질서

조선에서 소중화가 활발하게 주장되고 있었던 당시에, 예전 왜구의 국가인 일본의 상황은 어떠했을까?

도요토미 히데요시의 대천하 구상이 무너져 내린 이후에도 막부를 창설한 도쿠가와 이에야스는 명, 조선과의 무역을 원하면서 관계 회복에 힘썼다. 조선과는 쓰시마의 소씨[宗氏]를 매개로 그럭저럭 관계 회복을 이룩했지만, 명과는 끝까지 국교를 회복하지 못했다. 그러는 동안에 기독교 문제가 발단이 되어 막부는 일본형 해금이라고도 부를 수 있는 쇄국을 단행했다. 때마침 중국에서 명과 청의 왕조 교체가 일어났고, 동아시아는 격동의 시대를 맞이했는데 쇄국 체제 아래의 일본에는 화이변태의 여파가 직접적으로 미치지는 않았다.

오히려 이후에는 일본에서 천하태평이라고도 불리는 비교적 안정적인 시대가 이어지면서 대외적으로도 독자적인 외교를 전개했다. 그때 일본의 대외 방침을 근본적으로 규정하고 있었던 것은 말할 것도 없이 전통적인 일본 중심 천하관이었다.

쇄국으로 인해 중국의 대천하로부터 완전히 이탈한 일본은 주위에 하이蝦夷, 조선, 류큐, 네덜란드(남만) 등 네 오랑캐를 배치하면서 일본 고유의 천하를 구축했다. 오늘날에는 이를 일본형 화이 질서(화이 의식) 등으로 칭하는데, 조선과 베트남에도 똑같은 질서가 있었기 때문에 확실히 이렇게 칭하는 것이 이치에 맞다. 다만 일본형 화이 질서는 쇄국 체제 아래에서 특별히 존재했던 것이 아니라, 전 시대에 걸쳐서 존재했다. 이전 당대에는 일본도 '동이의 소제국'이라 불렸던 것처럼 일본형 화이 질서를 형성시켰고, 주변의 여러 국가와 경쟁했다는 점은 5장에서 서술했다.

그 당시와 비교한다면, 청대의 동아시아가 상당히 엄숙했다는 것은 틀림이 없다. 일본이 쇄국 체제에 돌입하여 대외팽창정책을 일체 포기했다는 것도 크게 작용했을 것이다. 다만 그러한 일본에서도 관념적으로는 일본의 주위에 네 오랑캐를 배치하여 일본의 독자적인 천하를 구축하면서 소제국의 체제를 변함없이 유지하고 있었다. 게다가 청과는 국교를 단절하면서 대천하와의 관계를 완전히 상실한 것처럼 보였는데, 실은 여전히 중국 중심의 대천하에 한편으로는 포섭되고 있었다는 것을 충분히 주의해야 할 것이다.

이는 조선과 일본의 관계를 통해서도 알 수 있다. 양국 간에 교환된 국서에서 서로를 칭하는 이름은 일본에서는 조선에 대해 조선국왕, 조선에서는 일본에 대해 일본이 요구한 것에 따라 일본국대군日本國大君이라는 특별한 외교적 명칭이 사용되었다. 일본의 쇼군이 국왕의 이름을 회피한 것은 중국의 작제적爵制的 질서에서 국왕은 황제

(천자)의 신하이고, 또한 청으로부터 책봉을 받았던 조선 국왕과 대등해지게 되는 것을 꺼려했기 때문이다. 그리고 조선에서는 대군은 국왕보다도 하위에 있다고 간주되었기 때문에 일본에 대군의 호칭을 사용하는 것을 저항 없이 받아들였다. 조선과 일본 각자의 생각으로 인해 명칭이 정해졌지만, 그 배경에 있는 것은 비록 의식하지 않았음에도 불구하고 양국을 뒤덮고 있는 대천하의 암묵적 질서였다.

결국 대천하를 이탈했다는 일본조차도 대천하의 논리로부터 자유롭지 못했다는 것이니 중화 문명이 동아시아의 여러 국가들에 끼친 영향이 어느 정도였는지를 알 수 있을 것이다. 대천하의 천하 질서는 은연중에 중국의 주변 여러 국가들을 규정하고 있었던 것이다. 이러한 현실은 조선, 일본과 함께 또 하나의 동아시아의 주요 국가인 베트남(대월)을 살펴보게 되면 보다 명료해진다.

남쪽의 중화

일본과 마찬가지로 소천하와 대천하의 이중 잣대를 가

지고 있던 국가가 베트남이었고, 그러한 자세는 시종일관 무너지지 않았다. 10세기에 독립한 이래 중화 왕조의 책봉을 받으면서도 황제를 칭하며 독자적인 연호를 제정했고, 번이蕃夷라고 멸시했던 주변 여러 국가들에게는 '남쪽의 중화'로서 상위로부터의 시선을 가지고 행동했다. 게다가 황제의 지위를 보장하기 위해서 하늘 관념을 드높이 내걸었고, 명과 청을 자국과 대등한 '북조'라고 부르는 등 남쪽의 중화라는 긍지를 내세우며 중국과 경쟁을 펼쳤다.

그러나 그렇다고 해서 예전의 요와 송, 금과 남송처럼 두 개의 천하가 남북으로 대치했던 남북조와는 당연히 같지 않다. 베트남의 천하는 결국 대천하 속의 소천하에 불과했다. 국내에서는 대월이라고 하는 정식 국호를 계속 사용하면서도 조공을 할 때에는 중국으로부터 받았던 안남이라는 국호 사용을 받아들였기 때문이다. 그래도 국왕이 조공을 하는 형식만은 가능한 한 피했고, 상황上皇이 국왕의 명의로 조공을 행하면서 상황, 국왕의 휘諱는 숨기고 다른 명칭으로 입공入貢하곤 했다. 그렇게 하면서 남쪽 황제의 존엄을 지켰던 것이다.

중화 왕조의 주변에 위치한 외이 중에서 조선, 일본,

베트남은 중국의 천하관을 도입하면서 자국의 국가 건설을 추진했다. 세 국가 모두 대천하 속에서 소천하를 구축했고, 대천하와의 균형을 계산하면서 국가의 체재體裁를 정비해갔다. 물론 중국의 천하관을 그대로 이입한 것은 아니었고, 세 국가 나름대로 정비하여 독자적인 천하관을 형성했기 때문에 소천하의 모습은 세 국가가 각각 달라서 발현되는 방법도 똑같지 않았다.

조선은 자국의 천하를 숨기고 대천하에 가깝게 붙어 있는 소중화에서 아이덴티티를 찾았다. 이에 반해 일본은 이중 잣대를 포기하고 결국에는 쇄국을 단행했고, 주관적이기는 하지만 일본을 중화로 여기는 완결된 소천하를 구축했다. 한편 베트남은 끝까지 이중 잣대를 견지하면서 소천하와 대천하를 구분해서 사용하는 것에 국가 존립의 토대를 두었다. 대천하에서는 이로서 공순한 태도로 중국에 접근했고, 소천하에서는 주변 여러 국가들에 중화로서 군림했던 것이다. 세 국가 각각 자국에 적합한 방식으로 고유의 소천하를 완성시켰다고 할 수 있다.

이렇게 청조가 중국을 통치하고 있었던 당시에 동아시아에는 여전히 대천하, 소천하가 어우러진 복수의 천하가 존재했다. 게다가 흥미로운 것은 이러한 천하들이 존재 형태를 달리하면서도 애매한 모습으로 유기적으로 연계되어 있었다는 점이다. 앞서 살펴보았던 일본과 조선의 교류 방식이 그러한 예이다. 그리고 일본과 청의 관계처럼 완전히 국교가 없었다고 해도 정치 시스템으로서 천하 시스템의 범주로부터 결코 자유롭지 못했다. 일본은 항상 대천하의 질서에 제약을 받았고, 청이 국가 간의 교류가 없는 일본을 이후까지도 조공국이라고 규정하곤 했던 것도 여기에서 기인한 것이다.

조공일원체제라고 하는 엄격하면서도 정연한 명대의 천하 시스템과는 달리 청대에는 각각의 소천하가 독자적으로 행동을 취했다. 언뜻 보면 동아시아에 통일성과 통합성이 없는 것처럼 보인다. 그러나 그러면서도 근본적으로 각 국가의 행동을 규제한 것은 역시 전통적인 천하관이었고, 대외적인 교섭은 모두 천하와 천하 상호 간의 관계성 속에서 조정되고 처리되었다. 천하 관념을 매개로 각 국가를 유기적으로 연결하는 것이 천하 시스템이라고 한다면, 청대 동아시아의 여러 국가들도 이 천하 시스템이라는 구조 속에서 서로 격전을 벌였던 것이라고 이해해도 좋을 것이다.

천조의 동요

여기에서 다시 중국 국내로 시선을 돌려보자.

청조의 전성기도 지나간 19세기 중엽, 서양의 여러 국가들이 중국으로 활발하게 진출하면서 당연히 대천하의 내실에도 변화가 생겨났다. 이에 동반하는 외이의 관념도 예전처럼 중국 주변의 여러 국가들과 여러 민족을 가리키는 것 대신에 점차 중국에서 존재감을 키워간 서양인 전반을 지칭하게 되었다. 특히 1840년에 발발한 아편전쟁에서 패배한 청조는 영국과의 사이에서 불평등한 남경조약을 강제로 맺었고, 계속해서 미국과 프랑스와도 마찬가지의 조약을 체결하면서 서양 여러 국가들의 영향 아래에 있게 되었다.

이후 외이는 서양의 여러 국가들을 표현하는 대명사가 되었고 군사적으로 열세의 입장에 있었던 청조는 반복되는 외이의 다양한 요구들을 받아들이면서 점점 불리한 상황으로 몰리게 되었다. 이미 이 시점에서 청조는 이름뿐인 천조가 되었음은 말할 것도 없다. 그럼에도 불구하고 청조는 '천조의 정제定制'(화이 질서에 토대를 둔 관례)를 전면에 내세우고, 외이를 조종하는 전통적인 방법인 '원인遠人의 회유'를 주장하는 등 천조의 체면을 필사적으로 계속 유지했다.

청조의 입장에서 보면, 아편전쟁 이후 맺어진 남경조약으로 다섯 항구(광주, 하문, 복주, 영파, 상해)를 개항한 것은 자유무역을 요구하는 외이를 회유하기 위한 은혜적 조치였다. 본래 '지대물박'地大物博을 과시했던 청조에게는 무역 등은 필요하지 않았다. 외이에게 무역을 용인하는 것 자체는 천조의 은혜 이외에 그 무엇도 아니었다. 도광제(道光帝, 재위 1820~1850)의 다음과 같은 말은 바로 그러한 사실을 이야기하고 있다.

천조가 각 국가를 위로하고 통제하는 방식은 일시동인(一視同仁, 차별하는 것 없이 평등하게 자애로운 것)이다. …… 지금 이미 각 국가에 일률적으로 통상을 허가했으니 천조의 은혜는 높고 두텁다.　　(『청선종실록』도광 23년 9월 계사)

무역을 허가했기 때문에 감사하라는 태도이다. 남경조약 이후에는 서양 여러 국가들과의 사이에서 불평등한 편무적片務的 최혜국대우 조항이 부과되었는데, 이도 일시동인의 관점에서 외이에게 공평하게 은총을 내려준다는 것으로 해석되었다. 절반은 강요에 의해 부득이하게 취한 조치였음에도 청조는 허세를 부리며 천조의 논리로 정당화했던 것이다.

이전에 청조가 맹렬하게 오족 공존의 번영을 구가했던 건륭제 시대에는 확대되는 판도가 천조의 덕화를 증명했고, 중외일가는 천조의 전성기를 표현하는 상징적인 개념이었다. 그러나 아편전쟁 이후에 중외일가는 오히려 청조의 쇠퇴를 호도糊塗하기 위한 상투어가 되었고, 외이를 향해 이 말을 사용하는 것으로 천조의 체면을 지키려 했다.

이미 중화와 외이의 입장은 실질적으로 역전되었고, 객관적으로 보면 청조의 실태는 화이변태 그 자체였다. 외이는 정치와 경제 등 모든 측면에서 개입을 강화했고, 청조의 주권과 국토를 점점 침식해갔다. 이는 또한 한인의 입장에서 보면, 서양인과 만주인이라는 이중의 의미에서 이夷의 지배를 받는 것이기도 했다. 훗날 청 말기의 혁명가 천톈화(陳天華, 1875~1905)가 청조를 '양인洋人의 조정'이라고 표현하면서 서양 여러 국가의 축출과 청조 타도를 주장했던 것도 이유가 없지 않았다.

오늘날의 중국인이 천조라고 하는 말에서 떠올리는 이미지, 즉 구태의연하게 과거의 영광에만 매달리며 완고

하여 사리에 어둡고 식견이 없는 조정이라는 이미지는 19세기 후반 청조의 모습과 겹쳐진다. 청조는 이전에 주변의 여러 국가들을 제압하여 복종시키면서 대천하를 구축했던 천조와는 달리 이미 소천하의 천조와 별반 다르지 않은 존재가 되어가고 있었다. 황청의 중하를 표방했던 건륭제 시대로부터 대략 1세기가 지났다. 그토록 강했던 대청 왕조도 천조의 논리를 내세우는 것만으로는 이제 어찌할 수가 없는 극단에 서게 되었던 것이다.

제11장

중화민족의 대가정

─ 근현대

무술변법戊戌變法

　1894년 7월부터 이듬해 3월까지 지속된 청일전쟁은 청조의 패배로 끝이 났다. 이때까지 동이라고 얕보았던 동방의 소국 일본에게 패배했던 것은 청조에게 있어서 믿기 어려운 굴욕이었고, 커다란 충격이었다. 개국을 하고 얼마 되지 않은 일본이 순식간에 근대화에 성공하고 강국이 될 수 있었던 이유는 무엇일까? 일본과 마찬가지로 서양의 기술과 지식을 받아들이는 양무운동洋務運動을 전개해온 청조가 왜 동이의 소국에게 패배한 것일까? 많은 관료와 지식인들은 중국의 앞날을 걱정하며 국가의 재건 방책을 필사적으로 모색했다.

　일본이 성공한 것은 서양의 기술과 지식을 흡수했던 것은 물론이고, 체제 자체도 서양식으로 변경했기 때문이 아닐까? 서양을 모방하여 헌법을 제정했고, 의회를 열어 입헌군주제 국가를 만들었다. 체제의 측면에서 변혁을 달성했기 때문에 일본은 성공한 것이었다고 그들은 생각했다. 이에 예전의 양무파 관료들을 대신해 새롭게 대두한 것이 체제의 변혁, 즉 중국식으로 바꿔 말하면 '변법'變法을 주장하는 변법파였다. 그 대표자가 공양학자公羊學者 캉유웨이(康有爲, 1858~1927)와 그의 제자 량치

열강의 세력 범위

(사에키 유이치, 『중국의 역사 8 - 근대 중국』 강담사講談社를 토대로 작성)

차오(梁啓超, 1873~1929) 등이었다.

이른바 변법을 주장했던 사람이 그들 이전에 없었던 것은 아니다. 그러나 그것이 변법파라는 형태로 정치 운동을 향해 발전해간 것은 청일전쟁에서 패배한 이후부터의 일이었다. 당시 일본을 포함한 열강의 침략은 점점 더 격화되었고, 중국은 이른바 '과분'(瓜分, 참외를 자르는 것처럼 국토를 분할하는 것)의 위기에 빠져 있었다. 이대로의 상황에 있는 한, 중국은 멸망할 것이고 중국인도 멸망할 것이 틀림없다, 그렇게 되지 않기 위해서는 현재의 체제를 변혁하여 변법을 달성하지 않으면 안 된다, 그들은 이렇게 생각했던 것이다.

얼마 후 캉유웨이를 중심으로 한 집단은 개혁의 의욕에 불타 있던 황제 광서제(光緒帝, 재위 1875~1908)에 의해 등용되었고, 1898년 6월에 변법 개시의 조서가 내려졌다. 이후 9월까지 약 100일 동안에 과거제도 개혁을 시작으로 근대적인 학교 제도 및 신식 육군의 건설 같은 정치, 교육, 군사 등 다양한 방면에 걸친 개혁안이 잇달아 빠르게 나왔다. 이것이 잘 알려진 '무술변법'이다.

그러나 다른 한편으로는 기득권을 가지고 있던 보수파 관료와 황족의 이익에 정면으로 배치되는 것도 있었다. 같은 해 9월, 보수파와 그 중심인물인 서태후에 의해 쿠데타가 감행되었고 광서제는 사로잡혀 자금성 서쪽 서원西苑의 영대瀛臺에 유폐되었다. 캉유웨이와 량치차오는 아슬아슬하게 일본으로 망명했지만, 탄쓰퉁(譚嗣同, 1865~1898) 등 '무술육군자'戊戌六君子는 체포되어 처형되었다. 변법파에 의한 체제 내 개혁은 체제 붕괴를 염려한 보수파의 반동적 책동으로 인해 불과 100일 남짓 만에 좌절되었던 것이다. 메이지유신을 모방하여 백일유신百日維新이라고 부르는 이유이다.

화이의 구별과 대일통

　이보다 이전에 청일전쟁이 시작되던 1894년, 하와이에서 한 혁명 결사가 탄생했다. 훗날에 중화민국 임시대총통이 되는 쑨원(孫文, 1866~1925)이 조직한 흥중회興中會였다. 이때 쑨원이 내세운 흥중회의 혁명 강령은 다음과 같은 것이었다.

　　달로韃虜를 구제驅除하고, 중화를 회복하여 합중 정부合衆政府를 창립한다.　　　(『단향산흥중회맹서檀香山興中會盟書』)

　달로는 이적인 만주인이고, 그 이적이 지배하는 청조를 타도하여 한민족의 중화를 회복하고 합중 정부(즉, 공화제 국가)를 수립한다. 청조의 치하에서 단절되지 않고 스며들어 흐르고 있던 반청복명反淸復明의 수맥이 거의 죽어가던 청조에 타격을 주면서 지표로 분출되기 시작했던 것이다.

　혁명파의 움직임은 변법 운동의 좌절 이후에 점차 활발해졌고, 1905년에는 몇몇 혁명 조직이 도쿄에서 대동단결하여 중국동맹회中國同盟會가 결성되었다. 총리는 쑨원이었다. 그가 주장하는 '달로의 구제, 중화의 회복, 민국의 창립, 지권地權의 평균'이라는 '사강'四綱이 동맹회의 강령으로 채택되었다. 이후에 '달로의 구제'와 '중화의 회복'은 민족, 민권, 민생의 삼민주의 중 하나인 민족주의로 귀결되었고 한민족 국가 부흥을 위한 슬로건이 되었다. 청조가 입관할 당시에 내세운 만한일가의 구호는 배만흥한排滿興漢이라는 대대적인 외침으로 바뀌었다.

혁명파가 목표로 삼은 것은 만주족의 중화 지배를 부정하는 민족 혁명이었다. 그들은 중화와 이적의 차이 중에서 특히 민족의 차이를 강조했다. 본래 중화의 주변에 있어야 하는 이적인 만주족이 중화에 들어와 한족을 통치하고 있는 것이 청조이다. 이민족 왕조인 청조의 통치 아래에서 한민족은 도탄의 고통을 맛보고 있다. 지금이야말로 예전에 청조가 입관하던 초기에 한족이 당했던 대대적인 살육을 상기해야 한다. 그들은 만주족에게 욕설을 퍼부었다. 혁명파에게 있어서는 민족적인 '화이의 구별'만이 혁명의 원동력이었던 것이다.

체제 내 개혁을 주장했던 변법파와 체제 타도를 계획한 혁명파 사이에는 본래 화이관에서도 큰 격차가 있었다. 청조를 유지하는 것과 청조를 부정하는 것 사이에는 근본적인 차이가 있었고, 이것은 그대로 만주족의 처우와도 연결되었다. 변법파는 만주족의 중화 지배를 인정하면서 한족을 포함한 오족의 공존을 강력히 주장했다. 이를 풀어서 말해보면, 건륭제가 실현한 '황청의 중하'를 유지하면서 '황청의 대일통'을 끝까지 지키는 것을 시작으로 열강의 침략에도 대항할 수 있다는 것이었다.

한편 혁명파의 생각에서는 열강의 침략으로부터 중국을 지키기 위해서는 무엇이 어떻든 간에 부패해버린 만주족의 청조를 타도하고 한민족에 의한 공화제 국가를 수립하지 않으면 안 되었다. 진정한 중화를 회복하고 내부의 결속을 도모해야 열강에 대항할 수 있게 되는 것이다. 그렇기 때문에 우선 만주족을 중화에서 쫓아내 혁명을 성취할 필요가 있다. 황청의 중하 속에서 균형을 지키고 있던 '대일통'과 '화이의 구별' 관념은 각각 변법파와 혁명파라는 양극단으로 분열해버렸던 것이다.

신해혁명

1911년 10월 10일, 호북성 무창武昌에서 혁명파 군인들이 일제히 봉기했다. 이를 계기로 잇달아 각 성이 독립

무창봉기의 부조
(북경의 인민영웅기념비, 오노 신지,
『도설 중국의 역사 9 - 인민 중국으로의 고동』 강담사講談社에서 인용)

하면서 청조는 단숨에 붕괴로 치닫게 되었다. 1개월 남
짓 기간 동안에 독립을 선언했던 성이 전국에서 14곳이
었다. 청조에 남아 있던 중국 본토의 성은 직예直隸, 하남
등 몇 개에 불과했다. 같은 해 말에는 각 성의 혁명군 정
부의 대표가 남경에 모였고, 이듬해인 1912년 1월 1일을
중화민국 원년으로 삼는 것을 결정하고 쑨원을 임시대총
통으로 선출했다. 전통적인 황제 제도를 대신해서 공화
제가 수립된 것으로, 이 일련의 사건을 그해의 간지를 따
서 신해혁명이라고 부른다.

이미 10월 10일에 무창에서 봉기가 일어난 다음 날, 혁
명파 군인들은 중화민국호북군정부中華民國湖北軍政府를
수립하고 혁명 선언을 포고했다. 그중 한 부분은 이렇다.

지금 만노滿奴는 결코 한가漢家 사람이 아니라는 것을 알지 않으면 안 된다. …… 대의에 불타는 자가 있다면, 무기를 들고 급히 달려와야 한다. 함께 광복의 사업을 도모한다면, 한가의 중흥도 꿈이 아니다.

「중화민국군정부악군도독려포고中華民國軍政府鄂軍都督黎布告」

민족 혁명을 뜻에 둔 혁명파 특유의 과격한 어조로 된 포고였다. 그러나 현실은 호북 등 일부 성을 제외하면 독립한 성의 다수는 혁명파가 아니고 입헌파(변법파)나 청조의 지방 고급 관료 혹은 자의국(諮議局, 지방의회) 의원들에 의해 좌지우지되고 있어 혁명파가 파고들어갈 틈이 없었다. 혁명은 성취되었지만, 혁명파 주도로 달성되었던 것이 아니었다. 중화민국 정부는 확실히 동상이몽의 모임이었다.

그래서 혁명파가 주장한 혁명의 구호인 '달로의 구제'도 어느덧 유야무야해졌고, 민국 원년(1912) 3월 11일에 교부되었던 『중화민국임시약법』中華民國臨時約法에는 다음과 같이 규정하였다.

제1조 중화민국은 중화 인민이 이를 조직한다.

제2조 중화민국의 주권은 국민 전체에게 속한다.

제3조 중화민국의 영토는 22개의 행성(만주의 동삼성과 신
강성을 포함)과 내외의 몽골, 티베트, 청해로 한다.

제4조 중화민국은 참의원, 임시대총통, 국무원, 법원으
로 그 통치권을 행사한다.

제5조 중화민국의 인민은 일률적으로 평등하고 종족,
계급, 종교의 구별은 없다.

보다시피 중화민국은 청조의 판도를 그대로 계승하면
서 오족(한, 만, 몽, 회, 장)도 중화 인민이라고 규정하여 오족
공화五族共和가 강조되었다. 오랜 기간 한민족 국가의 부
흥을 주장해왔던 쑨원도 중화민국의 대총통이 된 시점에
서는 자신의 주장을 철회하고 오족공화를 내세울 수밖에
없었다. 혁명파의 입장에서 본다면, 가장 마지막에 이르
러 입헌파에 의해 역전을 당하는 모습이었다.

중국과 중화민족

혁명파와 입헌파의 대립 항쟁에 대해서는 일단 논의를

미루고, 이제 다시 앞서 언급한『중화민국임시약법』으로 되돌아가고자 한다. 제2조에 '주권', '국민'이라는 말과 제3조에 '영토'라는 용어가 있음을 확인할 수 있을 것이다.

이미 알려진 것처럼 서양에서는 18세기부터 19세기에 이르는 기간에 시민혁명을 거쳐 근대의 국민국가가 잇달아 탄생했다. 머지않아 서양 열강이 세계로 진출하면서 그 체제가 전 세계를 뒤덮기 시작하였고, 아시아에서도 서양을 따라잡기 위해 근대국가의 형성이 급속도로 이루어졌다. 근대국가의 기본적 특징은 '주권', '영토', '국민'의 세 가지 요소를 겸비하고 있다는 것으로, 아시아에서 급속도로 근대국가를 실현했던 국가는 메이지유신을 달성한 일본이었다.『중화민국임시약법』에도 똑같은 개념이 들어가 있다는 것은 중국도 근대국가로 변신하고자 했다는 것을 보여주고 있다.

본래 중국에서 이 문제에 강한 관심을 가진 사람은 변법 운동이 실패한 후 일본으로 망명한 량치차오였다. 그는 요코하마에서『청의보』淸議報,『신민총보』新民叢報를 발간하면서 혁명파에 대한 논의를 전개했고, 체제 내에서의 개량주의를 주장했다. 그는 일본에서 배운 새로운 사상을 보급하며 사람들의 계몽을 도모했는데, 중국을 근대국가로 거듭나게 하기 위해서는 먼저 자국의 국가 명칭을 정하는 것이 꼭 필요하다고 여기고 새로운 국가에 상응하는 명칭을 진지하게 생각했다.

종래 중국에서는 수많은 왕조가 흥망을 거듭했지만, 일본의 국호처럼 시대를 초월하여 불리는 국가의 명칭이 존재하지 않았다. 그래서 량치차오는 천하의 중심이면서 문명이 뛰어난 지역을 막연하게 지칭하는 중국이라는 개념을 새롭게 국민국가의 명칭으로 삼자고 주장했고, 후세에 이것이 받아들여지면서 점차 정착하게 되었던 것이다. 현재 우리가 일상적으로 사용하는 중국, 중국인이라는 개념은 근대국가의 확립 과정에서 의도적으로 만들어진 것이었다는 점을 알지 않으면 안 된다.

1901년, 량치차오는 국가 명칭으로서의 중국 그리고 일본으로부터 받아들인 민족이라는 개념을 결합해 중국민족이라는 새로운 개념을 처음으로 사용했다. 그리고 이듬해인 1902년에는 중국 민족을 대신해 중화민족이라는 개념을 제시했고, 이를 근대의 국민국가를 이끄는 사람이 될 수 있는 국민의 개념에 견주고자 했다. 즉 당시 청조 치하의 사람들에게 중화민족이라는 아이덴티티(귀속 의식)를 가지게 하는 것으로 '중국' 국내의 사람들에게 결속과 통일성을 부여하고자 했던 것이다.

『중화민국임시약법』에 있는 '주권', '국민', '영토'라는 개념은 분명히 중화민국이 근대의 국민국가를 지향하고 있었음을 보여주는 것이다. 한편 제1조에 있는 '중화 인민'은 앞서 량치차오가 주장한 '중화민족'이었고, 중화민족이란 오족을 포함하는 것으로 이전 황청의 중하에 있던 여러 민족들인데 그들의 '일률적으로 평등'한 오족공화가 약속되어 있었다.

즉 『임시약법』에는 근대국가와 중화 제국의 이념이 혼재되어 있었던 것인데 이는 바꾸어 말하면 중화민국이 중화 제국을 그대로 근대국가로 이동시키면서 성립했던 것에서 기인한다. 청조는 멸망했지만 청조의 골격은 그대로 남아 있었던 것으로, 황제 제도를 공화제라고 하는 정치체제에 바꾸어 끼워 넣은 것에 불과했다. 다민족 복합국가로서 대청 왕조의 성격은 중화민족이라는 허구 아래에서 확고하게 중화민국에도 계승되고 있었던 것이다. 새로운 국가의 출발이 파란을 머금고 있었던 것은 말할 것도 없다.

쑨원의 중화민족론

쑨원을 임시대총통으로 삼아 중화민국이 남경에서 성립한 1912년 당시에 북쪽의 북경에는 여전히 청조의 정부가 존재하고 있었다. 이때 청조를 대표해서 쑨원과 교섭한 사람은 총리대신總理大臣 위안스카이(袁世凱, 1859~1916)였다. 쑨원은 마지막 황제 푸이溥儀의 퇴위를 조건으로 위안스카이에게 임시대총통의 지위를 양도하고 하야했다. 군사력을 장악하고 있는 위안스카이와는 겨룰 수가 없다고 판단한 결과였고, 혁명이 계속 이어지는 것을 위안스카이에게 강력히 기대한 것이기도 했다.

그러나 위안스카이라는 남자는 확실히 겉은 그럴싸하지만 실속이 없는 사람이었다. 자신의 욕망 그대로 행동하면서 에누리가 없는, 권력을 지향하는 영혼이었다. 머지않아 혁명파에 대한 탄압을 시작했고, 1913년 쑨원 등은 제2혁명을 일으켰다가 실패하여 일본으로 망명할 수밖에 없었다. 그 이후에 위안스카이는 정식으로 대총통의 지위에 올랐고, 게다가 최후에는 황제 정치의 부활을 선언하고 황제로 즉위했다. 과연 국내에서 반발이 크게 일어났고, 머지않아 황제 정치는 철회되고 위안스카이는 실의에 빠져 사망했지만 위안스카이에게 농락을 당한 중국은 혁명 이전보다도 혼란스러움의 정도가 더욱 심해지게 되었다.

한편 일본에 망명한 쑨원은 도쿄에서 중화혁명당中華革命黨을 조직하여 혁명운동을 지속했고 얼마 후 1919년에는 국민정당인 중국국민당中國國民黨을 결성하기에 이르렀다. 이미 이 시기에는 임시대총통 시대와는 달리 그의 오족공화에 대한 생각에도 큰 변화가 나타나고 있었다. 본래부터 입헌파의 오족공화론에 비판적이던 쑨원은 오족공화를 부정하고 새로운 중화민족 개념을 주장하기 시작했던 것이다.

한족은 그 혈통과 역사 및 한족이라고 하는 자존과 자대自大의 명칭을 희생하여 만, 몽, 회, 장 사람들과 성실하게 교류하고 서로 융합하여 하나가 되어 중화민족의 새로운 주의主義를 만들어내지 않으면 안 된다.

(『삼민주의』 1919년)

물론 쑨원이 구상한 중화민족이란 『임시약법』이 규정하고 있는 것과 같은 일률적으로 평등한 오족의 총칭이 아니었다. 어디까지나 한민족이 주체가 되는 중화민족이다. 쑨원은 분명하게 이적에 대한 멸시 관념을 가지고 있었고, 우월한 한민족이 열등한 이민족을 한민족으로 동화시키는 것으로 중화민족이 완성된다고 생각했다. 이를 쑨원의 대한족주의大漢族主義라고 칭하기도 한다. 한민족이 중화민족이 된다고 해도 실체에는 어떠한 변화도 없다. 다만 한민족 이외의 여러 민족들은 한화되면서 문명을 손에 넣게 되는 것이다. 중화민족 개념의 제시는 직설적인 한화漢化라는 표현을 피해간 현대판 화화華化 정책이기도 했다.

예로부터 한민족은 주변 민족에 대해 자신을 중화라고 칭하면서 독존적인 태도를 지니고 있었다. 그러한 개념의 중화를 덧붙인 중화민족 속에 중화 세계와는 관련이 없는 여러 민족을 포함시켰다는 것은 한민족 측에서 독단적으로 자못 은혜를 베푸는 것과 같은 교만함 이외의 그 무엇도 아니었다. 주변 민족들에게는 솔직히 말해서 폐를 끼치는 일이었을 것이다. 사실 중화민국이 성립하여 한민족이 주체가 된 국가가 탄생하면서 주변 민족들도 자민족의 자립을 목표로 삼기 시작했다. 중화민족이든, 중화 인민이든 간에 주변 민족의 입장에서는 아예 관련이 없는 사안이었기 때문이다.

중외일가의 동요

중화민족이 내포하고 있는 화와 이의 모순은 이미 새로운 국가 건설이 한창일 때에 드러났다.

1911년 12월, 외몽골 할하 지방의 왕후王侯들은 티베트 활불活佛 젭춘담바 호톡토 8세(복드 칸)를 옹립하고 독립을 선언했다. 그들은 러시아의 지원을 받아 내몽골도 통일하고자 했지만 성공하지 못했고, 우여곡절을 거쳐 외몽골의 자치권만을 획득했다. 그 이후에도 러시아와 중국의 간섭을 받으면서 간신히 복드 칸의 기치 아래 독립한 것이 1921년의 일이었다. 3년 후인 1924년에는 몽골 인민공화국으로 완전하게 독립을 달성했다. 중국의 입장에서 보면 내몽골은 사수했지만 외몽골이 이탈하면서 예전 중외일가의 한구석이 무너진 셈이 되었다.

중외일가의 동요는 또 발생한다. 19세기 말 이래 영국에 의해 여러 차례 침략을 당했던 티베트가 신해혁명 1년 전에 티베트의 직접 지배를 목표로 한 청조의 침공을 받자 달라이 라마 13세는 티베트 정부의 고위 관료들과 함께 영국령 인도로 망명했다. 이에 대해 청조는 폐위된 달라이 라마를 대신해 판첸 라마에게 통치를 맡겼지만, 때마침 신해혁명이 일어나 청조가 멸망해버렸다.

혁명의 혼란이 계속되는 와중에 라싸로 되돌아온 달라이 라마 13세는 1913년 1월에 독립을 선언했다. 중국 측의 승인을 얻지 못한 채, 티베트는 사실상의 독립을 제2차 세계대전 이후까지 계속 유지했다. 1950년 인민해방군의 무력 침공과 1959년의 티베트 폭동으로 달라이 라마 14세가 인도로 망명했던 초기에, 중국 정부는 티베트를 완전히 지배 아래에 두게 된다. 물론 티베트 측이 이러한 상황을 납득하지 않고 있다는 것은 지금도 여전히 달라이 라마의 망명정권이 인도에 존재하고 있다는 것으로 알 수 있다. 외몽골과는 달리 티베트는 중국의 영역으로 남았지만, 중외일가의 동요는 그 이후에도 수습되지 못했다.

몽골, 티베트와 비교하면 신강新疆의 민족운동은 조금 뒤늦은 1930년대부터 활발해졌다. 예전에 중국으로부터 서역이라 불렸던 이 지역에 중국 국내와 똑같은 성省 제도가 시행되어 신강성으로 되었던 것은 1884년의 일이다. 이후부터 해당 지역의 위구르족은 중앙에서 파견된 한인 관료들의 지배를 받았고, 일부 의숙義塾에서는 한어 교육도 시행되었다. 신해혁명 이후에는 중화민국 정부도 성 제도를 답습했고, 한인 관료가 성의 정점에 있으면서 독재 권력을 휘둘렀기 때문에 신강은 중앙에 대해 오랫동안 반￦독립 상태에 놓여 있었다.

그러는 동안 1933년이 되면, 위구르족 이슬람교도가 신강 서남부의 카슈가르에서 동투르키스탄이슬람공화국 수립을 선언했는데 불과 반년 남짓 만에 붕괴했다. 그리고 1944년에는 새롭게 동투르키스탄공화국이 탄생하여 2년 가까이 신강 북부를 지배했다. 이는 모두 위구르족의 반중국 의식이 표면화했던 것인데, 독립운동 자체는 결국 성공을 거두지 못했다. 국공 내전 이후 인민해방군의 진주를 거쳐 1955년에 신강위구르자치구가 설치되었기 때문이다.

몽골, 티베트, 신강 등 청대에 번부藩部라고 불렸던 지역은 중화민국이 성립되면서 오족공화의 구호 아래에 중화 지역으로 편입되었다. 다만 번부의 사람들은 다양한 면모를 지녔던 청조의 황제에게 각각 신하로서 복종하기는 했어도 중화 제국 그 자체에 아이덴티티를 느끼고 있었던 것은 아니다. 청조가 멸망하고 새로 흥기한 중화민국이라는 한족 중심의 국가에 머무를 의리도 이유도 없었다. 게다가 중화민족 등은 그들에게 있어서 거의 관련이 없는 개념이었다. 중외일가가 동요했던 것은 오히려 당연한 일이었다고 해야 할 것이다.

중국공산당의 민족 정책

중국국민당보다 조금 늦게 1921년에 성립된 중국공산당이 애초에 채택했던 민족 정책은 연방제를 골자로 하는 것이었다. 중국 본토를 한민족의 공화제 국가로 만들고 몽골, 티베트, 신강에서는 자치를 행하면서 이들 지역의 자유의지에 토대를 둔 연방을 구성한다는 것이다. 국가 명칭은 중화연방공화국. 쑨원의 중화민족 구상과는 달리 명확하게 주변 여러 민족의 자율성을 중시한 공산당 특유의 비전이었다.

그러나 이러한 방침도 중일전쟁의 개시와 함께 크게 변화했다. 특히 만주, 몽골이 일본의 위협에 놓이면서 중국 본토까지 위태로워지자 전략적 측면에서도 공산당의 방침은 유지되기 어려워졌다. 이후 일본의 침략이 더욱 격화되면서 국민당과의 사이에서 항일민족통일전선이 결성되었고, 공산당은 전체 민족이 일치단결하여 항일해야 할 필요가 있다고 보고 민족 간의 모순은 제쳐놓고 중화민족 개념을 강조했다. 쑨원이 내세웠던 중화민족이 그대로 공산당에 의해 계승되었던 것이다.

이러한 방침의 전환이 순조롭게 확정되었던 것은 아니지만, 1949년 중화인민공화국 성립 직전에 개최된 중국인민정치협상회의에서의 공동 강령은 중국의 민족 정책에 기본적인 방침을 제공하게 되었다. 그중에서도 '중화인민공화국을 각 민족이 사이좋게 서로 협력하는 대가정으로 삼는다'(제50조)는 선언은 민족 융화를 위한 키워드인 '중화민족의 대가정'의 선례가 되었다. 오늘날 중국 정부가 추진하는 화해(조화) 사회 실현을 향한 '위대한 중화민족의 대가정'이라는 대대적인 구호도 그 연장선에 있다. 예전의 오족은 이제 대가정의 일원이 되어 서로 떼려야 뗄 수 없는 관계에 놓이게 되었다.

단도직입적으로 말해서 현대의 '중화민족의 대가정'이 청대의 '중외일가'를 약간 수정한 것임은 말할 것도 없다. 중국 본토(중)와 만주 및 번부(외)를 한집안으로 삼는다는 것이 중외일가인데, 중국 본토(중)의 한족과 주변(외)의 만, 몽, 회, 장을 포함한 오족(여기에는 다른 여러 민족들도 포함)이 가족(일가)과 같이 된다는 것이 중화민족의 대가정이다. 대가정의 토대에 있는 것은 전통적인 천하일가 관념이고, 이 관념이 지금도 여전히 하나의 가치 세계로서 중국인의 의식을 규정하고 있음을 확인할 수 있다.

문제는 대가정의 구성원인 중화민족의 실체이다. 앞서 서술했듯이 중화민족이란 근대국가가 형성될 때에 새로 만들어진 허구의 민족 개념이고, 전통적인 중화 개념과 일본에서 만들어진 한어인 민족이 결합되어 성립된 것이다. 만주 황제가 통치했던 중외일가와는 달리 한민족이 주도하는 것이 대가정인데, 공식적으로는 여러 차례 언급했던 것처럼 중국 국내의 전체 민족이 중화민족으로 여겨진다. 그러나 이는 법적으로 그렇게 규정되었다는 것일 뿐이고, 무엇을 근거로 중화민족으로 부르는 것인지와 어떻게 정의를 내리고 있는지 그 실체를 보면 상당히 괴이하다.

문화적으로도, 종교적으로도, 언어적으로도 다른 여러 민족을 '위대한 중화민족'으로서 대가정에 흡수하기 위해서는 중화민족의 실체를 증명할 수 있는 이론적인 근거가 필요하다. 이는 중국 정부에게 있어서는 건국 이래의 현안이었고 해결되지 않으면 안 될 과제였다. 이 난제에 대해서 훗날 유명한 한 사회학자가 한 가지 해답을 제시한다. 그 이외에도 적절한 시기를 확보한 학설들의 출현에 중국 정부는 기회를 놓치지 않고 달려들었다. 1988년에 발표된 페이샤오퉁(費孝通, 1910~2005)의 '중화민족다원일체구조론'이다.

중화민족의 다원일체구조

페이샤오퉁의 이론에 관해서는 모리 카즈코[毛里和子]의 정리가 간략하게 요점을 확보하고 있기 때문에 그대로 인용해보면 다음과 같은 세 가지로 정리된다.

첫 번째, 한민족 자체가 역사적으로 중국 영역에서 살았던 여러 민족의 접촉, 혼합, 융합의 복잡한 프로세스를 거쳐 탄생했고, 그 속에서 '중화민족의 응집적 핵심'이 되었다는 것.

두 번째, 중국 영역 내에 살고 있는 여러 민족은 그 형성은 다원적이지만 일체를 형성하고 있어 '중화민족다원일체의 구조'가 생겨났다는 것.

세 번째, '중화민족'은 '자연발생적인 민족 실체'로서 수천 년 이전부터 서서히 형성되어왔는데, 19세기 중반부터 열강과 대항하는 와중에 '자각적인 민족 실체'가 되었다는 것. (『주변으로부터의 중국 — 민족문제와 국가』, 76쪽)

요약하면, 중화민족은 그 개념이 제시되었던 20세기 초보다도 훨씬 이전 시대에 기원을 가지고 있어서 결코 근대국가가 형성될 때에 의도적으로 만들어진 허구가 아니라는 것이다. 중국의 유구한 역사 속에서 다양한 민족이 접촉하고 융합하여 '자연발생적'으로 형성된 '민족 실체'라는 것이다.

이미 알려진 것처럼, 중화인민공화국은 현재 대략 14억의 인구를 보유하고 있고 그중에서 90% 이상을 한족이 점유하고 있다. 그러나 그 이외에 1,700만 명 정도의 장족壯族을 필두로 만주족, 회족, 티베트족, 몽골족, 위구르족, 조선족 등 55개의 소수민족(이민족이 아니다)이 있어 정부가 인정하는 민족은 모두 56개이다. 즉 현재 중국은 다민족 통일국가인 것이고 여러 민족들을 결속시키는 고차원적인 민족 개념으로서 중화민족=중국인이라는 호칭을 사용하고 있는 것이다.

그러나 우리가 일반적으로 중국인이라고 할 때에 연상되는 것은 역시 한족이다. 투르크 계통의 위구르족이나 티베트족도 똑같이 중국인이라고 불리는데도 무언가 위화감을 느낀다. 일본인의 입장에서 보았을 때에 중국어라고 하면 한족이 말하는 언어이고, 일본인에게 친숙한 한문이 바로 중국의 고전이다. 본래 중화란 중원을 중심에 둔 한지라는 통념이 있기 때문에 어느 정도 주변의 여러 민족들까지 중화민족이라고 일컫는 것이 어리둥절할 뿐이다. 이는 당사자인 한족 자신들의 감각에서도 그다지 다르지 않다.

페이샤오퉁의 학설은 중국 정부에게 있어서 아주 안성맞춤이었다. 그의 본의가 어디에 있었는지는 차치하고, 현재 중국은 이 이론에 토대를 두어 다민족국가 중국의 정당화를 시도하고 있다. 초등학생을 대상으로 하는 교과서 『중화민족대가정』의 편집과 『중화민족대가정지식독본』의 발행 등도 그 일환이라고 이해할 수 있다. 그렇지만 페이샤오퉁의 학설을 확대해석하게 되면 한반도의 북한과 한국 사람도, 외몽골의 몽골 사람도 중화민족이 된다. 언젠가 그들도 대가정에 가담한다면 몰라도 솔직하게 말해서 그러할 가능성은 전혀 없다. 과연 분명히 중화민족이라는 개념 자체는 전통적인 중화사상의 산물인 것이다.

천하관이 남긴 영향

반복해서 말하면, 오늘날의 중화는 중국 정부가 실질적으로 지배하는 영역 전체를 지칭하고 그 중화에 거주하는 오족(정확히는 56개 민족)이 중화민족이다. 이러한 중화 관념이 황청의 중하를 계승했다는 것은 말할 것도 없다. 이 경우에 중화민족인가 아닌가의 기준은 민족 그 자체에 있는 것이 아니고, 오로지 중국 정부의 실질적 지배의 유무와 관련되어 있다. 독자적인 국가를 가진 몽골족과 조선족도 중국 영역 내에 거주하는 자는 그들과 구별하여 모두 중화민족으로 규정되어 있다.

이러한 중화민족 개념과 대가정의 관념을 보아도 중국인의 발상 혹은 사고 패턴 속에 전통적인 천하관이 짙게 남아 있다는 것을 느낄 수 있을 것이다. 단적으로 말해서 중화민족이란 청대 중국 본토와 만주 및 번부의 백성을 포함한 총칭이고, 양자를 아우른 중외일가가 오늘날 중화민족의 대가정이 된 것이다. 이 대가정이라고 하는 공간은 역대 왕조가 실질적으로 지배했던 '좁은 의미의 천하'에 해당하고, 천하일가를 대신하여 국내 통합을 위한 새로운 호칭으로서 활발히 선전되고 있는 것이다.

전통적인 천하관이 남긴 영향은 중국 국내에 관해서만

한정된 것이 아니다. 대외적인 자세, 이른바 '넓은 의미의 천하' 관념에서도 확인할 수가 있다. 머리말에서 서술했던 2005년 '정화의 서양 진출' 600주년 기념의 항해일을 제정한 것은 그러한 의미에서 상징적이다. 중국이 가장 번창한 것으로 보였던 명 영락제의 전성기에 60여 곳의 국가들이 사방으로부터 조공을 하러 오면서 천하일가(화이일가)가 실현되었다. 이에 공헌했던 것이 정화의 서양 진출이었다. 정화의 '평화 외교'를 현창하면서 항해일을 제정한 것은, 좁은 의미의 천하에서의 중화민족 대가정과 함께 넓은 의미의 천하에서 새로운 천하 구상이 등장했던 것임이 분명하다.

본래 정화는 대함대를 이끌고 아시아와 아프리카의 여러 국가들에서 시위 행동을 행하기만 한 것은 아니다. 실은 많은 국가들에서 조공을 재촉하기 위해 막대한 액수에 달하는 하사품을 가져가서 각 국가에 살포했다. 명을 중심으로 하는 국제 질서의 확립은 이렇게 경제적인 이익에 이끌린 주변 여러 국가들이 중국으로 오면서 생긴 결과이기도 했다. 900년 만에 책봉국이 되었던 일본도 예외가 아니었다. 사실대로 말하면, 윤택한 재정이 뒷받침되었던 세계 제1의 경제 대국 대명大明이었기 때문에 실현 가능했던 천하의 구상이기도 했던 것이다.

2005년의 항해일 제정도 경제적 실력을 키우면서 자신감을 가진 중국이 서서히 세계를 향해 자기주장을 펼치기 시작하는 전주곡이었다. 실로 2010년대가 되면 중국은 잇달아 빠르게 정치, 경제 측면에서 새로운 정책을 내놓았고 나날이 증대되는 존재감을 강화시키면서 오늘날에 이르고 있다. 2013년에 제창되었던 '육지와 바다의 실크로드'(일대일로) 구상은 가장 두드러진 정책일 것이다. 남중국해, 인도양, 아라비아해, 동아프리카, 지중해로 연결되는 바다의 실크로드 등은 꼭 정화의 항해 루트와 비슷한 점이 있다.

새로운 천하의 창설

아시아의 정치와 경제체제를 주도하고자 하는 중국이 가장 먼저 내놓은 것이 '일대일로' 구상이었다. 그 본심은 노선 상에 위치한 여러 국가의 인프라 투자를 위해 실크로드 기금을 설치하고, 아시아인프라투자은행을 설립했던 것을 통해서도 알 수 있다. 일대일로가 아시아 지역에

'중국몽' 캠페인 광고

서 중국의 영향력 향상과 주도권 확립을 목적으로 하고 있다는 것은 누가 보아도 의심의 여지가 없다. 이는 정치와 경제뿐만 아니라 안전보장 등 군사적인 측면도 포함하는 중국 주도의 공동체 구상이고, 공존공영을 표어로 삼아 정확히 넓은 의미의 천하일가를 실현하겠다는 계획이었다.

최근에 갑자기 중국 정부가 중화 혹은 중국 개념을 강조하는 것도 그러한 천하 구상과 결코 무관하지 않다. 앞서 살펴보았던 '중화민족의 대가정'은 국내를 대상으로 하는 민족 융화를 위한 슬로건이지만, 이것과 함께 2012

년 이래 '중화민족의 위대한 부흥' 혹은 '중국의 꿈'을 소리 높여 부르짖게 되었다. 위대한 부흥이란, 반드시 이전의 위대한 중화 제국을 부흥하겠다는 것이고 그것은 또한 반半식민지화 되기 이전의 중화 제국을 부흥하는 것이기도 하다. 오늘날 주변 여러 국가들에 계속 불안감을 안겨주는 적극적인 해양 진출도 중국의 입장에서 말하자면 고유한 영토를 회복한다는 '위대한 부흥'에 불과한 것이다.

2010년에 GDP(국내총생산)에서 일본을 초월하여 세계 제2위의 경제 대국이 된 중국은 이제 미국 이외에는 안중에 없는 것 같다. 2013년 6월, 미국에서 열린 미·중 수뇌회담에서 시진핑 주석이 내놓은 '신형 대국 관계'는 중국과 미국이라는 동서의 대국에 의해 태평양의 세력권을 분할하고자 한 제언이었다. 대립과 항쟁을 피하고 서로 윈-윈하는 협력 관계를 구축하겠다는 것이지만, 주변의 여러 국가들을 일체 도외시하는 이러한 발상 자체는 전통적인 중화 제국의 천하관이 아니고서는 나타날 수 없는 것이다. 중국 중심의 새로운 천하 구상을 배경으로 미국과 경쟁을 펼쳤다고 하는 것이 실정에 가깝지 않을까?

그러나 미국과 '대국 관계'를 맺는다는 것은 미국에게

한 수 접고 들어간다는 것을 의미하는데, 예전 같으면 똑같은 '천조'로서 자웅을 겨루거나 혹은 맹약을 체결하여 서로의 지분을 약속했을 것이다. 마치 금과 남송이 회수를 사이에 두고 남북으로 대치하면서 서서誓書를 교환해 평화를 유지했던 것처럼 말이다.

요컨대, '신형 대국 관계'란 금과 남송의 남북조처럼 태평양을 사이에 두면서 경계가 불분명한 '동서조'東西朝의 탄생을 머릿속에 그려본다면 이해하기 쉽다. 또한 실컷 중국에 사로잡혀서 말한다면, 새로운 천하의 창출을 향한 장대하면서도 심원한 중국의 기획이라고 간주해도 좋을지 모른다.

물론 이러한 관점이 매우 독특하지만 작위적인 해석이라는 비판은 당연히 존재할 수 있을 것이다. 다만 중국의 행동 하나하나를 보면 중화 제국의 논리로 해석했을 때 이해하기 쉬운 모습이 존재한다는 것도 사실이다. 무엇인가를 말할 때면, 중국의 중요한 인사들이 역사를 끄집어내는 것도 예전 천하에 군림하던 중화 제국의 환영이 그들의 뇌리에 달라붙어 있기 때문임이 분명하다. 그렇다고 한다면, 더더욱 중국의 전통적인 행동 원리를 확실히 장악하여 그 국가를 상대할 필요가 있다. 뭐라고 해도

오늘날의 중국을 이끌고 있는 것은 유구한 역사 속에서
탄생했던 위대한 중화민족이기 때문에.

에필로그

중화민족 운운하는 것은 일단 제쳐놓고, 전근대 동아시아에서 기능해왔던 천하 시스템은 근대 이후에는 어떻게 되었던 것일까? 결론부터 말하면, 동아시아의 여러 국가들이 근대 국민국가로 거듭났던 것에 따라 이전처럼 천하관을 매개로 대외 관계를 조정하고 처리하는 것은 당연해지지 않게 되었다. 이중 잣대도, 해석의 비대칭성도 이미 존재하지 않는다. 그렇지만 동아시아의 여러 국가들에서 완전히 천하 관념이 소멸되었는가라고 한다면, 반드시 그런 것은 아니다. 오히려 본고장인 중국에서는 전통적인 천하관에 토대를 두고 현대에 맞는 천하 시스템의 창설을 주장하는 움직임도 있다.

21세기에 접어들고 얼마 지나지 않은 2005년, 중국에서는 한 권의 책이 출판되어 학계 안팎에 큰 반향을 불러일으켰다. 자오팅양趙汀陽의 『천하체계—세계제도철학도론』(강소교육출판사)이 그것이다. 자오팅양에 의하면, 근대를 특징짓는 주권국가 시스템에서는 전쟁과 분쟁을 해결할 수 없어서 이를 극복하기 위해서는 국가의 상위에 있는 천하를 전제로 삼는 천하 시스템(천하 체계)에 의지하지 않을 수 없다. 천하 시스템이라는 세계 제도를 통해서만이 민족, 종교 등을 초월하여 세계의 공공심公共心과 공리公利를 실현할 수 있다고 한다.

요컨대 중국 전통의 천하일가(천하를 공적인 것으로 삼는다) 관념을 현대 국제정치에 적용하고자 하는 것인데, 같은 천하 시스템이라고 해도 이 책의 그것과는 완전히 다르다는 점을 알 수 있을 것이다. 이 책에서 말하는 천하 시스템은 대천하와 소천하 혹은 소천하 상호 간의 관계 조화를 매개하는 기능적 개념인 것에 반해, 자오팅양의 천하 시스템은 대천하의 이념에 의해 새로운 세계 질서를 구축하겠다는 방법론적 개념이다. 그리고 이 책의 천하 시스템이 중국을 상대화한 것으로부터 생겨난 개념인 것에 반해, 자오팅양의 천하 시스템은 어디까지나 중국이 주도한다는 것에 큰 차이가 있다.

이러한 발상이 21세기가 되어 등장한 것도 국제사회에서 중국이 대두하는 것과 결코 무관하지 않다. 바야흐로 대국에 상응하는 역할이 기대되는 와중에 중국의 독자적인 세계관으로 제기된 것이 자오팅양의 천하 시스템론이었다. 이 주장 그리고 좁은 의미의 천하를 염두에 두었던 페이샤오퉁의 다원일체구조론이 서로 보완되면서 머지않아 중국 중심의 새로운 천하관이 구축될 가능성도 크다. 앞으로 중국이 대국으로서 천하일가의 도덕적 측면을 중시하는가 아니면 정치적 측면을 중시하는가에 따라 국제 질서의 모습도 변하게 될 것이다. 과연 중국은 어느 쪽을 선택할 것인가? 여전히 중국의 동향으로부터 눈을 떼어서는 안 된다는 것만은 확실해 보인다.

2013년 말에 필자의 저서『명대 해금—조공 시스템과 화이 질서』(교토대학술출판회)를 집필할 때에 마지막 장에서 천조 체제天朝體制라고 하는 개념으로 주의를 환기시킬 것을 독촉했다. 이후에 그 개념으로 중국사 전체를 바라보게 되면 어떻게 중국의 모습이 그려질 것인지가 필자의 그다음 과제가 되었다. 그 후에 생각나는 대로 조금씩 써 나가던 중에 때마침 이와나미 서점 신서 편집부의 나카야마 히데키[中山永基] 씨로부터 이야기를 듣고, 손에 가지고 있던 원고를 보여드릴 기회를 얻었다. 원고를 일독하고 흥미를 가진 나카야마 씨는 계속 집필할 것을 권고했고, 이에 응해 단숨에 써 내려간 것이 이 책이다.

이 책의 요지는 올해(2016년) 봄까지 근무했던 교토여자 대학에서의 강의록에 토대를 두고 있다. 가능하면 교원 생활을 마무리하면서 정년을 맞이할 때까지 완성하여 출판에 도달하고 싶었는데, 제반 사정 때문에 시간을 맞추지 못했다. 열심히 강의를 들어준 여학생들에게는 부탁과 감사의 말씀을 드리고 싶다. 또한 시간적 제약이 없어진 만큼 재차 숙고하면서 써 내려갈 작정이었는데 새롭게 다시 읽어보니 생각한 바를 모두 표현하지 못한 곳도 눈에 띈다. 독자 여러분의 용서를 구함과 동시에 기탄없이 의견을 주신다면 다행이겠다.

그렇다고 해도 신서 편집부의 나카야마 히데키 씨에게는 이 책의 기획 단계에서부터 완성에 이르기까지 모든 면에서 폐를 끼쳤다. 나카야마 씨의 적절한 조언이 없었다면, 이 책이 이러한 모습으로 단기간에 완성될 수도 없었을 것이다. 이 자리를 빌려 진심으로 감사의 뜻을 표시하고자 한다.

2016년 초여름
단조 히로시

참고문헌

제1장

- 아베 타케오安部健夫, 「중국인의 천하 관념 - 정치사상사적 시론中國人の 天下觀念 - 政治思想史的試論」, 『청대사의 연구清代史の研究』, 창문사創文社, 1971년에 수록(최초 출간은 1956년).
- 왕커王柯, 『'천하'를 목표로 - 중국 다민족국가의 행보「天下」を目指して - 中 國多民族國家の步み』, 농산어촌문화협회農山漁村文化協會, 2007.
- 호리 토시카즈堀敏一, 『중국과 고대 동아시아세계 - 중화적 세계와 여 러 민족中國と古代東アジア世界 - 中華的世界と諸民族』, 이와나미서점岩波書店, 1993. [호리 도시카즈 지음, 정병준 외 옮김, 『중국과 고대 동아시아 세 계: 중화적 세계와 여러 민족들』, 동국대학교출판부, 2012]
- 와타나베 신이치로渡邊信一郎, 『중국 고대의 왕권과 천하 질서 - 일중비 교사의 시점으로부터中國古代の王權と天下秩序 - 日中比較史の視點から』, 교창 서방校倉書房, 2003.
- 와타나베 히데유키渡邊英幸, 『고대 '중화' 관념의 형성古代<中華>觀念の形 成』, 이와나미서점岩波書店, 2010.

제2장

- 우메하라 카오루梅原郁, 「황제·제사·국도皇帝·祭祀·國都」, 나카무라 켄지 로中村賢二郎 편編, 『역사 속의 도시 - 속續 도시의 사회사歷史のなかの都市 - 續 都市の社會史』, 미네르바서방ミネルヴァ書房, 1986.
- 오가타 이사무尾形勇, 『중국 고대의 '가'와 국가 - 황제 지배하의 질서구 조中國古代の「家」と國家 - 皇帝支配下の秩序構造』, 이와나미서점岩波書店, 1979.
- 오가타 이사무尾形勇, 「중국의 즉위의례中國の卽位儀禮」, 『동아시아 세계 에서의 일본고대사 강좌東アジア世界における日本古代史講座』제9권第9卷, 학 생사學生社, 1982.
- 가네코 슈이치金子修一, 『고대중국과 황제 제사古代中國と皇帝祭祀』, 급고

서원汲古書院, 2001.

- 가네코 슈이치金子修一, 『중국 고대 황제 제사의 연구中國古代皇帝祭祀の研究』, 이와나미서점岩波書店, 2006.

- 싱이톈邢義田, 「천하일가 - 중국인의 천하관天下一家 - 中國人的天下觀」, 『중국 문화신론 근원편 - 영원한 큰 흐름中國文化新論 根源編 - 永恒的巨流』, 연경출판사업공사聯經出版事業公司, 1981.

- 싱이톈邢義田, 『천하일가 - 황제, 관료와 사회天下一家 - 皇帝, 官僚與社會』, 중화서국中華書局, 2011.

- 고미나미 이치로小南一郎, 『고대중국: 천명과 청동기古代中國 : 天命と靑銅器』, 교토대학학술출판회京都大學學術出版會, 2006.

- 니시지마 사다오西嶋定生, 『중국 고대국가와 동아시아 세계中國古代國家と東アジア世界』, 도쿄대학출판회東京大學出版會, 1983.

- 니시지마 사다오西嶋定生, 『고대 동아시아 세계와 일본古代東アジア世界と日本』, 이와나미현대문고岩波現代文庫, 2000. [니시지마 사다오 지음, 이성시 엮음, 송완범 옮김, 『일본의 고대사 인식: '동아시아세계론'과 일본』, 역사비평사, 2008]

- 마츠이 요시노리松井嘉德, 「주왕의 칭호 - 왕·천자, 혹은 천왕周王の稱號 - 王·天子, あるいは天王」, 『리쯔메이칸 시라카와 시즈카 기념 동양문자문화연구소기요立命館白川靜記念東洋文字文化研究所紀要』 6, 2012.

- 와타나베 신이치로渡邊信一郎, 『중국 고대의 왕권과 천하질서 - 일중비교사의 시점으로부터中國古代の王權と天下秩序 - 日中比較史の視點から』

제3장

- 왕커王柯, 「오호십육국시대에서 호족 정권의 중화왕조 사상五胡十六國時代における胡族政權の中華王朝思想」, 『국제문화학연구: 고베대학국제문화학부기요國際文化學研究 : 神戶大學國際文化學部紀要』 10, 1998.

- 가와모토 요시아키川本芳昭, 『위진남북조시대의 민족문제魏晋南北朝時代の民族問題』, 급고서원汲古書院, 1998.

- 가와모토 요시아키川本芳昭, 『중국의 역사 05 - 중화의 붕괴와 확대中國の歷史 05 - 中華の崩壞と擴大』, 강담사講談社, 2005.

- 가와모토 요시아키川本芳昭, 『동아시아 고대에 있어서 여러 민족과 국

가東アジア古代における諸民族と國家』, 급고서원汲古書院, 2015.

- 주쩡취안朱增泉, 「남북조전쟁南北朝戰爭」, 『신검神劍』 2010년 제3기2010年
第3期.

- 타이용저우泰永洲, 「동진남북조시기 중화 정통의 분쟁과 정통 다시 만
들기東晉南北朝時期中華正統之爭與正統再造」, 『문사철文史哲』 1998년 제1기
1998年第1期.

- 장다즈張達志, 「북위 도무제의 중원 입주와 호한융합의 역정北魏道武帝入
主中原與胡漢融合的歷程」, 『동남문화東南文化』 2008년 제4기2008年第4期.

- 덩러췬鄧樂群, 「십육국 호족정권의 정통 의식과 정통 분쟁十六國胡族政權
的正統意識與正統之爭」, 『남통사범학원학보(철학사회과학판)南通師範學院學報(哲
學社會科學版)』 2004년 제4기2004年第4期.

- 마츠시타 히로미松下洋巳, 「오호십육국의 천왕 호칭에 대하여五胡十六
國の天王號について」, 『조사연구보고(학습원대학)調査研究報告(學習院大學)』 44,
1999.

- 미사키 요시아키三崎良章, 『오호십육국 - 중국사상의 민족대이동五胡十六
國 - 中國史上の民族大移動』, 동방서점東方書店, 2002. [미사키 요시아키 지
음, 김영환 옮김, 『오호십육국: 중국사상의 민족 대이동』, 경인문화사,
2007]

- 리팡李方, 「전진 부견의 '중국'관과 민족관前秦苻堅的"中國"觀與民族觀」, 『서
북민족연구西北民族研究』 2010년 제1기2010年第1期.

제4장

- 왕청궈王成國, 「고구려와 중원왕조의 관계에 대한 개략적 논의略論高句麗
與中原王朝的關係」, 『동북사지東北史地』 2007년 제1기2007年第1期.

- 오오바 오사무大庭脩, 『친위왜왕親魏倭王』, 학생사學生社, 1971(증보판은
2001년 출판).

- 오오바 오사무大庭脩, 『진한법제사의 연구秦漢法制史の研究』, 창문사創文
社, 1982.

- 가네코 슈이치金子修一, 『수당의 국제질서와 동아시아隋唐の國際秩序と東ア
ジア』, 명저간행회名著刊行會, 2001.

- 구리하라 토모노부栗原朋信, 『진한사의 연구秦漢史の研究』, 길천홍문관吉

川弘文館, 1960.

- 우칭셴吳慶顯, 「양한의 대서역 경략 - 관호와 인수 수여兩漢對西域的經略 - 授與官號印綬」, 『황포학보黃埔學報』 2006년 제51기2006年第51期.

- 사카모토 요시타네坂元義種, 『고대 동아시아의 일본과 조선古代東アジアの 日本と朝鮮』, 길천홍문관吉川弘文館, 1978.

- 다니가와 미치오谷川道雄, 『수당제국형성사론隋唐帝國形成史論』, 치쿠마서 방筑摩書房, 1971(증보판은 1998년 출판).

- 도미야 이타루富谷至, 『사자숙어의 중국사四字熟語の中國史』, 이와나미신 서岩波新書, 2012.

- 니시지마 사다오西嶋定生, 『중국 고대제국의 형성과 구조 - 20등작제의 연구中國古代帝國の形成と構造 - 二十等爵制の研究』, 도쿄대학출판회東京大學出 版會, 1961.

- 호리 토시카즈堀敏一, 『중국과 고대 동아시아 세계 - 중화적 세계와 여 러 민족中國と古代東アジア世界 - 中華的世界と諸民族』

- 리윈취안李雲泉, 『조공 제도사론 - 중국 고대 대외관계 체제 연구朝貢制度 史論 - 中國古代對外關係體制研究』, 신화출판사新華出版社, 2004.

- 리다룽李大龍, 「고구려의 현에서 안동도호부로 - 고구려와 역대 중앙왕 조 관계 논술從高句麗縣到安東都護府 - 高句麗和歷代中央王朝關係論述」, 『민족연 구民族研究』 1998년 제4기1998年第4期.

- 리원쉐李文學, 「한위외봉무관제도연구漢魏外封武官制度研究」, 『서남민족대 학학보(인문사회과학판)西南民族大學學報(人文社會科學版)』 2013년 제6기2013年 第6期.

- 류원젠劉文健, 「고구려와 남북조 조공관계 변화 연구高句麗與南北朝朝貢關 係變化研究」, 『동북사지東北史地』 2010년 제2기2010年第2期.

제5장

- 가와모토 요시아키川本芳昭, 『위진남북조시대의 민족문제魏晉南北朝時代 の民族問題』

- 가와모토 요시아키川本芳昭, 『중국의 역사 05 - 중화의 붕괴와 확대中國の 歷史 05 - 中華の崩壞と擴大』

- 고치 하루히토河內春人, 『일본 고대 군주 호칭의 연구 - 왜국왕·천자·천

황日本古代君主號の研究 - 倭國王·天子·天皇』, 팔목서점八木書店, 2015.

- 사카요리 마사시酒寄雅志, 「화이사상의 여러 양상華夷思想の諸相」, 『발해와 고대의 일본渤海と古代の日本』, 교창서방校倉書房, 2001년에 수록(최초 출간은 1993년).

- 니시지마 사다오西嶋定生, 『중국 고대국가와 동아시아세계中國古代國家と東アジア世界』

- 니시지마 사다오西嶋定生, 『일본역사의 국제환경日本歷史の國際環境』, UP선서(도쿄대학출판회)UP選書(東京大學出版會), 1985.

- 니시지마 사다오西嶋定生, 『고대 동아시아세계와 일본古代東アジア世界と日本』

- 하마다 코사쿠濱田耕策, 「일본과 신라·발해日本と新羅·渤海」, 아라노 야스노리 외 편荒野泰典 他 編, 『일본의 대외관계 2 - 율령국가와 동아시아日本の對外關係2 律令國家と東アジア』, 길천홍문관吉川弘文館, 2011.

- 후마 스스무夫馬進, 『조선연행사와 조선통신사朝鮮燕行使と朝鮮通信使』의 제1장 「조선의 외교원리, '사대'와 '교린'朝鮮の外交原理, '事大'と'交隣'」, 나고야대학출판회名古屋大學出版會, 2015. [후마 스스무 지음, 신로사 외 옮김, 『조선연행사와 조선통신사』, 성균관대학교출판부, 2019]

- 모리 키미유키森公章, 『왜의 오왕 - 5세기 동아시아와 왜왕의 군상倭の五王 - 5世紀の東アジアと倭王群像』, 일본사리브레토인(산천출판사)日本史リブレット人(山川出版社), 2010.

- 모리히라 마사히코 외 편森平雅彦 他 編, 『동아시아세계의 교류와 변용東アジア世界の交流と變容』, 규슈대학출판회九州大學出版會, 2011.

- 야마우치 코이치山內弘一, 『조선에서 본 화이사상朝鮮からみた華夷思想』, 세계사리브레토(산천출판사)世界史リブレット(山川出版社), 2003.

제6장

- 이와미 키요히로石見淸裕, 『당의 북방문제와 국제질서唐の北方問題と國際秩序』, 급고서원汲古書院, 1998.

- 오쿠무라 슈지奧村周司, 「고려에 있어서 팔관회적 질서와 국제환경高麗における八關會的秩序と國際環境」, 『조선사연구회논문집朝鮮史研究會論文集』 16, 1979.

- 스가누마 아이고菅沼愛語, 『7세기 후반부터 8세기 동부 유라시아의 국제정세와 그 추이 - 당·토번·돌궐의 외교관계를 중심으로7世紀後半から8世紀の東部ユ-ラシアの國際情勢とその推移 - 唐·吐蕃·突厥の外交關係を中心に』, 계수사溪水社, 2013.

- 당대사연구회 편唐代史研究會 編, 『수당제국과 동아시아세계隋唐帝國と東アジア世界』, 급고서원汲古書院, 1979.

- 도요시마 유카豊島悠果, 「고려 개경의 도성 공간과 사상高麗開京の都城空間と思想」, 『중국 - 사회와 문화中國 - 社會と文化』27, 2012.

- 히로세 노리오廣瀬憲雄, 『동아시아의 국제질서와 고대 일본東アジアの國際秩序と古代日本』, 길천홍문관吉川弘文館, 2011.

- 히로세 노리오廣瀬憲雄, 『고대 일본외교사 - 동부 유라시아의 시점에서 다시 읽다古代日本外交史 - 東部ユ-ラシアの視点から讀み直す』, 강담사선서메티에講談社選書メチエ, 2014.

- 모리히라 마사히코森平雅彦, 「조선에 있어서 왕조의 자존의식과 국제관계 - 고려의 사례를 중심으로朝鮮における王朝の自尊意識と國際關係 - 高麗の事例を中心に」, 『규슈대학 21세기 COE프로그램 '동아시아와 일본: 교류와 변용' 통괄 워크숍 보고서九州大學21世紀COEプログラム「東アジアと日本: 交流と變容」統括ワ-クショップ報告書』, 2007.

- 모리야스 타카오森安孝夫, 『흥망의 세계사 05 - 실크로드와 당제국興亡の世界史05 シルクロ-ドと唐帝國』, 강담사講談社, 2007.

- 야마우치 신지山內晋次, 『나라, 헤이안 시기의 일본과 아시아奈良平安期の日本とアジア』, 길천홍문관吉川弘文館, 2003.

- 야마우치 신지山內晋次, 『NHK 거슬러 올라가는 일본사 외교편(9) 헤이안·나라 외교에서 무역으로의 대전환 - 왜 대당제국과의 국교는 단절되었는가?NHKさかのぼり日本史 外交篇<9>平安·奈良 外交から貿易への大轉換 - なぜ, 大唐帝國との國交は途絶えたのか』, NHK출판NHK出版, 2013.

- 와타나베 신이치로渡邊信一郎, 『천공의 옥좌 - 중국 고대제국의 조정과 의례天空の玉座 - 中國古代帝國の朝政と儀禮』, 백서방柏書房, 1996. [와타나베 신이치로 지음, 임대희 외 옮김, 『천공의 옥좌: 중국 고대제국의 조정과 의례』, 신서원, 2002]

- 아라카와 신타로 외 편荒川愼太郎 他 編,『거란[요]과 10~12세기의 동부 유라시아契丹[遼]と10~12世紀の東部ユーラシア』『아시아 유학アジア遊學』160, 면성출판勉誠出版, 2013.

- 이구로 시노부井黑忍,「문서를 받는 예로 보는 12~13세기 유라시아 동방의 국제질서受書禮に見る十二~十三世紀ユーラシア東方の國際秩序」, 히라타 시게키·엔도 타카토시 편平田茂樹·遠藤隆俊 編,『동아시아해역총서 7: 외교사료로 10~14세기를 탐구한다東アジア海域叢書7 : 外交史料から十~十四世紀を探る』, 급고서원汲古書院, 2013.

- 가와모토 요시아키川本芳昭,「요금에서 정통관을 둘러싸고 - 북위의 경우와의 비교遼金における正統觀をめぐって - 北魏の場合との比較」,『동아시아 고대에 있어서 여러 민족과 국가東アジア古代における諸民族と國家』에 수록(최초 출간은 2010년).

- 시마다 마사오島田正郎,『거란국 - 유목민 키타이의 왕조[신장판]契丹國 - 遊牧の民キタイの王朝[新裝版]』, 동방서점東方書店, 2014(초판은 1993년).

- 스기야마 마사아키杉山正明,『중국의 역사 08 - 질주하는 초원의 정복자中國の歷史08 -疾驅する草原の征服者』, 강담사講談社, 2005.

- 쑹더즈宋德金,「요왕조 정통관념의 형성과 발전遼朝正統觀念的形成與發展」,『전통문화와 현대화傳統文化與現代化』1996년 제1기1996年第1期.

- 쑨정孫政,「거란이 중원을 통일할 수 없었던 원인 탐구 - 야율덕광의 남쪽 정벌을 사례로契丹未能統一中原的原因探析 - 以耶律德光南征爲例」,『연태대학학보(철학사회과학판)烟台大學學報(哲學社會科學版)』2009년 제3기2009年第3期.

- 자오융춘趙永春,「요나라 사람의 '중국'관에 대한 시론試論遼人的"中國"觀」,『문사철文史哲』2010년 제3기2010年第3期.

- 둥커창董克昌,「누가 '소요순'인가?誰是"小堯舜"?」,『민족연구民族研究』1990년 제2기1990年第2期.

- 타오진성陶晋生,『송요관계사연구宋遼關係史研究』, 중화서국中華書局, 2008(초판은 1984년).

- 후루마츠 타카시古松崇志,「거란·송 사이의 전연체제에서의 국경契丹·宋間の澶淵体制における國境」,『사림史林』90-1, 2007.

- 마츠마루 미치오 외 편松丸道雄 他 編,『세계역사대계 중국사3: 오대~원世

界歷史大系 中國史3 : 五代~元』, 산천출판사山川出版社, 1997.

- 모리 에이스케毛利英介, 「전연의 맹의 역사적 배경 - 운중의 회맹으로부터 전연의 맹으로澶淵の盟の歷史的背景 - 雲中の會盟から澶淵の盟へ」, 『사림史林』 89-3, 2006.

- 숭밍친熊鳴琴, 『금나라 사람의 '중국'관 연구金人「中國」觀研究』, 상해고적출판사上海古籍出版社, 2014.

- 류쑤융劉肅勇, 「완안량을 논하다論完顏亮」, 『중국사연구中國史研究』, 1985년 제4기1985年第4期.

제8장

- 오타기 마츠오愛宕松男, 『세계의 역사 11 - 아시아의 정복왕조世界の歷史 11 - アジアの征服王朝』, 하출문고河出文庫, 1989(초판은 1969년).

- 거런카오葛仁考, 『원조 중신 유병충 연구元朝重臣劉秉忠研究』, 인민출판사人民出版社, 2014.

- 후아샹胡阿祥, 「몽원국호개설蒙元國號概說」, 『중국역사지리논총中國歷史地理論叢』 2000년 제1기2000年第1期.

- 샤오치칭蕭啓慶, 「'대조'를 말하다: 원조 국호 수립 이전 몽골의 한문 국호 - 몽원국호의 변천을 함께 논하며說「大朝」: 元朝建號前蒙古的漢文國號 - 兼論蒙元國號的演變」, 『몽원사신연蒙元史新研』, 윤신문화사업공사允晨文化事業公司, 1994.

- 스기야마 마사아키杉山正明, 『몽골제국과 대원울루스モンゴル帝國と大元ウルス』, 교토대학학술출판회京都大學學術出版會, 2004.

- 스기야마 마사아키杉山正明, 『쿠빌라이의 도전 - 몽골에 의한 세계사의 대전환クビライの挑戰 - モンゴルによる世界史の大轉回』, 강담사학술문고講談社學術文庫, 2010(초판은 1995년).

- 후노 슈지布野修司, 『대원도시 - 중국 도성의 이념과 공간구조大元都市 - 中國都城の理念と空間構造』, 교토대학학술출판회京都大學學術出版會, 2015.

제9장

- 아라미야 마나부新宮學, 『북경 천도의 연구 - 근세중국의 수도 이전北京遷都の研究 - 近世中國の首都移轉』, 급고서원汲古書院, 2004. [아라미야 마나부

지음, 전순동 외 옮김,『북경 천도 연구 : 근세 중국의 수도 이전』, 서경문화사, 2016]

- 이와이 시게키岩井茂樹,「16·17세기의 중국 변경사회十六·十七世紀の中國邊境社會」, 오노 카즈코 편小野和子 編,『명말청초의 사회와 문화明末淸初の社會と文化』, 교토대학인문과학연구소京都大學人文科學研究所, 1996.

- 기시모토 미오岸本美緒,『동아시아의 '근세'東アジアの「近世」』, 세계사리브레토(산천출판사)世界史リブレット(山川出版社), 1998. [기시모토 미오 지음, 노영구 옮김,『동아시아의 '근세'』, 와이즈플랜, 2018]

- 기타시마 만지北島萬次,『도요토미 히데요시의 조선 침략豊臣秀吉の朝鮮侵略』, 길천홍문관吉川弘文館, 1995.

- 단조 히로시檀上寛,『명조 전제지배의 사적 구조明朝專制支配の史的構造』, 급고서원汲古書院, 1995.

- 단조 히로시檀上寛,『영락제 - 화이질서의 완성永樂帝 - 華夷秩序の完成』, 강담사학술문고講談社學術文庫, 2012(초판은 1997년). [단조 히로시 지음, 한종수 옮김,『영락제: 화이질서의 완성』, 아이필드, 2017]

- 단조 히로시檀上寛,『명대 해금=조공시스템과 화이질서明代海禁=朝貢システムと華夷秩序』, 교토대학학술출판회京都大學學術出版會, 2013.

- 단조 히로시檀上寛,『명 태조 주원장明の太祖 朱元璋』, 치쿠마학예문고ちくま學藝文庫, 2020(초판은 1994년).

- 무라이 쇼스케 외 편村井章介 他 編,『일본의 대외관계 4 - 왜구와 '일본국왕'日本の對外關係4 - 倭寇と「日本國王」』, 길천홍문관吉川弘文館, 2010.

- 무라이 쇼스케 외 편村井章介 他 編,『일명관계사 연구 입문 - 아시아 속의 견명선日明關係史研究入門 - アジアのなかの遣明船』, 면성출판勉誠出版, 2015.

제10장

- 아베 타케오安部健夫,『청대사의 연구淸代史の研究』

- 아라노 야스노리荒野泰典,『근세일본과 동아시아近世日本と東アジア』, 도쿄대학출판회東京大學出版會, 1988. [아라노 야스노리 지음, 신동규 옮김,『근세 일본과 동아시아』, 경인문화사, 2019]

- 이시바시 다카오石橋崇雄,『대청제국으로의 길大淸帝國への道』, 강담사학술문고講談社學術文庫, 2011(초판은 2000년). [이시바시 다카오 지음, 홍성구

옮김, 『대청제국: 1616~1799』, 휴머니스트, 2009]

- 오카다 히데히로 편岡田英弘 編, 『청조란 무엇인가淸朝とは何か』, 등원서점 藤原書店, 2009.

- 하우봉 지음河宇鳳 著, 김양기·오바타 미치히로 옮김金兩基·小幡倫裕 譯, 『조선왕조시대의 세계관과 일본 인식朝鮮王朝時代の世界觀と日本認識』, 명 석서점明石書店, 2008. [한국어 원서는 하우봉, 『조선시대 한국인의 일 본 인식』, 혜안, 2006]

- 궈청캉郭成康, 「청조 황제의 중국관淸朝皇帝的中國觀」, 『청사연구淸史硏究』 2005년 제4기 2005年第4期.

- 장솽즈張雙志, 「청조 황제의 화이관淸朝皇帝的華夷觀」, 『역사당안歷史檔案』 2008년 제3기 2008年第3期.

- 하마시타 다케시浜下武志, 『조공 시스템과 근대 아시아朝貢システムと近代 アジア』, 이와나미서점岩波書店, 1997. [하마시타 다케시 지음, 서광덕 외 옮김, 『조공 시스템과 근대 아시아』, 소명출판, 2018]

- 히라노 사토시平野聰, 『청제국과 티베트 문제淸帝國とチベット問題』, 나고 야대학출판회名古屋大學出版會, 2004.

- 모테기 토시오茂木敏夫, 『변용하는 근대 동아시아의 국제질서變容する近 代東アジアの國際秩序』, 세계사리브레토(산천출판사)世界史リブレット(山川出版 社), 1997.

- 모모키 시로桃木至朗, 『중세 대월국가의 성립과 변용中世大越國家の成立と 變容』, 오사카대학출판회大阪大學出版會, 2011.

- 모모키 시로 외 편桃木至朗 他 編, 『글로벌 히스토리와 제국グローバルヒス トリーと帝國』, 오사카대학출판회大阪大學出版會, 2013.

제11장

- 왕커王柯, 『20세기 중국의 국가건설과 '민족'20世紀中國の國家建設と「民族」』, 도쿄대학출판회東京大學出版會, 2006.

- 오카모토 타카시 편岡本隆司 編, 『종주권의 세계사 - 동서아시아의 근대 와 번역 개념宗主權の世界史 - 東西アジアの近代と飜譯概念』, 나고야대학출판 회名古屋大學出版會, 2014.

- 가가미 미츠유키加加美光行, 『중국의 민족문제 - 위기의 본질中國の民族問

題 - 危機の本質』, 이와나미현대문고岩波現代文庫, 2008.

· 거자오광葛兆光, 『이 중국에 살다 - 宅茲中國 - '중국'에 관한 역사논술의
재건重建有關「中國」的歷史論述』, 중화서국中華書局, 2011. [거자오광 지음,
이원석 옮김, 『이 중국에 거하라: '중국은 무엇인가'에 대한 새로운 탐
구』, 글항아리, 2012]

· 거자오광 지음葛兆光 著, 쓰지 코고 감수·나가타 사에 옮김辻康吾 監修·永田
小繪 譯, 『중국 재고 - 그 영역·민족·문화中國再考 - その領域·民族·文化』, 이와
나미현대문고岩波現代文庫, 2014.

· 가와시마 신川島眞, 『중국근현대사2 - 근대국가로의 모색: 1894-1925
中國近現代史2 - 近代國家への模索 : 1894-1925』, 이와나미신서岩波新書, 2010.
[가와시마 신 지음, 천성림 옮김, 『중국근현대사2: 근대국가의 모색:
1894-1925』, 삼천리, 2013]

· 반노 마사타카坂野正高, 『근대중국 정치외교사 - 바스코 다 가마에서부
터 5·4운동까지近代中國政治外交史 - ヴァスコ·ダ·ガマから五四運動まで』, 도쿄대
학출판회東京大學出版會, 1973.

· 페이샤오퉁 편저費孝通 編著, 니시자와 하루히코 외 옮김西澤治彦 他 譯,
『중화민족의 다원일체구조中華民族の多元一體構造』, 풍향사風響社, 2008(원
서는 1989년 출판).

· 마츠모토 마즈미松本ますみ, 『중국 민족정책의 연구 - 청말부터 1945년
까지의 '민족론'을 중심으로中國民族政策の研究 - 淸末から1945年までの「民族論」
を中心に』, 다하출판多賀出版, 1999.

· 무라타 유지로 외 편村田雄二郎 他 編, 『시리즈 20세기 중국사1 - 중화세계
와 근대シリーズ20世紀中國史1 - 中華世界と近代』, 도쿄대학출판회東京大學出版
會, 2009.

· 모리 카즈코毛里和子, 『주변으로부터의 중국 - 민족문제와 국가周緣からの
中國 - 民族問題と國家』, 도쿄대학출판회東京大學出版會, 1998.

· 요코야마 히로아키橫山宏章, 『중국의 이민족 지배中國の異民族支配』, 집영
사신서集英社新書, 2009. [요코야마 히로아키 지음, 이용빈 옮김, 『중화
민족의 탄생: 중국의 이민족 지배논리』, 한울, 2012]

옮긴이 후기

　옮긴이는 원 제국의 정치사를 주제로 학위논문을 쓰고 2017년에 박사학위를 취득한 이후부터 대학교 강단에서 중국사 강의를 맡게 되었다. 중국 통사通史를 주제로 강의하기도 했고, 일부 시대적 범위만을 중점적으로 다루었던 강의도 있었다. 여러 강의들을 준비하다 보니 옮긴이가 학위논문을 쓰면서 공부했던 원 제국과 관련된 내용들만 가지고는 당연히 강의를 제대로 구성할 수 없었다. 결국 선사시대부터 현재에 이르기까지 방대한 양의 중국사를 다시 공부해야 했고, 그중에서 중요한 흐름과 역사적 특징을 추출하는 작업을 시작했다. 이러한 작업을 진행하는 동안, 국내외에 출간되어 있는 여러 중국사 개설서들 및 교재들로부터 큰 도움을 받았다. 특히 일본의 중국사학계에서 세계적으로 이름이 잘 알려진 기시모토 미오[岸本美緒]가 집필한 중국사 개설서인『중국의 역사』를 직접 번역하여 2022년 말에 출간까지 하게 된 것은 옮긴이가 중국사 공부를 해 나가는 하나의 중요한 과정이자 전환점이었다.

중국 통사의 흐름에 대한 공부를 하고, 책을 번역하고 나니 이제 약간은 다른 관점으로 중국 역사를 바라보고 싶다는 호기심이 생겼다. 중국 역사 혹은 더 나아가 동아시아 역사를 관통하는 일정한 '주제'나 '소재'가 있지는 않을까 궁금해진 것이다. 예를 들면, 시중에서 흔히 볼 수 있는 세계사 책들 중에서 커피, 설탕, 노예, 향료, 무기, 지도 등을 중심 소재로 삼아 세계사의 흐름을 서술한 많은 서적들이 있듯이 중국 역사도 그러한 하나의 소재를 통해 또 다른 의미 부여를 할 수 있을 것이라는 생각이 들었다. 또 다시 관련 책을 검색하고 찾아보는 지난한 작업이 시작되었다.

그러던 어느 날, 우연히 옮긴이의 눈에 들어온 책이 바로 단조 히로시가 집필한 『천하와 천조의 중국사』였다. 단조 히로시는 주로 명 제국의 정치와 제도 및 조공질서, 화이관 등에 대한 연구를 꾸준하게 수행한 학자이고, 국내에서 번역된 그의 책 『영락제 — 화이 질서의 완성』을 재미있게 읽은 기억이 있어서 그 이름이 낯설지는 않았다. 게다가 옮긴이는 원 제국이 동아시아 지역에서 패권을 명 제국에게 내어준 이후, 몽골의 유산遺産이 명 제국 초기에 어떠한 방식으로 영향을 끼쳤는지에 관심을 가지고 있어서 명 제국 초기를 굉장히 상세하게 들여다 본 단조 히로시의 학술적 연구 성과에도 주목을 하고 있었다. 그런데 단조 히로시가 중국의 천하 관념, 화이관, 중화사상 등을 중심 소재로 삼아 중국 역사를 전체적으로 조망한 책이 있다는 것을 알게 되어 곧바로 번역에 착수하게 되었던 것이다.

이 책을 번역하고 난 이후 머릿속을 스쳐 지나갔던 질문은 "우리가 중국을 얼마나 잘 알고 있는 것일까?"였다. 우리나라가 중국과 수교한 지 30년이 지난 현재 중국에 대한 우리나라 국민들의 이미지는 이전보다 크게 나빠졌다. '동북공정'이라는 단어로 떠오르는 중국과의 역사 분쟁, '문화전쟁'이라는 새로운 용어로 설명되는 중국과의 문화를 둘러싼 갈등이 아마 중국에 대한 인상을 악화시킨 주된 요인이 되었을 것이다. 그리고 '중국몽', '일대일로' 등 중국 중심의 대외팽창정책을 둘러싸고도 다양한 논의가 전개되고 있다. 그렇다면, 중국은 왜 이러는 것일까? 그 해답들 중의 하나를 바로 중국의 역사 속에서 찾을 수 있고, 중요한 개념이 바로 천조天朝와 그에 수반하는 화이관, 중화사상 등이다.

중국에 들어섰던 여러 왕조들은 '하늘의 명령(천명)'이라는 개념에서부터 정권을 정당화하는 이데올로기를 만들어냈고, 이를 더욱 정교하게 발전시켜 나갔다. 군주는 '하늘의 아들(천자)'이 되었고, 그 군주가 지배하는 세상은 '하늘 아래(천하)'였다. 그리고 천하에도 좁은 의미의 천하와 넓은 의미의 천하가 있어서 좁은 의미에서는 왕조가 직접적으로 지배하는 영역만을 가리키지만, 넓은 의미에서는 당시 사람들이 오랑캐라고 불렀던 이들이 사는 지역까지 포함되었다. 이러한 천하 관념은 화(중화)와 이(오랑캐)를 명확하게 구분하는 화이관과도 밀접하게 연결되었고, 이는 당연히 중화의 범주에 포함되지 않는 이(오랑캐)를 철저히 멸시하는 사상으로 이어졌다. 중화는 그야말로 천하의 중심이자, 세계의 중심이었던 것이다.

그러나 화와 이의 개념은 시대에 따라 수시로 변동되었다. 오랑캐라고 깔보았던 민족들이 중화의 지역에 깊숙이 들어와 자신들의 왕조를 세워 지배하기도 했기 때문이다. 이런 경우는 기존의 화이관이나 중화사상이 무너져버리는 것이었으므로 새로운 이념이 필요했다. 중화에 들어와 지배하게 된 이민족들은 정권의 정통성을 확보하기 위해 오랫동안 형성되어왔던 중화 특유의 이데올로기를 약간 변형시켜 활용하였다. 즉, 이민족이라고 하더라도 중화에 들어와서 지배하게 되면 그 역시 하늘로부터 명령을 받은 '천자'의 자격을 얻게 된다는 것이다. 그리고 지배를 받게 된 '중화' 사람들은 오랑캐가 중화의 땅에 들어와 문화와 제도, 이념 등을 수용하여 동화되면 오랑캐 역시 '화'로 변하게 된다는 이념을 형성했다. 이렇게 천조, 화이관, 중화사상은 고정된 것이 아니라 상황에 따라 적용될 수 있도록 정교하게 설계되어 있었던 것이다.

1911년에 신해혁명이 일어나고, 마지막 제국이었던 청이 무너진 이후가 되면 '중국'이 드디어 공식적인 국가의 명칭으로서 역할을 하게 되었다. 기존에는 진, 한, 수, 당, 원 등이 국가의 이름이었지만 20세기에 들어서면서부터 중국이 국호로 쓰이게 되는 것이다. 이는 '중화민국', '중화인민공화국'의 약칭인데 원래의 명칭에 '중화'가 들어가 있다는 점이 중요하다. 앞서 언급한 가변적인 화이관과 중화사상으로 인해 이미 다양한 민족들이 중국의 구성원이 되어 있었고, 이들을 안정적으로 포괄할 수 있는 국가를 만들기 위해 '중화민족'이라는 개념을 만들어낸 것이었다. 한족, 몽골족, 티베트족, 위구르족, 만주족 등이 이제는 모두 중화민족의 일원이 되었다. 중화라는 개념은 이를 활용하고자 하는 정치적 국면에 따라서 수시로 변경되어 통치자의 입맛에 맞게 쓰였다고 할 수밖에 없다.

단조 히로시의 책에서도 언급되어 있듯이 이러한 천하 관념을 중국만 사용한 것은 아니었다. 이른바 중국의 '대천하' 이외에 동아시아의 여러 국가들이 '소천하'를 주장하고 나섰던 것이다. 한반도에 들어섰던 여러 국가들, 베트남, 일본이 바로 자국 중심의 소천하를 설정했고 심지어 조선의 경우에는 만주족의 국가인 청 제국이 들어섰을 때에 자신들이 진정한 중화라고 하는 '소중화'라는 개념까지 사용했다. 이러한 점들을 보면, 이 책의 제목은 『천하와 천조의 중국사』이지만 천하, 천조, 중화, 화이 등의 개념은 동아시아 전체에서 국가의 정치적 정당화와 권위의 확립을 위해 적극적으로 활용하고 각자의 상황에 따라 변용했다는 것을 확인할 수 있다. 근대에 국민국가가 들어서기 이전 시기 동아시아의 정치 이념은 결국 하늘에서부터 시작되었다고 해도 과언이 아니다.

그러나 근대에 접어들어 중국이 서양 열강의 힘에 굴복하면서부터 천하의 위세는 크게 꺾이기 시작했다. 그리고 결정타는 청일전쟁에서 일본이 청에 승리를 거둔 사건이었다. '소천하'가 '대천하'를 제압했던 것이다. 이제 대천하의 눈치를 보거나 굳이 천하 체계를 모방할 필요가 없어지게 된 상황에서 천조, 천하, 중화, 화이관 등은 정치적 이데올로기로서 점차 활용도가 떨어지기 시작했다. 일본이 청일전쟁에서 승리를 거두었다고 해서 중국을 지배하는 '중화'가 되지는 않았기 때문이다. 일본에 패배를 하고 난 이후, 청 제국에서는 각종 개혁이 추진되었지만 결국 실효를 거두지는 못했고 불안정한 정세의 중화민국에서는 5·4운동, 항일전쟁 등의 과정을 통해 중국 특유의 '중화민족주의'가 만들어졌다. 그리고 이러한 중화민족주의는 중화인민공화국 성립 이후 티베트의 독립 시도를 군사력으로 막아내고, 위구르족의 영토를 신강위구르자치구로 편입시키면서 더욱 강고하게 유지되었다.

그렇다면, 이제 앞서 제기한 질문으로 돌아가 보자. 현재 중국은 왜 이러는 것일까? 단조 히로시의 이 문장이 그 해답들 중 하나를 제시하고 있다고 생각한다. '주변의 여러 국가들을 일체 도외시하는 이러한 발상 자체는 전통적인 중화 제국의 천하관이 아니고서는 나타날 수 없는 것이다.' 수천 년 동안 자신들을 세계의 중심으로 생각했고, 그것을 그대로 국가의 명칭으로 드러낸 중국은 20세기에 잠깐의 좌절을 겪었지만 21세기에는 그 좌절을 극복하고 다시 '대천하'가 되려고 하는 움직임을 보여주고 있다고 해석해볼 수 있겠다. 하지만 지금의 한국, 일본, 베트남 등 동아시아의 여러 국가들은 더 이상 전근대의 '소천하'에 매달리는 국가들이 아니기 때문에 중화주의를 계속 밀어붙이는 중국과 마찰이 생길 수밖에 없는 상황이다. 그리고 임의로 설정된 중화민족은 중국 내부에 거주하는 다양한 소수민족들을 어찌 보면 '억지로' 묶어놓고 있는 상황이라고도 할 수 있기 때문에 전근대시기 중국 중심의 천하 질서를 중국이 계속 회복하려고 한다면 국내, 국외에서 발생하는 모든 분쟁에 휩싸일 가능성이 높다. 앞으로 계속 중국의 움직임을 주시해야 하는 이유이다.

이제 이 책의 번역에 도움을 주신 분들에게 감사의 말씀을 드리고자 한다. 먼저 현재의 중국을 이해하기 위해서 결국은 중국의 역사를 들여다보아야 한다는 사실을 상기시켜 준 저자 단조 히로시 선생님께 감사의 말씀을 드린다. 중국의 역사 전체를 또 다른 관점에서 바라보게 해주었다는 점 역시 저자께 감사의 말씀을 드려야 하는 이유이다. 그리고 옮긴이가 진행하고 있는 중국사 강의에서 여러 질문을 던져주면서 다양한 역사적 관점의 필요성을 언급해 준 고려대학교, 이화여자대학교의 학부생 여러분께도 감사의 말씀을 전하고 싶다. 또한 이 책의 교정, 편집 과정에서 수고를 해주신 AK커뮤니케이션즈 출판사의 편집진 여러분께도 당연히 감사의 말씀을 드린다. 아울러 늘 옮긴이 후기에 남기는 말이지만, 옮긴이의 공부를 지원해주고 응원해주시는 부모님께도 다시 한 번 존경과 감사의 말씀을 전해드리고자 한다.

2023년 2월
옮긴이 권용철

IWANAMI 082

천하와 천조의 중국사

초판 1쇄 인쇄 2023년 8월 10일
초판 1쇄 발행 2023년 8월 15일

지은이 : 단조 히로시
옮긴이 : 권용철

펴낸이 : 이동섭
편집 : 이민규
책임 편집 : 유연식
디자인 : 조세연
표지 디자인 : 공중정원
영업 · 마케팅 : 송정환, 조정훈
e-BOOK : 홍인표, 최정수, 서찬웅, 김은혜, 정희철
관리 : 이윤미

㈜에이케이커뮤니케이션즈
등록 1996년 7월 9일(제302-1996-00026호)
주소 : 04002 서울 마포구 동교로 17안길 28, 2층
TEL : 02-702-7963~5   FAX : 02-702-7988
http://www.amusementkorea.co.kr

ISBN 979-11-274-6424-0 04910
ISBN 979-11-7024-600-8 04080 (세트)

TENKA TO TENCHO NO CHUGOKUSHI
by Hiroshi Danjo
Copyright © 2016 by Hiroshi Danjo
Originally published in 2016 by Iwanami Shoten, Publishers, Tokyo.
This Korean print edition published 2023
by AK Communications, Inc., Seoul
by arrangement with Iwanami Shoten, Publishers, Tokyo

지성과 양심 이와나미岩波 시리즈

001 이와나미 신서의 역사 가노 마사나오 지음 | 기미정 옮김
이와나미 신서의 사상·학문적 성과의 발자취

002 논문 잘 쓰는 법 시미즈 이쿠타로 지음 | 김수희 옮김
글의 시작과 전개, 마무리를 위한 실천적 조언

003 자유와 규율 이케다 기요시 지음 | 김수희 옮김
엄격한 규율 속에서 자유의 정신을 배양하는 영국의 교육

004 외국어 잘 하는 법 지노 에이이치 지음 | 김수희 옮김
외국어 습득을 위한 저자의 체험과 외국어 달인들의 지혜

005 일본병 가네코 마사루, 고다마 다쓰히코 지음 | 김준 옮김
일본의 사회·문화·정치적 쇠퇴, 일본병

006 강상중과 함께 읽는 나쓰메 소세키 강상중 지음 | 김수희 옮김
강상중의 탁월한 해석으로 나쓰메 소세키 작품 세계를 통찰

007 잉카의 세계를 알다 기무라 히데오, 다카노 준 지음 | 남지연 옮김
위대하고 신비로운 「잉카 제국」의 흔적

008 수학 공부법 도야마 히라쿠 지음 | 박미정 옮김
수학의 개념을 바로잡는 참신한 교육법

009 우주론 입문 사토 가쓰히코 지음 | 김효진 옮김
물리학과 천체 관측의 파란만장한 역사

010 우경화하는 일본 정치 나카노 고이치 지음 | 김수희 옮김
낱낱이 밝히는 일본 정치 우경화의 현주소

011 악이란 무엇인가 나카지마 요시미치 지음 | 박미정 옮김
선한 행위 속에 녹아든 악에 대한 철학적 고찰

012 포스트 자본주의 히로이 요시노리 지음 | 박제이 옮김
자본주의·사회주의·생태학이 교차하는 미래 사회상

013 인간 시황제 쓰루마 가즈유키 지음 | 김경호 옮김
기존의 폭군상이 아닌 한 인간으로서의 시황제를 조명

014 콤플렉스 가와이 하야오 지음 | 위정훈 옮김
탐험의 가능성으로 가득 찬 미답의 영역, 콤플렉스

015 배움이란 무엇인가 이마이 무쓰미 지음 | 김수희 옮김
인지과학의 성과를 바탕으로 알아보는 배움의 구조

016 프랑스 혁명 지즈카 다다미 지음 | 남지연 옮김
막대한 희생을 치른 프랑스 혁명의 빛과 어둠

017 철학을 사용하는 법 와시다 기요카즈 지음 | 김진희 옮김
'지성의 폐활량'을 기르기 위한 실천적 방법

018 르포 트럼프 왕국 가나리 류이치 지음 | 김진희 옮김
트럼프를 지지하는 사람들의 생생한 목소리

019 사이토 다카시의 교육력 사이토 다카시 지음 | 남지연 옮김
가르치는 사람의 교육력을 위한 창조적 교육의 원리

020 원전 프로파간다 혼마 류 지음 | 박제이 옮김
진실을 일깨우는 원전 프로파간다의 구조와 역사

021 허블 이에 마사노리 지음 | 김효진 옮김
허블의 영광과 좌절의 생애, 인간적인 면모를 조명

022 한자 시라카와 시즈카 지음 | 심경호 옮김
문자학적 성과를 바탕으로 보는 한자의 기원과 발달

023 지적 생산의 기술 우메사오 다다오 지음 | 김욱 옮김
지적인 정보 생산을 위한 여러 연구 비법의 정수

024 조세 피난처 시가 사쿠라 지음 | 김효진 옮김
조세 피난처의 실태를 둘러싼 어둠의 내막

025 고사성어를 알면 중국사가 보인다
이나미 리쓰코 지음 | 이동철, 박은희 옮김
중국사의 명장면 속에서 피어난 고사성어의 깊은 울림

026 수면장애와 우울증 시미즈 데쓰오 지음 | 김수희 옮김
우울증을 예방하기 위한 수면 개선과 숙면법

027 아이의 사회력 가도와키 아쓰시 지음 | 김수희 옮김
아이들의 행복한 성장을 위한 교육법

028 쑨원 후카마치 히데오 지음 | 박제이 옮김
독재 지향의 민주주의자이자 희대의 트릭스터 쑨원

029 중국사가 낳은 천재들 이나미 리쓰코 지음 | 이동철, 박은희 옮김
중국사를 빛낸 걸출한 재능과 독특한 캐릭터의 인물들

030 마르틴 루터 도쿠젠 요시카즈 지음 | 김진희 옮김
평생 성서의 '말'을 설파한 루터의 감동적인 여정

031 고민의 정체 가야마 리카 지음 | 김수희 옮김
고민을 고민으로 만들지 않을 방법에 대한 힌트

032 나쓰메 소세키 평전 도가와 신스케 지음 | 김수희 옮김
일본의 대문호 나쓰메 소세키의 일생

033 이슬람문화 이즈쓰 도시히코 지음 | 조영렬 옮김
이슬람 세계 구조를 지탱하는 종교·문화적 밑바탕

034 아인슈타인의 생각 사토 후미타카 지음 | 김효진 옮김
아인슈타인이 개척한 우주의 새로운 지식

035 음악의 기초 아쿠타가와 야스시 지음 | 김수희 옮김
음악을 더욱 깊게 즐기는 특별한 음악 입문서

036 우주와 별 이야기 하타나카 다케오 지음 | 김세원 옮김
거대한 우주 진화의 비밀과 신비한 아름다움

037 과학의 방법 나카야 우키치로 지음 | 김수희 옮김
과학의 본질을 꿰뚫어본 과학론의 명저

038 교토 하야시야 다쓰사부로 지음 | 김효진 옮김
일본 역사학자가 들려주는 진짜 교토 이야기

039 다윈의 생애 야스기 류이치 지음 | 박제이 옮김
위대한 과학자 다윈이 걸어온 인간적인 발전

040 일본 과학기술 총력전 야마모토 요시타카 지음 | 서의동 옮김
구로후네에서 후쿠시마 원전까지, 근대일본 150년 역사

041 밥 딜런 유아사 마나부 지음 | 김수희 옮김
시대를 노래했던 밥 딜런의 인생 이야기

042 감자로 보는 세계사 야마모토 노리오 지음 | 김효진 옮김
인류 역사와 문명에 기여해온 감자

043 중국 5대 소설 삼국지연의·서유기 편 이나미 리쓰코 지음 | 장원철 옮김
중국문학의 전문가가 안내하는 중국 고전소설의 매력

044 99세 하루 한마디 무노 다케지 지음 | 김진희 옮김
99세 저널리스트의 인생 통찰과 역사적 증언

045 불교입문 사이구사 미쓰요시 지음 | 이동철 옮김
불교 사상의 전개와 그 진정한 의미

046 중국 5대 소설 수호전·금병매·홍루몽 편 이나미 리쓰코 지음 | 장원철 옮김
「수호전」, 「금병매」, 「홍루몽」의 상호 불가분의 인과관계

047 로마 산책 가와시마 히데아키 지음 | 김효진 옮김
'영원의 도시' 로마의 거리마다 담긴 흥미로운 이야기

048 카레로 보는 인도 문화 가라시마 노보루 지음 | 김진희 옮김
인도 요리를 테마로 풀어내는 인도 문화론

049 애덤 스미스 다카시마 젠야 지음 | 김동환 옮김
애덤 스미스의 전모와 그가 추구한 사상의 본뜻

050 프리덤, 어떻게 자유로 번역되었는가 야나부 아키라 지음 | 김옥희 옮김
실증적인 자료로 알아보는 근대 서양 개념어의 번역사

051 농경은 어떻게 시작되었는가 나카오 사스케 지음 | 김효진 옮김
인간의 생활과 뗄 수 없는 재배 식물의 기원

052 말과 국가 다나카 가쓰히코 지음 | 김수희 옮김
국가의 사회와 정치가 언어 형성 과정에 미치는 영향

053 헤이세이(平成) 일본의 잃어버린 30년 요시미 슌야 지음 | 서의동 옮김
헤이세이의 좌절을 보여주는 일본 최신 사정 설명서

054 미야모토 무사시 우오즈미 다카시 지음 | 김수희 옮김
「오륜서」를 중심으로 보는 미야모토 무사시의 삶의 궤적

055 만요슈 선집 사이토 모키치 지음 | 김수희 옮김
시대를 넘어 사랑받는 만요슈 걸작선

056 주자학과 양명학 시마다 겐지 지음 | 김석근 옮김
같으면서도 달랐던 주자학과 양명학의 역사적 역할

057 메이지 유신 다나카 아키라 지음 | 김정희 옮김
다양한 사료를 통해 분석하는 메이지 유신의 명과 암

058 쉽게 따라하는 행동경제학 오타케 후미오 지음 | 김동환 옮김
보다 좋은 행동을 이끌어내는 넛지의 설계법

059 독소전쟁 오키 다케시 지음 | 박삼헌 옮김
2차 세계대전의 향방을 결정지은 독소전쟁의 다양한 측면

060 문학이란 무엇인가 구와바라 다케오 지음 | 김수희 옮김
바람직한 문학의 모습과 향유 방법에 관한 명쾌한 해답

061 우키요에 오쿠보 준이치 지음 | 이연식 옮김
전 세계 화가들을 단숨에 매료시킨 우키요에의 모든 것

062 한무제 요시카와 고지로 지음 | 장원철 옮김
생동감 있는 표현과 핍진한 묘사로 되살려낸 무제의 시대

063 동시대 일본 소설을 만나러 가다 사이토 미나코 지음 | 김정희 옮김
문학의 시대 정신으로 알아보는 동시대 문학의 존재 의미

064 인도철학강의 아카마쓰 아키히코 지음 | 권서용 옮김
난해한 인도철학의 재미와 넓이를 향한 지적 자극

065 무한과 연속 도야마 히라쿠 지음 | 위정훈 옮김
현대수학을 복잡한 수식 없이 친절하게 설명하는 개념서

066 나쓰메 소세키, 문명을 논하다 미요시 유키오 지음 | 김수희 옮김
나쓰메 소세키의 신랄한 근대와 문명 비판론

067 미국 흑인의 역사 혼다 소조 지음 | 김효진 옮김
진정한 해방을 위해 고군분투해온 미국 흑인들의 발자취

068 소크라테스, 죽음으로 자신의 철학을 증명하다
다나카 미치타로 지음 | 김지윤 옮김
철학자 소크라테스가 보여주는 철학적 삶에 대한 옹호

069 사상으로서의 근대경제학 모리시마 미치오 지음 | 이승무 옮김
20세기를 뜨겁게 달군 근대경제학을 쉽게 설명

070 사회과학 방법론 오쓰카 히사오 지음 | 김석근 옮김
여러 사회과학 주제의 이해를 돕고 사회과학의 나아갈 길을 제시

071 무가와 천황 이마타니 아키라 지음 | 이근우 옮김
무가 권력과 길항하며 천황제가 존속할 수 있었던 이유

072 혼자 하는 영어 공부 이마이 무쓰미 지음 | 김수희 옮김
인지과학 지식을 활용한 합리적인 영어 독학

073 도교 사상 가미쓰카 요시코 지음 | 장원철, 이동철 옮김
도교 원전을 통해 도교의 전체상을 파악

074 한일관계사 기미야 다다시 지음 | 이원덕 옮김
한일 교류의 역사를 통해 관계 개선을 모색

075 데이터로 읽는 세계경제 미야자키 이사무, 다야 데이조 지음 | 여인만 옮김
세계경제의 기본구조에 관한 주요 흐름과 현안의 핵심을 파악

076 동남아시아사 후루타 모토오 지음 | 장원철 옮김
교류사의 관점에서 살펴보는 동남아시아 역사의 정수

077 물리학이란 무엇인가 도모나가 신이치로 지음 | 장석봉, 유승을 옮김
현대문명을 쌓아올린 물리학 이야기를 흥미롭게 풀어낸 입문서

078 일본 사상사 스에키 후미히코 지음 | 김수희 옮김
일본의 역사적 흐름을 응시하며 그려나가는 일본 사상사의 청사진

079 민속학 입문 기쿠치 아키라 지음 | 김현욱 옮김
민속학의 방법론으로 지금, 여기의 삶을 분석

080 이바라기 노리코 선집 이바라기 노리코 지음 | 조영렬 옮김
한국 문학을 사랑했던 이바라기 노리코의 명시 모음

081 설탕으로 보는 세계사 가와키타 미노루 지음 | 김정희 옮김
설탕의 역사를 통해 들여다보는 세계사의 연결고리.